MPR出版物链码使用说明

本书中凡文字下方带有链码图标"▬▬"的地方，均可通过"泛媒阅读"的"扫一扫"功能，扫描链码获得对应的多媒体内容。您可以通过扫描下方的二维码下载"泛媒阅读"App。

Basic Theory and Practice of Entrepreneurship

创业基础理论与实践

葛孟尧　著

版权所有　翻印必究

图书在版编目（CIP）数据

创业基础理论与实践/葛孟尧著. —广州：中山大学出版社，2018.10
ISBN 978-7-306-06381-6

Ⅰ.①创…　Ⅱ.①葛…　Ⅲ.①大学生—创业—高等学校—教材
Ⅳ.①G647.38

中国版本图书馆 CIP 数据核字（2018）第 138171 号

CHUANGYE JICHU LILUN YU SHIJIAN

出 版 人：	王天琪
策划编辑：	曾育林
责任编辑：	曾育林
封面设计：	曾　斌
责任校对：	付　辉
责任技编：	黄少伟
出版发行：	中山大学出版社
电　　话：	编辑部 020-84111996，84113349，84111997，84110779
	发行部 020-84111998，84111981，84111160
地　　址：	广州市新港西路 135 号
邮　　编：	510275　传真：020-84036565
网　　址：	http://www.zsup.com.cn　E-mail：zdcbs@mail.sysu.edu.cn
印 刷 者：	佛山市浩文彩色印刷有限公司
规　　格：	787mm×1092mm　1/16　17.25 印张　380 千字
版次印次：	2018 年 10 月第 1 版　2018 年 10 月第 1 次印刷
定　　价：	38.88 元

如发现本书因印装质量影响阅读，请与出版社发行部联系调换

序

笔者2010年在（台湾）政治大学取得科技管理博士学位时，主要研究领域为知识产权与技术移转，有幸于2014年进入研究机构专职于创新创业的研究。两年后，笔者在机缘巧合下赴中山大学南方学院任教，负责创新创业的课程教授，并以授课讲义作为本书的基础内容，于2018年完成约40万字的内容后付梓出版。

中国在经历改革开放40年后，经济体制与社会氛围已经日渐成熟，现在正亟须技术升级、产业增值及消费转型。因此，创新创业成为当前重要的社会课题，从中央政策指导到各省市地方政策执行，用以落实"大众创业、万众创新"的经济目标。在此宏观总体政策下，依据教育部印发的《"创业基础"课程教学大纲（试行）》及本校教学课程架构，综合硅谷创业家和中国创业个案作为本书解释实例，笔者用了一年时间收集材料、撰写及校对，十分荣幸地在2018年金秋时节出版。

本书内容鼓励国人增强创新创业的能力。在阅读对象的预定上，首先，主要以全国高等院校大三、大四学生作为核心课程受众。其次，刚出社会的毕业生也可以参考此书内容，了解并学习创新创业的基础理论，进而对于实践创业更有胜算。最后，有志于研究创新创业、实践创业的社会人员，亦是笔者所瞄准的广大读者群，用以自学及参考用。本书分为三个主轴，包括创业意识、创业技能及创业身份。创业意识包括创业家精神、创新思维、创业平台及创业法规，创业技能包括创业期制造管理、营销管理、团队管理、研发管理及财务管理，创业身份包括创业者职能转换。

在本书的撰写过程中，笔者参考的硅谷个案取自《创业头条》一书。感谢中山大学南方学院政商研究院的刘玲玲、林思敏、郑思琪、黄江伟及温钟亿五位同学，协助重新整理撰写。初稿完成后，还有诸多文句及字词的校对工作，感谢政商研究院的叶芸芷、罗玉梅及黄劲妍三位同学，负责协助本书初稿的校对工作。在此，还要感谢中山大学南方学院的黄静波副校长、商学院陈功玉名誉院长及史卫副院长三位领导，给予笔者撰写本书的指导和关注，协助笔者在一年内撰写完成，领导们的提携之情难以言表。

但是，由于本书撰写的时间有限，笔者才疏学浅，书中难免存在一些不妥用语或晦涩字词，真诚地希望各位读者阅读后能提出宝贵的意见，并对书中存在的缺点和错误给予批评和指正。相信未来，笔者必将本书更加完善地修订再版，为愿意创新创业的读者们提供更加丰富、实用的相关知识、工具。

中山大学南方学院专任教师

葛孟尧 谨序

2018 年 4 月 15 日

本 书 导 读

笔者撰写本书之初,参考教育部印发的《"创业基础"课程教学大纲(试行)》的架构,着重于两个重要的创新创业精神,即如何发掘创业意识,以及如何完成一份创业计划。据此,本书第一部分为创业意识,包括第一章至第四章,主要内容是创业家精神、创新思维、创业平台及创业法规。第二部分为创业技能,包括第五章至第九章的内容,主要内容是创业期制造管理、营销管理、团队管理、研发管理及财务管理。第三部分为创业身份,即第十章"创业者职能转换"。

本书架构如下图所示:

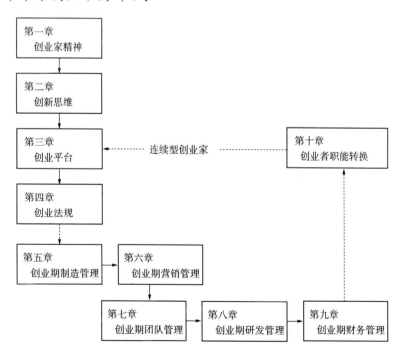

本书各章节内容均有几万字，为让各位读者能更容易理解本书内容，以下针对各章节内容作简要说明，以方便读者能实时查找适合阅读、解答疑惑或对应创业现况的章节。各章内容略述如下：

第一部分　创业意识

第一章　创业家精神

笔者将当前多位知名创业学研究者的文献内容整理，本章尝试以"愿意""认真"及"解决问题"作为批注，分别讨论这三个词汇在创业家精神中的含义，分开诠释并组合解释；并且说明创业者与就业者都需要创业家精神，才能在职场中取得成绩。

第二章　创新思维

在固有的升学制度下，华人地区的学生容易放弃思考、死记答案。因此，本章除了介绍创新"漏斗"之外，加上激励创新的头脑风暴法、商业模式蓝图等方法，并初步介绍保护创新的知识产权法规。

第三章　创业平台

本章介绍如何撰写创业计划书，同时说明创业平台内常见的天使投资人、风险投资人及私募基金，这三类投资人对于创业计划书的评量及投资方式皆有不同。文末提醒创业平台存在诈欺风险，有创业热情者需要特别留意。

第四章　创业法规

创业者需要认识的法规大致分为三类，第一类是政府出台的奖励政策，以及延伸的奖励创业相关办法；第二类是商业类的法规，包括工商注册及税务的法规；第三类是有关知识产权的法规，帮助创业者学习如何保护新创企业的初期创新成果。

第二部分　创业技能

第五章　创业期制造管理

本章主要讨论创业初期的少量试制及原型机制造，同时讨论当前常见的代工式创业，包括原始设备制造商（original equipment manufacturer，OEM）、原始设计制造商（original design manufacturer，ODM）、及原始品牌生产商（original brand manufacturer，OBM）的产业价值。最后一段为当前常见的制造型创业语汇详释，包括工业4.0、大数据、中国制造2025、物联网等。

第六章　创业期营销管理

本章主要讨论营销传统理论在创业初期的应用，包括营销4P（product，产品；price，价格；place，渠道；promotion，宣传）、STP［营销学中营销战略三要素：市场细分（market segmentation）、目标市场（market targeting）、市场定位（market positioning）］、SWOT（strengths weaknesses opportunities threats，态势分析法）、波特五力分析及市场信息分析；同时，补充当前常见新营销理论，包括故事营销、饥饿营销、事件营销及体验营销，这些理论已经常用于当前全球的创业模式。

第七章　创业期团队管理

本章主要讨论组建创业团队的议题，包括初期团队的凝聚力要如何建立，从投资人角度评断值得投资的创业团队特质。后段主轴在从成长型组织设计、人力资源管理及叙留人才要素，对创业者在初期团队管理上有所帮助。

第八章　创业期研发管理

本章主要讨论如何在创业初期抓住日常生活灵感，创业者增进创业构想可用头脑风暴、全脑思考、水平思考等方法；同时，讨论颠覆式创新能成功挑战既有厂商的原因，用商业模式的架构将构想变成创业计划。

第九章　创业期财务管理

财务管理不是企业营销的主要工作，但缺少财务管理的新创企业常会有资金问题。本章主要讨论创业初期资金规划、资金管理、解读常见财务报表，并且以案例教导当前基础的编列预算，让创业者具备初期财务运作基本知识。

第三部分　创业身份

第十章　创业者职能转换

创业初期与管理成熟企业有所不同，因此，本章主要讨论新创企业逐步壮大时，创业者应该学习企业管理、明确市场、团队管理、财务运作。如果无法管理成熟的大型公司，作为连续型创业或出售新创企业也是本章讨论之重点。

本书将笔者近年授课教材整理成书，主旨是希望对有志创业的学生、毕业生能有帮助。本书诸多实用理论对认真就业的读者也是大有帮助的，请不要被本书书名中的"创业"二字所局限。最后，希望创业和就业的人，都能在阅读本书的过程中获得知识和乐趣。

中山大学南方学院专任教师

葛孟尧

目 录

第一部分　创业意识

第一章　创业家精神 (3)
硅谷个案：GoPro (3)
一、名家见解 (4)
二、创业家精神的三层含义 (7)
华南创业个案：富士康与郭台铭 (10)
三、创业家精神的具体实践 (11)
对比创业个案：格力空调与董明珠 (15)
四、非创业的创业家精神 (16)
◎ 本章总结 (20)
◎ 重要名词 (21)
◎ 问题讨论 (21)
参考文献 (21)

第二章　创新思维 (23)
硅谷个案：Airbnb (23)
一、创意、创新、创业 (24)
二、知识经济的创业时代 (28)
三、创新思维及商业模式 (32)
思考激荡，两题哈佛大学的入学考题 (35)
四、保护创意与创新 (40)
◎ 本章总结 (43)
◎ 重要名词 (44)
◎ 问题讨论 (44)
参考文献 (45)

第三章　创业平台 (47)
硅谷个案：DropBox (47)

一、提案阶段 ……………………………………………………… (48)
二、天使投资人 …………………………………………………… (51)
三、风险投资者 …………………………………………………… (54)
四、平台内的潜在陷阱 …………………………………………… (59)
华南创业家案例：史玉柱与他的巨人大厦 ……………………… (63)
五、落实项目阶段 ………………………………………………… (63)
◎ 本章总结 ………………………………………………………… (67)
◎ 重要名词 ………………………………………………………… (68)
◎ 问题讨论 ………………………………………………………… (68)
参考文献 ……………………………………………………………… (69)

第四章 创业法规 ……………………………………………… (71)

硅谷个案：Palantir ………………………………………………… (71)
一、适法意识之伞 ………………………………………………… (72)
二、奖励创业政策 ………………………………………………… (73)
三、国家税务奖励政策 …………………………………………… (76)
四、工商登记法规 ………………………………………………… (81)
五、知识产权法规 ………………………………………………… (92)
◎ 本章总结 ………………………………………………………… (99)
◎ 重要名词 ………………………………………………………… (100)
◎ 问题讨论 ………………………………………………………… (100)
参考文献 ……………………………………………………………… (100)

第二部分 创 业 技 能

第五章 创业期制造管理 ……………………………………… (105)

硅谷个案：Oculus VR ……………………………………………… (105)
一、原型设计 ……………………………………………………… (106)
二、少量试制 ……………………………………………………… (109)
华南创业个案：让康柏吃惊的富士康 …………………………… (110)
华南创业个案：自组智能手机不是梦——深圳柴火创客空间 … (110)
三、委托制造 ……………………………………………………… (111)
华中创业个案：没工厂却比有工厂更牛的小米 ………………… (113)
四、创业生态思维 ………………………………………………… (113)

华北成功案例：北京中关村的车库咖啡 ········· (118)
　　五、进入工业4.0的创业 ················· (119)
　　补充理论：第四次工业革命 ··············· (120)
　　◎ 本章总结 ························· (124)
　　◎ 重要名词 ························· (125)
　　◎ 问题讨论 ························· (126)
　参考文献 ···························· (126)

第六章　创业期营销管理 ···················· (129)
　硅谷个案：Snapchat ······················· (129)
　　一、营销的意义 ······················· (130)
　　二、传统营销的重点 ···················· (133)
　　三、新创事业的营销战略 ················· (135)
　　四、当前常用的营销战略 ················· (146)
　　华南创业个案：你排到喜茶了吗 ············· (149)
　　◎ 本章总结 ························· (152)
　　◎ 重要名词 ························· (153)
　　◎ 问题讨论 ························· (154)
　参考文献 ···························· (154)

第七章　创业期团队管理 ···················· (157)
　硅谷个案：Instagram ······················ (157)
　　一、组织与团队 ······················· (158)
　　二、初期团队的凝聚力 ·················· (159)
　　华中创业个案：阿里巴巴与蔡崇信 ············ (162)
　　三、投资人眼中的团队 ·················· (163)
　　四、成长型组织设计 ···················· (166)
　　五、人力资源管理 ····················· (170)
　　六、叙留人才要素 ····················· (173)
　　◎ 本章总结 ························· (176)
　　◎ 重要名词 ························· (177)
　　◎ 问题讨论 ························· (177)
　参考文献 ···························· (177)

第八章　创业期研发管理 (179)

硅谷个案：Spotify (179)
- 一、如何抓住灵感 (180)
- 华中创业个案：从小做到大的巨大自行车 (187)
- 延伸理论介绍：颠覆式创新 (187)
- 二、增加创业构想的来源 (188)
- 三、研发创新的商业模式 (194)
- 四、将构想变成创业计划 (197)
- ◎ 本章总结 (200)
- ◎ 重要名词 (201)
- ◎ 问题讨论 (202)

参考文献 (202)

第九章　创业期财务管理 (205)

硅谷个案：Twitter (205)
- 一、新创期资金的需求与规划 (206)
- 二、资金管理图表化 (211)
- 三、资金与资产的盘点 (214)
- 四、理解财务报告的信息 (217)
- 五、以现金为基础编列预算 (221)
- ◎ 本章总结 (231)
- ◎ 重要名词 (232)
- ◎ 问题讨论 (232)

参考文献 (233)

第三部分　创 业 身 份

第十章　创业者职能转换 (237)

硅谷个案：Tumblr (237)
- 一、创业者与企业家 (238)
- 二、为何转换职能失败 (241)
- 华中创业个案：周黑鸭的偶然与必然 (246)
- 三、猎人头脑与农夫仓库 (247)
- 四、当个连续型的创业家 (251)

五、其他创业者的路 ………………………………………（255）
　　◎ 本章总结 ……………………………………………（258）
　　◎ 重要名词 ……………………………………………（259）
　　◎ 问题讨论 ……………………………………………（259）
参考文献 …………………………………………………（259）

第一部分　　创业意识

第一章 创业家精神

硅谷个案：GoPro

"冲浪男孩"尼克·伍德曼（Nick Woodman），Nick 是他本名 Nicholas 的昵称。创业之初，他的动机只是想解决冲浪时怎么用相机自拍的问题。而如今，他是一位 40 岁的亿万富豪。作为极限相机 GoPro 的创始人，伍德曼给人们带来了两个启示：第一，科技让一切成为可能；第二，勇气和智慧同样重要。

大学毕业后，伍德曼创办了一家在线游戏服务公司 Funbug，还获得 390 万美元的风险投资，但是公司没能撑过 2000 年的互联网泡沫破灭期。几年后，为了重整旗鼓，他踏上了前往澳大利亚和印度尼西亚的冲浪之旅。伍德曼自己动手制作了一套完美的冲浪拍摄设备，他用废弃的冲浪板皮带和橡皮筋把柯达一次性相机固定在手腕上，这样就能在完美的浪头出现时方便地拍照。伍德曼在印度尼西亚结识了密友布拉德·施密特（Bard Schimidt），后来的 GoPro 创意总监。布拉德最初的观察结论就是伍德曼需要一款防水、抗击且耐用的运动摄像机。

在 20 世纪中，或许只有像柯达这样的老牌相机公司才能将这个创意转化为现实，他们也认为自己的企业能够提出这个创意。而如今，这一切在一个大男孩手中实现，所需要的东西，也只是母亲修补衣服时用的针线包和一家中国加工厂的电话号码。当然，再加些社交网络扩大宣传也未尝不可。时年 27 岁的伍德曼，搬到距离硅谷只隔几座山丘的莫斯海滩，把自己反锁在靠近海边的卧室。在研发 GoPro 原型机时期，为了节省时间，他靠能量饮料充饥，甚至直接朝门外小便。

2004 年 9 月，伍德曼在机选运动用品展销会上卖出了自己的第一台产品。截至 2013 年，公司销量每年都会翻一番。如今，GoPro 的销售额占全美数码摄像机市场总额的 45%。2013 年，公司卖出 380 万台摄像机，总营业额达到 10 亿美元。不过在此之前，富士康公司在 2012 年 12 月向 GoPro 公司注资 2 亿美元，这使得 GoPro 的估值达到 22.5 亿美元，并让伍德曼跻身《福布斯》杂志的全球亿万富豪榜。

不得不说，与社交媒体的紧密互动，是 GoPro 摄像机从小众爱好走向主流市场的主要推动力，当极具号召力的运动员使用 GoPro 拍摄运动画面，这种视频会形成病毒式的传播。

如今智能手机的普及减少了人们对便携式相机的需求。与此同时，GoPro 还必须与行业巨头们竞争，因为后者注意到了它的成功。2012 年 9 月，索尼公司推出了首款运动摄像机，很多功能是 GoPro 目前还不具备的。但是，在 2012 年 12 月的百思买卖场中，GoPro 的销量完胜索尼这款运动摄像机的销量。不过，伍德曼有自知之明，他很清楚 GoPro 必须不断进步和完善。这就是他和富士康达成协议，引入后者作为重要的战略伙伴，并且完成首次公开募股成功登陆华尔街的原因。

（个案来源：《创业头条：16 位硅谷科技新贵的成功法则》，第六篇，由中山大学南方学院政商研究院 2014 级温钟亿重新编写）

一、名家见解

17 世纪，法国古典派经济学家 J. B. Say 曾说："创业家（entrepreneur）能将经济资源从生产力低的地方移转到生产力高且产值多的地方。"接着"创业家精神（entrepreneurship）"的词语与概念相继在 18 世纪出现。20 世纪初期，并没有太多管理学者对"创业家精神"一词进行讨论，或许他们认为创业没有什么讨论空间，就是创办个人公司或企业，所以，学术文献鲜有出现创业家精神及其定义，并没有明确地进行讨论，只是简单地把创业家精神的原始概念定义为"创立企业的冒险精神"。

经济学学者则最早把创业家精神视为一种经济要素去讨论。20 世纪初，欧洲经济学家约瑟夫·熊彼特（Joseph Schumpeter，1883—1950）首先提出创业者的经济分析模型。熊彼特（1942）认为，因为创业者追求创新和谋求进步的积极性，导致企业环境产生了动能与变化，这种动能被他解释为"创造性的破坏"力量。创业者采用新组合、新技术，旧产业遭到淘汰，而原有的经营者、商业模式可能被新的、更好的方式摧毁。这是经济学家第一次将创新创业与创业家精神作为经济议题去研究。

在熊彼特之后，创业家精神也只被少数经济学者讨论，部分人认为创业者（entrepreneur）是指在有盈利机会的情况下自愿承担风险创业的人。也有一部分经济学者则强调，创业者是推销自己新产品或服务的创新者。另外，有经济学者认为，创业者是将市场需求从无到有的开创者——包括提供新的产品、技术、工艺。本书认为，熊彼特后的创业研究无特定议题，更重要的是 1945 年之后的经济复苏过于快速，执行的速度已经比研究更快了，研究创业自然不是主流学问。

直到 20 世纪 80 年代之后，管理学专家彼得·德鲁克（Peter Drucker, 1909—2005）将创业家精神做出更进一步的解释。他曾说："创业精神是一种行为，而非人格特质；他们借着创新，把改变看作开创另一事业或服务的大好机会。"他认为，创业者是主动寻求变化、对变化做出反应并将变化视为机会的人。从印刷、打字机、电脑到互联网的发展历程，可以看出人们的阅读需求是不变的，只是无止境的研究与发展让阅读更加方便。

20 世纪 80 年代后的创业及创业家精神之所以被热烈讨论，有个重要因素是战后的经济快速成长已经不再，而停滞的资本经济主义需要注入新的活力，因此，创新与创业的相关议题被提出。例如，美国在 20 世纪 80 年代最早重视创业家的社会贡献，日本也是到了 21 世纪初才出现讨论创业的议题。之前，日本长期受终身雇佣制的职场文化影响，是亚洲国家中的中小企业比例最低的国家。观察我国的经济发展，自改革开放以来，我国的经济处于快速发展时期，讨论创新与创业的比例自然不高。然而，当我国逐渐进入经济增速趋缓时期，研究与讨论创新创业的议题自然将成为显学，这是与欧美等先进国家一样的发展路径。

在这个时期的文献探讨中，学者常将焦点放在创业家的角色描述上，试图去描写创业家应该要做些什么事情，才能达到创业促进社会经济发展的功能。例如，Carland, Boulton & Carland（1984）认为"创业家是建立和管理企业，并企图使企业获利及成长的人"。这个解释再单纯不过了，就是将创业带动经济作为一种正向因素。而 Bowen & Hisrich（1986）对创业家是从心理层面进行探讨，认为"创业是一种投入努力与时间以开创事业的过程，必须冒着财务、心理及社会的风险，最后得到金钱报酬与个人的满足感"，创业者追求高风险与高报酬的性格，是部分成功创业人士的基本思维套路。因此，接下来的研究综合上述两种观点，将创业家解释为"冒着社会、心理及财务上的风险，产生新事业，以获得独立与财务报酬的人"（Hisrich, 1988）。

华人地区对创业家精神的研究较欧美晚，这也反映创业研究的世代递延现象。陈家声及吴奕慧在 2007 年的研究中，认为创业家的性格为具有积极冒险的创业精神，敢于创新改革，愿意承担不确定的风险与责任，能够妥善运用社会网络、整合资源，发掘并掌握机会创造新事业。简言之，创业家精神是创造新事业体，并承担风险与肩负达成目标的个人性格。创业家精神能够洞察机会、承担风险，提出创新观点并坚持实践，透过创新、创业的实践，以获取利润的创新精神。

而陈家声及吴奕慧在2007年的研究中整理了1990—2002年的相关研究文献。此研究将创业家性格、精神与特征的综合整理为：在工作经验方面，创业家都有相关领域的工作经验。从事相关工作的经验可培养个人的专业技能和对产业环境的敏锐度，而因工作经验所产生的社会网络关系也有助于创业时获得相关的资源和协助。因此，具有较长且广泛的工作经验对创业者有相当大的帮助，特别是高科技产业或技术型创业者，除了具备专业技术之外，还需要具备相当充分的产业知识，才能成功创业；曾在中小企业有超过两年工作经验者，其创业动机比任职大公司的任职者更强，后者较缺乏创业的动力和诱因。此外，若对先前工作的不满意度高。例如，遇到工作上的挫折、缺乏挑战性，这些因素也是促成个人寻求开创新事业的动力。(Larson，1992；Roberts，1991；叶明昌，1991；汪青河，1991；杨敏玲，1993；林士贤，1996；李儒宜，1997；郑蕙萍，1999；黄钦河，2001)。

21世纪的今天，经过西方多数经济学家先前的研究证实，创业家精神是刺激经济增长和创造就业机会的一个必要因素。在已开发的经济社会中，创业家精神能持续维持经济的成长；而在一些经济刚起步的发展中国家，创业家精神可以激励创新创业，进而能建立中小企业、创造就业机会、增加收入和减少贫困，更是经济进步的主要动力。因此，政府激励民众的创业家精神，是一种极为重要的促进经济发展的发展战略。

经济合作与发展组织（Organization for Economic Cooperation and Development, OECD）设立的商务产业咨询委员会（Business and Industry Advisory Committee, BIAC）于2003年指出："培育创业家精神的政策是创造就业机会和促进经济增长的关键（policies to foster entrepreneurship are essential to job creation and economic growth）。"BIAC建议各会员国的政府官员可以采取优惠措施，鼓励各国人民要不畏风险创建新企业，同时增加相关保护创业措施，包括实施保护产权的法律和鼓励竞争性的市场机制。

TEDxTaipei创始人许毓仁（2016）则解释创业家精神是："能够自己解决问题，能够创造新的可能性，甚至可以发明工作。"他认为未来的人最重要的三种能力包括：①学会开创；②建立社群；③接受失败。这三项能力正好可以套用在任何领域的创业中，而开创是最重要的一点。

本书归纳出近30年相关的学者研究，对创业家及创业家精神的定义主要包括下列五个要素：

（1）愿意创新、改革传统与创造价值。
（2）愿意承担不确定性的风险与责任。
（3）有项目规划及管理新组织的能力。
（4）能够在有限的时间内进行资源整合。
（5）拥有比竞争者更快抢得先机之力。

二、创业家精神的三层含义

本书将创业家精神的相关文献整理后，将创业家精神作了最精简的诠释，即"愿意认真解决问题"。这八个字，可以将前面诸多文献的探讨整理为三个层面，即"愿意""认真""解决问题"。

（一）愿意（willingness）

愿意的含义包括个人性格成分。例如，在面对困难、挑战等压力时，愿意接受挑战是一种性格的表现。当然，很可能多数人是选择放弃接受挑战的。因此，创业家精神的第一个层面是"愿意"创业。

但是，这些创业家为什么愿意投入创业的行列中呢？在探讨国内外多位创业家与企业家传记后，可以发现这与创业者的马斯洛需求层次理论（Maslow's hierarchy of needs）相关。当我们分析他们为何愿意创业，希望去探讨这些创业者的真实需求，有些创业者是为了实现自我理想，而有很大部分的创业者是希望创造可观的经济报酬，另有一小部分可能是想满足当老板的虚荣心或动机不明显。本书根据文献与笔者近年辅导创业团队的实际经验，归纳创业家们为什么愿意创业的理由，整理结果见图1-1。

根据马斯洛需求理论的不同，本书将创业理由初步分为三种取向。首先，常见的是希望在现有社会氛围之下创业成功，获得报酬；其次，受到成功创业者的影响——尤其是与成功案例有直接社群关系者，创业驱动因素更为强烈；最后，少见的拥有明确创业理想者，清楚地知道自己创业的动机与方向。但综

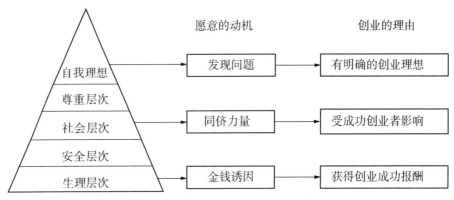

图 1-1　创业者基于需求层次理论产生愿意创业的理由

合近年对马斯洛理论的修正意见，产生创业意愿的理由并非为单选题，而是一种多选题的组合，而报酬、同侪与理想三者间的比例各有不同。

（二）认真（diligent）

创业需要认真地对待。然而，认真包括三个层面，分别是时间、资源及知识。

首先，创业者在时间上必须认真地面对。今天投资明天获益是一种天方夜谭，更像是诈骗集团的话术。因此，创业家精神中一定要有一股愿意持之以恒的认真态度，愿意认真看待自己的新事业、投资项目。对于对的事情能在时间上坚持，古有"愚公移山"的故事，俗语有"行百里路半九十"的告诫，都在告诉我们，做好一件事情在时间上的重要性。如果要创业，就要了解初期可能在财务上的压力、营销上的难处。要想度过黑暗的创业初期，这种沉稳的性格是非常重要的。

其次，创业者要认真地了解自身资源，包括目前自己拥有的资源及能够募集到的资源。兵法有云"三军未动，粮草先行"。做大事之人对于手边能掌握的资源必然要洞察，因为能够认真地以现有资源规划适合的创业项目，是成功创业的第一步。看国内成功创业案例，富士康是从新台币 10 万元的资本额的小工厂起家；华为是一间资本额 21000 元人民币的小公司；阿里巴巴就更谈不上资本额了，是在杭州注册的一家员工仅有 18 人的微型企业。这三间都是今天美国《富比士》杂志的前百大企业，但创业之初的资源却并不突出。创业资源不在于要多少才是好、正确，而在于创业者有没有自知之明、做对决策。

最后，有知识地认真工作才是成功的关键。中国有句成语叫"守株待兔"，守株者在时间上够认真、在资源上也没有缺少投入，但关键是他没有认清第一只兔子是不小心撞树身亡的。别的兔子哪会那么笨，接二连三地撞树而亡呢？有趣的是，如果能确定兔子或意指的目标比自己笨，"守株待兔"这个成语是有正面意义的。但是，这个成语的原意是指那位宋国农夫比兔子还笨。因此，认真的第三个关键是要做对、做好事情，其中，运用正确的知识、常识就显得十分重要。

（三）解决问题（solution）

创业家精神的最关键因素就是"解决问题"。这些所谓的问题可能出在自身，也可能出在身处的社会之中，自身的问题偏重于金钱类的需求问题，社会层面的问题则可能是当时缺少的服务或商品。

当前，可以说是创业的大好机会，但也可以说是大坏的时机。大好，是全球多数政府都提出鼓励创业的相关政策，激励学生和年轻人投身创业行列。同时，风险投资的资金也相对丰富，有助于创业者实践创业家精神。但大坏的地方是，当前投身创业、传统事业转型、全球化等各种因素错综复杂，创业者面临的创业环境已经不再单纯。中国互联网的成功创业者马云近年也曾公开说，若今天让他创立新公司，可能无法像 1996 年创业时那样成功。

现实社会中存在的问题远比学校教科书教的复杂，创业者必须要想出创造性的方法解决问题。一般而言，这些问题可能没被提出，或是没有人愿意出面解决，这是对一位创业者的专业能力及创业热情所提出的考验。创业家需要有能力创造性地解决各类问题，同时，要兼顾上述愿意、认真等特质。解决问题往往是在多种压力之下完成的。这是从多个创业者的案例中归纳出来的。

解决问题，说起来很容易，但做起来并不容易。除了很多问题本身可能错综复杂之外，创业者还得拥有团队精神、企业责任、专业知识、解决问题的衍生问题等能力，而且社会中还有各种法规限制、文化包袱、传统思维等挑战，让创业者在解决问题的过程中很难一帆风顺。很多新兴的创业者愿意跟进的理由是，从成功的创业者身上看到他们解决重大问题之后，带动自身与社会经济的成长。

有关解决问题，是创业家精神最核心的部分，然而，涉及的层面也较为广泛，本书在后面几个章节逐一诠释并分享个案。

华南创业个案：富士康与郭台铭

富士康科技集团（Foxconn Technology Group，以下简称"富士康"）成立于1974年，总部位于中国台湾省新北市土城区，主要从事电子工业类，专注于代工服务（contract manufacture，CM），研发生产精密电气组件、机壳、准系统、系统组装、光通讯组件、液晶显示件等3C产品上下游产品及服务。

富士康在其创办人郭台铭的领导下，创立一套名为eCMMS（electronic component module move and service，译为电子化组件、模块机光电垂直整合服务）的模式，以紧密的产业上下游垂直整合的方式，建立经济规模。达成旗下关系企业的研发、设计、制造、销售、售后服务等领域布局，产品线涵盖各式精密零组件、各式外观、结构件、系统组装、光通讯组件、液晶显示、半导体设备等，营运据点含亚洲、欧洲、美洲三大洲，员工总数已超过百万人。2010年，其集团主要企业合并，营业收入超过千亿美元，跻身福布斯全球前50排行榜，成为世界第三大资讯科技公司。2015年，在美国《财富》杂志500强公司的排行榜中排第31名。

创办人郭台铭出生于1950年，从中国海事专科学校航运管理科毕业。他并非相关领域的学科毕业生，仅有在校期间曾在模具公司打工的经历，毕业后入伍服役，退伍后在药厂担任业务员两年。24岁时，他由母亲协助募得10万元新台币（按当时房价，台北市郊区一套60平方米的公寓约值10万元新台币），创立这间员工仅十余人的小型模具公司。然而，创业第一年就面临资金耗尽、股东间意见分歧、产品不符合市场需求等困难。这时的郭台铭展现出过人的创业家精神，逐一解决眼前面临的创业初期瓶颈，最后将这家小型模具公司发展到遍布全球各地。

30年后的富士康集团总营业额突破兆元新台币，超越新加坡的伟创力成为世界上最大的代工厂。而后营业额持续倍增，2010年年底富士康集团仅营业额就达千亿美元，跻身全球前五十大企业之列。

（个案来源：《解密富士康：台湾大象也会跳舞》（2012），由中山大学南方学院政商研究院葛孟尧老师重新编写）

三、创业家精神的具体实践

创业很困难吗？美国文豪马克·吐温有一句经典名言："戒烟有什么难，我都戒烟三千多次了"，这表示他根本没有戒烟成功。在笔者辅导创业者时，也常见那种每半年换一个新项目尝试的创业者。他们会不会成为成功的创业家，老实说，笔者个人基本上不看好。原因是多数创业者没有充分了解前文所述的创业家精神，更多只是不愿意当受薪阶级，才想创业自己当老板。

创业很困难吗？飞机的重要发明者莱特兄弟也有一句名言："让人类飞上天空不难，困难的是安全降落"，这或许是他们在一次试飞失败后深刻的体会。创业也是非常容易的事情，有人摆个小摊档也说是创业，有人到工商局申请营业执照也说是创业，更有时下年轻人天天用手机自拍直播也说是在创业。所以，创业不困难，困难的是创业成功、做出有社会正面意义的成功创业。

在本节前的华南创业个案中，富士康在 1974 年创立之初，不一定就能显示出要征服全球的野心，但创办者在报酬驱动与理想驱动的共同作用下，才闯出自己的一片天地。郭台铭对于本书批注的创业家精神——"愿意认真解决问题"，具体实践的讨论可以分述如下：

（1）愿意。当时不愿意继续当受薪阶级，根据以往在模具行业的经验，想要在模具行业中有所成就。

（2）认真。由他母亲出面筹措创业初期的资金，运用他打工时观察到的行业知识，坚持撑过公司最艰难的创立前 5 年。

（3）解决问题。认真地说，郭台铭的创业不是以解决个人财务为目的，而是为了改变模具产业的陋习，用 5 年的时间将一个模具公司打造成为"精密铸造"的高端产业，进而成为今天全球专业代工的高端厂商。

如今，媒体经常介绍的是富士康帮美国苹果计算机、惠普计算机、日本索尼电子等企业代工，但对 1974—1984 年富士康的 10 年创业期甚少披露。你若阅读郭台铭的相关传记型著作，不难发现他认为创业者要有老虎的实力，也要有狐狸的灵巧。而这些传记、访谈也能支持本书归纳的创业家精神的三层含义。

以本章开篇的美国个案来看，伍德曼大学毕业之后曾经创业过一次，然而，因受到互联网泡沫的影响，新创公司也随之倒闭。但他坚持的创业美梦与热情并没有消失，他在公司倒闭后散心时发现市面上缺乏冲浪专用摄相机。但他没有多想这个需求的市场规模，以及如何将这个商品变成大众市场，以他的热情投身研发与制造。如同上述分析，可以探讨 GoPro 创办人伍德曼的创业家精神的三层含义，包括：

（1）愿意。答应父母亲这是他最后一次创业，若第三次创业失败，他将在 30 岁回到职场，做一位安分守己的上班族。

（2）认真。观察到冲浪时的照相、摄影设备是稀缺的，由父母亲借给他 10 万美元作为创业资金，以自己大学所学自行研发手持及非手持防水的微型摄像机。

（3）解决问题。手持与非手持的摄像机能解决极限运动者的拍摄问题，同时，将极限运动的第一手画面与朋友分享。这类小众市场的应用，很快地扩及诸多需要摄像头的领域。例如，军警训练、电影片场、职业运动等。让这些记录画面的辅助效果非常显著。当然，这也让伍德曼仅用了 12 年就能挤入福布斯排行榜之中。

因此，真的要创业不难，难的是要突破创业初期的诸多瓶颈、挑战。因此，认真地以创业家精神去实践创业过程的人很少，导致真正成功的创业家是整体创业者中的少数，超过九成创业失败者并未被如实揭露、研究原因。

当一位大学生决定要踏上创业这条道路之前，必须认真、仔细地想一想为何要创业，因为一旦走上创业这条路，除了要谨记当初创业的个人动机之外，紧接而来的资金需求、生产压力、市场反应、法规调适等因创业延伸的问题，都必须由创业者亲自面对。而创业者也有很大的可能性会面临破产、精神崩溃，甚至走上自残的末路。因此，如果能理解什么是创业家精神，之后决心要以创业去实践创业家精神的同学，成为创业者前，要先自我评估是否拥有下列成功者所应有的人格特质（Fernando，2010），包括：

（1）受到成就取向的驱策。
（2）强烈渴望获得认同。
（3）有着非常强的活动力。
（4）工作导向者。
（5）属于实干型，而非思索型。
（6）会选择挑战而非安定。
（7）能辨认其有利润的机会。
（8）看得到机会所在者，具有高度自信。

创业不困难，困难的是当个成功的创业者。因此，本书建议读者在决定具体实践创业家精神、投身创业者领域后，要盘点一下自己的实践创业家精神所需的要件——共有五项必须认真关注，包括：

（一）创业资金来源

在正式投入创业之前就可能产生资金需求。例如，政府规费、原料、聘请员工等。而创业之后，可能也有一段时间是没有资金流入的。因此，创业初期的资金来源是创业者最先要深思的要件，其次就是自身与家中的资金来源。

大学生创业在这个时期也是最艰难的，因为除了学校及政府的创业项目支持，很难通过社会人际网络环境募得资金。若是毕业后在职场产生创业的念头，积蓄与社会人脉可能会比大学生好一些，相对的成功概率也会高一些。

因此，深思创业资金来源的同时，创业者要有一份最基本的认识：留有一年最低生活开销的预备金。有时笔者会称这段时间在比烧钱的效率，这是让创业者不至于在创业项目花钱的时期，让自己挨饿受冻。同时，一旦创业项目启动之后，创业者也得想着是否还有其他风险投资，天使投资人或第二股东等资金来源。如果钱真的要花光了，却还募不到资金，应该差不多就是到了要放弃或转型的时候了。

（二）牢记创业初衷

选择创业这一条路的初衷，是因为金钱、理想、想当老板或是同侪影响？如果为了金钱而创业，那就更要谨慎选择能够承担风险、自己熟悉的行业来创业。如果是为了理想而创业，那么理想是不是可以实现，或是理想与现实并没有冲突发生呢？假如你也想跟马云一样叱咤风云，那么回想阿里巴巴还在中国黄页初期的时候承受的艰苦，你就很有可能会跟年轻时的马云一样吃整套的苦。因此，相对于创业初期的艰苦来说，依靠初衷形成的心理信仰就变得非常重要。

有一些创业初衷非常要不得。例如，看到同侪当了创业者还小有成就，因此，羡慕他外在光鲜的部分。等到自行离职创业之后，才发现每个月应进账薪水的账户没打钱进来，而货款、薪资却要支付给厂商及员工，应收账款也要认真留意是否催讨，这时才发现原来当老板只有"名片"上的快乐。

金钱或理想，又或是同侪力量都可以是创业初衷，但要牢牢记住，它会是创业最困苦时期的解药，如同历史故事中的越王勾践"卧薪尝胆"，就是将复仇作为不能忘记的初衷。最忌讳的创业初衷，就是为了逃避失业、逃避无法升官的创业，因为这两类人的创业初衷最不明显，很难支撑创业艰苦期的自我心灵意识。所以，决定用创业来增加自己的社会机遇，是值得商榷的议题，因为创业的难度一定比找份工作更高，所以，请先想清楚阻碍你发展的症结点在哪里吧！

（三）情商重于智商

还有一类创业者的陷阱在于名校迷思，也就是一些高考成绩佼佼者认为自己创业一定没有问题。但创业成功的个案事实，所谓情绪商数（emotional quotient，EQ）远比智力商数更为重要，因为创业过程中会遇到非常多的挫折，为了不被这些挫折击倒，坚定的信念固然重要，但能拥有一定的幽默感更为关键，良好的情绪管理在此就会发挥作用。

现在的网络视频中还流传着一段1996年马云到北京推销中国黄页，几次拜访被拒、遭遇被官方回应等画面。马云当时推销产品与服务的青涩感，显示出创业初期的很多不确定性。创业的你，可以接受被拒绝的时候吗？可以接受每天情绪的频繁波动吗？可以接受对方说你外表看起来不够成熟吗？当你满腔热血投入创业的路上时，能把所有阻力都化为动力吗？知道怎么让自己的谈吐更加得体吗？知道怎样接受市场的建言吗？愿意面对市场竞争可能推翻所有的努力吗？愿意转型重头再来一次吗？愿意接受创业伙伴可能的背离吗？

创业不仅是一场长期抗战，更是一场与多重敌人的长期战斗，短则三五个月，长则十几年，创业者如果不愿意接受这些情绪上的挑战，那么早点放弃创业的念头会是比较理想的抉择。

（四）相关人脉网络

创业初期最需要的是人脉网络，尤其华人创业圈更讲究人际关系的脉络圈。大学生创业在这一点是最缺乏的。若能在毕业后就业一阵子，累积一些相关产业或支持的人脉网络，对创业绝对是有帮助的。

很多大学同学会以美国的比尔·盖茨（Bill Gates）为榜样，认为在大学辍学创业是一种很潮的行为，但若仔细去了解比尔·盖茨在创立微软之后，业务也有几年不理想的时期，而微软能帮 IBM（International Business Machines

代工 OS（operating system，译为操作系统）的业务，主因是比尔·盖茨的母亲与 1980 年上任的 IBM 新执行官为好友，可以帮儿子的新创事业牵线。当然，没有成熟及优秀的产品也是没有用的。因此，相关人脉网络能帮助创业者加速成功，并占领有竞争优势的产业链位置。

（五）失败的安全网

大学生的创业失败率高达 95%。创业之前要认真思考如何成功创业，但真的要实践创业的时候，要快速思考一个深刻的问题：如果我创业失败了呢？

本章首个硅谷个案中，伍德曼在经历两次创业失败后，他的父母亲拿出退休金 5 万美元让他第三次创业，当时他 27 岁，他承诺若到 30 岁还没有显著的成绩，就要收回创业美梦，去当个上班族，赚钱还父母亲的退休金。你想要创业，你的家人支持你吗？你的好朋友愿不愿意支持你呢？当你创业过程中受到挫折，你的家人与朋友愿意支持你吗？这就是创业者在实践创业家精神的最后一个要素：安全网。

家庭支持创业，在国内是较为少见的，因为自古以来的社会氛围就是读好书、获得一份稳定的工作。当家人看到创业者初期的风险、不确定性，是否会支持你的创业决心？这一张创业安全网不是每个人都能有的。在前述硅谷案例 GoPro、华南案例富士康中，他们能够成功，不能否认在家庭支持系统上就胜过很多人。这是实践创业家精神的创业者，要评估是否能够获得的第 5 项关键要素。

对比创业个案：格力空调与董明珠

在中国各地常见的空调设备，不是国外知名品牌，而是出自广东珠海的格力空调，目前，格力是在中国空调市场中占有率最高的品牌。格力空调全名为珠海格力电器股份有限公司，集研发、生产、销售、服务于一体的空调企业，在 1989 年于广东珠海成立，前身是珠海市海利冷气工程股份有限公司。1991 年，公司改组成"珠海格力电器股份有限公司"。1996 年，格力在深圳证券交易所上市。从海利冷气到格力空调，一直都是国企。经过朱江洪和董明珠两任董事长兼总经理的努力，他们让一家濒临倒闭的地方性国家企业，重新蜕变为一只空调界的"雄鹰"。

董明珠不是格力的创办人，但是她从格力的基层做起，一路到达格力的顶峰。董明珠出生于江苏省南京市，毕业于安徽省芜湖干部教育学院统计学专业，1990年加入格力空调的前身海利空调工程公司，当时这家国企的经营绩效很差。当朱江洪转任海利空调的总经理之后，1994年提拔董明珠担任经营部部长，历经副总经理、副董事长。2007年，董明珠出任公司总裁；2012年5月，朱江洪因年龄原因退休，卸任格力集团董事长、党委书记和总裁职位，由董明珠接任格力集团董事长一职。

董明珠在任期间进行了一系列大刀阔斧的改革，格力电器也迅速成为全球一流的空调制冷公司，虽然这也带给格力一些负面的称号。例如，"军队式管理""血汗工厂"等。但经营绩效与企业形象的提升却是有目共睹的。回顾董明珠在格力这20多年的表现，她不是格力的创业者，但却比任何企业的创业者更深爱她的工作，这就是非创业的创业家精神。

（个案来源：《销售女皇董明珠：从普通销售员到格力空调总裁》（2007），由中山大学南方学院政商研究院葛孟尧老师重新编写）

四、非创业的创业家精神

很多在公司内部的受雇者也是企业家精神的实践者。正如前文所说，创业家精神就是"愿意认真解决问题"，非创业型的创业家精神就是发明家、实业家的具体表现。他们不一定开创自己的事业，但是用自己所学的知识认真地解决了很多社会问题。例如，在本段前述格力空调的个案。彼得德鲁克曾说："创业精神是一种行为，而非人格特质；他们借着创新，把改变看作开创另一事业或服务的机会。"创业家精神并非一定要创新或创业，更重要的是能具体解决眼前的问题，格力的董明珠女士就做到了这点。

以创业来实践创业家精神，在前面一个段落已经有所论述，但并非每一位大学生、出社会的新人都能有创业者的条件。因此，即使选择不创业，也要有创业家精神。如何实践非创业的创业家精神，是本段论述的重点。

（一）学习创新与发明，兼容传统智慧

拥有创业家精神的员工，本质上要有着创新的基因、热爱发明，更重要的是能有兼容传统的智慧。

例如，本节的对照个案，董明珠进入的海利冷气公司是当时一家经营不善的国企，但是她个人在不同的岗位上积极解决问题。当她还是个初级干部时，因为能积极追回应收款项而受到领导的器重。当她成为高层时，积极打造生产管理严格的一流工厂，将企业的名声与获利带上国际舞台。她不是企业的创业者，但比很多创业者表现得还要出色，这就是非创业型的创业家精神。

一般大学毕业的社会新人，对于出社会工作的想象多是：上人力网站、注册账号、投递简历，接着等待面试、等待通知、等待上班；被某公司聘用之后，听前辈的唠叨、领导的指示，然后等着每月领薪水，年底又想着第二年加薪多少。而极少大学毕业生会认真思考，如果离开现在的职场，还能不能过得更好。你想象过如果有一天自己被开除了还能生存下来吗？或者，自己有没有梦想在未来的日子会创造一份最适合自己的工作？

很多影响人类的重要发明，并非是创业家透过创业而创作的，而是在职务上的重要发明。例如，美国3M公司工程师史宾塞席佛（Spencer Silver）自1968年开始致力于研发强力粘胶，但实验结果产生一个有点粘的聚合物，实验结果存入档案室。1974年，另一位3M工程师亚瑟傅莱（Arthur Fry）想要制作可重复的贴纸，便找到几年前的实验结果，创造出便利贴的最初原型，3M公司在1980年开始在全美国各地发售"便利贴"（Post-it）。类似的例子还有很多，光盘、硬盘、蓝光专利等这些都是著名的职务发明，也都是实践非创业的创业家精神。

身处21世纪，这个世界的工作种类多到令人难以想象，但工作的传统轨迹是不会改变的。例如，华人社会习惯的打卡上下班，日本社会习惯的下班小酌。这些传统轨迹在职场中给人的启发，让每一位社会新鲜人能够了解以前发生的故事、错误、优点、禁忌等。当刚出社会的毕业生不断地开创、突破、再重建，以创业家精神实践"自己发明工作"的理念，以传统智慧作为基础，以创新能力作为建筑，才能构建属于自己的职场花园。

（二）别等着上级交代任务

如果没有创业的基本条件，不是每一个人都适合积极地投入创业行业，因此，职场的创业家精神更加重要。

常听公务机关服务的谚语"多做多错、少做少错、不做就不会犯错"。每一位刚入社会职场的新人都不应该把现有职场当养老的地方，而是思考在学校学的理论能否实际应用，将理论与实际的社会现实操作如何融合。这些积累的理论与实务经验，是年轻人作为提升自身能力的重要筹码，是把这份工作当成开展下一份工作的跳板，而且，更重要的是别等上级告诉你该做什么。

例如，一位负责在柜台收发信件的员工，他每天只是等着信件到来、派送信件，那么他只是完成这项任务的机器人，这也是大部分人从一个工作换到下一个工作时，只能加薪5个百分点的主要原因，机器型的员工难有升迁和加薪的空间。但是，如果趁着派信的机会，能认识公司的每一位员工，并动些脑筋去记住他们的姓名与职务，总能派上用场。若等着老板叫你做什么才行动，最后会失去竞争力，更会失去对工作的基本热忱，这是走向自我毁灭。更甚者，未来进入无纸质信件的时代，派信人员还能有什么职场空间呢？真正懂得开创工作价值的员工，会主动提出创意，告诉上级主管目前可以做些什么、想要做些什么，更甚者，规划、描绘未来的执行策略。

当你能够主动把该做的事情做好，也能告诉主管你还可以做些什么，可以创造一些什么，你就是职场内的创业家。具备创业家精神的员工，是很清楚自己想做什么、该做什么，懂得自我管理的人，且对工作的愿景超出一般人的渴望。若他因为职场升迁受阻，要跳槽也是其他公司抢着要的人才，加薪10～20个百分点都是极有可能的。

（三）建立同业与异业社群

"在家靠父母，出外靠朋友"，建立社群团体真的很重要。大学生或刚毕业的社会新人创业，最吃亏的地方就是同业与异业的社群力量。而毕业一阵子的社会人士在这方面则可能有优势，在同业内创业、寻求支持，或到异业创业、寻求异业的支援。对大学生和刚毕业的人而言，可支持的人际关系相当有限，有时能帮忙的社群可能仅限于刚毕业的同校同学。

当决定开始创业或在企业内大展拳脚的时候，筹措资金、寻找投资人、寻觅地点、公司登记、银行开户等各种大小事，都与人际关系有直接的关系。若留在企业内上班的非创业者，想要实践创业家精神时也需要寻求志同道合的伙伴，这就像在吸引更多参与者，归纳并建立一个社群，让他们参与改变，利用社群让力量更强大。当你想要提出一个改变、创新的观点之后，可能需要企业内外的一些专家意见，但又不能弄个企业项目实验，这时候的社群力量就能扮演绝佳的角色。

社群的凝聚是个有趣的议题，因为成员需要付出时间与精神成为你的社群成员。在硅谷的创业个案中，不少社群是美国大学内的兄弟会、风险投资间的聚会、同乡间的力量，这个与华人创业圈也是高度相似的。"同甘共苦"成为社群凝聚力的最佳验证，因为社群内的朋友多半是有相同的理念，共苦成为常见的社群内现象。但同甘是否为好的凝聚力指标，多数创业家案例显示这是否定的。因此，社群内的资源管理就成为社群持久经营的关键。或许不一定都要过着如此清苦的日子，但不要忘记群体组成的初衷是很重要的，这与创业者莫忘初衷是一致的。

职业内的社群团体要经营得长久，纠纷排除机制是非常重要的。群体内的分离声音出现之后，自然很容易让职业内的社群产生分裂，因此，适度的争吵是不可避免的，但社群内的成员应清楚地了解彼此是为了共同的任务、使命，让它变得更好，大家可以关起门来大吵一架，但最终对外得产生一致的意见。有的时候，软性的餐会讨论模式可能比正式会议的模式更有沟通效率。

（四）学习面对与管理失败，失败的经验别浪费

受雇于企业组织与自行创业者都非常容易面对失败的挫折，但每一次的失败都应该视为一次重要经验。具有创业家精神的人，除了愿意创造、积极负责、乐于群体工作，更重要的是以行动实践创意，对于可能出现的错误能够容忍与学习，进一步磨炼出好的新产品或创新技术，融入当今商业生态系统之中，以完成创业家精神的新商业模式。

在职场中尝试新的商业模式就是要不断地试验、修正、再试验，很难完全符合一开始的想象，这就是商业环境需要更慎重的试验的原因。而且，有别于实验室中的精密定量、定性试验，社会商业环境的试验伴随着包容和除错，创业家精神就是支持企业内部员工边走边调整，通常不可能一次就成功，这意味着接受失败、从失败中学习是非常重要的。

不同的产业会有不同的思维，但出现错误的地方却常常非常相似，拥有错误的管理经验对员工来说是正面的。因为正面的正确模式不容易在各领域复制，但错误的理由却常相同，面对与接纳错误也一直是国人的罩门，认为失败意味着能力有问题，但往往失败的经验能让员工更加成熟，更容易在下一个项目中谨慎行事，而必须通过这种人才的不断试验，增强团队的信念，才能克服对未来未知与失败的恐惧。

◎ 本章总结

本章主要论述创业家精神的重要性，并非直接告诉大学生及毕业生要直接创业。大学生创业与进入职场同等重要，然而学生无论是否由名校毕业，多数缺乏创业家精神，尤其国内年轻学子最容易缺乏，主要原因就是国人忽视对失败管理的教育。

本章前两段先对创业家精神的文献与本书定义进行阐述，本书认为"愿意认真解决问题"就是一种最贴近对创业家精神的描述，其中分为愿意是个人性格、认真是有常识及能够坚持，最后的解决问题要靠对问题本身的分析与专业知识。能体会创业家精神的大学毕业生，在面临创业与就业的抉择上，自然能够根据自身内外在条件做最有利的判断。

若以创业来实践创业家精神的学生及刚毕业的社会新人，必然要先了解自身的必要条件，本章整理相关讨论共有五点，是年轻创业家应该要仔细思考的：

(1) 思考自己的创业资金来源。
(2) 时刻牢记当初的创业理想。
(3) 对自己的情绪管理有把握。
(4) 在创业期的相关人脉网络。
(5) 是否有一张失败的安全网。

然而，全球大学生的创业意愿在10%～20%，再看大学生的创业成功率仅在5%左右，因此，更多学生的选择是毕业后的就业。此时更需要发挥创业家精神，其中有四个重要的理由：

(1) 学习创新与发明，兼容传统智慧。
(2) 别等上级交代任务，积极提升自我。
(3) 建立同业异业社群，经营人际网络。
(4) 失败的经验别浪费，学习面对失败。

多数学生认为创业家精神很难理解，经过本章以创业与就业两种不同的路径，用个案及实际例子陈述，希望对不同取向的大学毕业生能够有帮助。记住：创业家精神是一件很美好的事物，千万不要轻易放弃这种精神。

◎ 重要名词

1. 创业家（entrepreneur）
2. 创业家精神（entrepreneurship）
3. 愿意（willingness）
4. 马斯洛需求层次理论（Maslow's hierarchy of needs）
5. 认真（diligent）
6. 解决问题（solution）

◎ 问题讨论

1. 你在大学的学习时间还剩多少？还是已经毕业了？是就业中还是待业中？
2. 你是否渴望成为企业的老板？还是渴望实现崇高的理想？
3. 如果要创业，当前你能募集到的有利条件共有多少呢？心态调整好了吗？
4. 如果选择就业，你能理解为什么上班族也要有创业家精神吗？

参考文献

[1] 莱恩. 创业头条：16位硅谷科技新贵的成功法则 [M]. 孙莹莹，译. 杭州：浙江人民出版社，2015.

[2] SCHUMPETER J A. Socialism, capitalism and democracy [M]. New York：Harper and brothers，1942.

[3] CARLAND J W, HOY F, BOULTON W R, et al. Differentiating entrepreneurs from small business owners：a conceptualization [J]. Academy of management review，1984，9（2）：354-359.

[4] BOWEN D D, HISRICH R D. The female entrepreneur：a career development perspective [J]. Academy of management review，1986，11（2）：393-407.

[5] HISRICH R D. Entrepreneurship：past, present, and future [J]. Journal of

small business management, 1988, 26 (4): 1-4.
[6] 陈家声,吴奕慧. 华人创业家心理与行为特质之初探[J]. 创业管理研究, 2007, 2 (1): 1-30.
[7] LARSON A. Network dyads in entrepreneurial settings: a study of governance of exchange relationship [J]. Administrative science quarterly, 1992, 37 (1): 76-104.
[8] ROBERTS E B. Entrepreneurship in high technology [M]. NY: New York University Press, 1991.
[9] 叶明昌. 创业家个人网路之研究[D]. 台北:中央大学企业管理研究所, 1991.
[10] 汪青河. 创业家创业行为与环境、个人特征关系之研究[D]. 台北:台湾大学商学研究所, 1991.
[11] 杨敏玲. 青年女性创业家创业动机与创业类型之研究[D]. 台北:台湾大学商学研究所, 1993.
[12] 林士贤. 高科技创业家个人特征与其领导方式及决策风格之研究——以新竹科学园区为例[D]. 桃园:中原大学企业管理研究所, 1996.
[13] 李儒宜. 创业家之个人特征、创业动机与人格特质对于创业行为影响之探讨[D]. 上海:东华大学企业管理研究所, 1997.
[14] 郑蕙萍. 创业家的个人背景、心理特质、创业驱动力对创业行为的影响[D]. 台北:大同工学院事业经营研究所, 1999.
[15] 黄钦河. 创业团队领导者的技术能耐与新产品开发行为关系之研究——以龙园创新育中心为例[D]. 桃园:中原大学企业管理研究所, 2001.
[16] 徐明天. 解密富士康:台湾大象也会跳舞[M]. 北京:企业管理出版社, 2012.
[17] 张廷伟. 销售女皇董明珠:从普通销售员到格力空调总裁[M]. 北京:中华工商联合出版社, 2007.

第二章　创 新 思 维

硅谷个案：Airbnb

布莱恩·切斯基（Brian Chesky）在 2008 年创建在线租赁网站 Airbnb，为家里有多余空间的出租人和寻找住处的人牵线搭桥。作为新兴的共享经济模式的先驱者，他通过开创一个全新的产业，为自己和创业伙伴带来了数十亿美元的财富。Airbnb 完全建立在早期互联网革新的基础上，反馈评级体系为交易双方提供了众包模式下的评分和认可，社交媒体也可以用来确认交易者的身份并进行背景核实，而智能手机的出现，让人们随时随地能进行交易。

在当今"共享经济（sharing economy）"时代的经济模式下，资产所有者以网络共享应用为平台，通过共享自己未被充分利用的东西赚钱，Airbnb 正是这种经济模式下的典范和先驱。这种共享观念为那些从前被认为没有获利可能的闲置资产创造了新市场。这种经济模式可以追溯到 2008 年的旧金山，当时刚毕业的切斯基和好友乔·吉比亚（Joe Gebbia）来到西部闯荡，为了赚点钱花，他们在自己的公寓里铺上气垫床，为一次工业设计会议的参会者提供住处。

切斯基与吉比亚两人建立一个网站来推销自己的留宿服务，第一周只有包括同伴在内的三个人使用。此后，两个人决定投资这一个新网站的建设，打造了一个更大、拥有更多房源的新形态网站。为了增强技术实力，两位还邀请了吉比亚以前的室友内森（Nathan Blecharczyk），三人将网站更名为 Airbnb。他们起初针对大型活动的住宿招待，因为那时酒店往往都客满了。例如 2008 年的总统大会期间。

切斯基回忆这段历程时，说："我们根本没有意识到，自己投身到了一种新型经济模式中""我们只是想挣点钱而已。之后，我们发现这种服务大有市场"。

但 Airbnb 网站刚起步时速度缓慢，面临所有新兴产业都存在的群聚效应问题——卖家想要更多卖家，也需要更多买家。同时，当时很多人难以接受"共享"这个概念。为了吸引更多的出租人，2009 年几位创始人还到纽约与当地客户面对面交流,并了解如何改进网站。随着互联网科技的发展,Airbnb 及同行才得以把握机遇,呈指数级迅速发展和扩张。

这种模式是典型的颠覆式创新,它可能会对经济造成短期的不利影响:大家只租不买,但共享社会产生长期经济效益,最终会对所有人有利。

(个案来源:《创业头条:16 位硅谷科技新贵的成功法则》,第一篇,由中山大学南方学院政商研究院 2014 级温钟亿重新编写)

一、创意、创新、创业

彼得·德鲁克(Peter Drucker)强调,没有创新与创业家精神便不叫创业。而人们能不断地进化,正是因为拥有一连串的创意到创业的过程,前者最为原始、直接与普及,后者需要结合较高的社会化程度社群才能体现。中间的创新,是近年国内外大学的显学,但与其前端创意、后端创业相比,"创新"是一种相对名词,必须跟创意与创业共同讨论,才能更为具体地探讨创新在人类社会扮演的价值。

创意(creativity)也译作创造力,是一种人类与生俱来的能力,更是一种心态。它从猿猴时代自然演化出的一种能力,经过数百万年的演化过程,通过创意解决困难、挑战及眼前的问题,最后获得生存条件而存活下来。这个创意或创新能力是天择说的一环,在最近的创新研究中获得证实(古奇,2016)。这可能是把德鲁克在 1985 年的代表发言"不创新就等死",进行长时间与多角度的历史论证。但人人都有创意的基因,取决于我们愿不愿意使用而已,又或如梁启超先生所说"今天之我与昨日之我挑战",这些都是创意。

因此,在前章中提及的智商(IQ)与情商(EQ),也有学者陆续提出创意商数(creativity quotient,CQ)作为测量个人创意的表现,其测量主要的核心包括三个要素,即个人的开放特质(open)、创新特质(innovation)及创造力特质(creation)。创商是人的智商的一种深化和外化,是衡量一个人的智商在发现未知问题与解决现实问题中的应用转化程度的标准。CQ 的设计是期望衡量个人在创意上的现实能力和成功能力。不过,CQ 的测量应用相较于 IQ 与 EQ 而言,是最为少见的,原因是这些度量方式都依赖于对被测试者作个人判断,而要订立一个中立而标准化的评估准则,其实很困难(A. Craft,2005)。

而讨论创新(innovation),则是具体实践创意于实体可见之物,包括新产品、新服务、新制程、新技术、新原料及新的商业模式等各种新颖、有用、能提高生活质量的作品或服务。创新与前文的创意常混合出现，因此，笔者认为此处讨论两者的明确区分，对在学术上的研究方法是有帮助的，但对管理实务却没什么显著意义。如果用创意、创新与创业的三段式逻辑来讨论，创新最重要的阶段任务就是放大创意的价值，特别是在商业价值的展现。（见图2-1）因此，个人的创意或创新能力测量相对就不重要，而是通过培养个人的创新思维，延伸到现代化的企业组织或新创事业之中，用以巩固创意的核心价值，创造出企业的竞争优势。

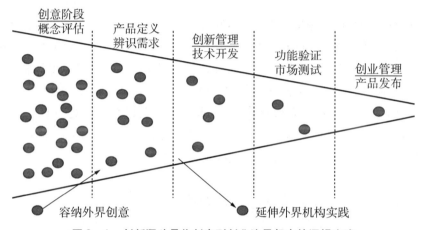

图2-1　创新漏斗是将创意到创业连贯起来的逻辑实践

图片来源：Dunphy, Herbig& Howes, 1996。本书重新绘制并翻译。

参考文献：DUNPHY S M, HERBIG P R, HOWES M E. The innovation funnel [J]. Technological torecasting and social change, 1996, 53（3）: 279-292.

而创业家精神（entrepreneurship）更是本书前章重点，用于创业实践则是将创新想法具体地落实完成，其中，包括洞察先机、勾勒愿景、吸纳资源、组织团队与落实执行。创业精神所强调的其实不只是新创事业，而是愿意面对所有的不便、老化、陈腐与过时，勇于将其改变的精神。例如，看见一家面摊生意很好，跟着模仿，这不算创业，只能说是模仿、仿效。但如果依照前述创业家精神的实践模式，应该是在原有的基础之上，将餐饮内容更进一步地改善、改良。例如，强调用餐环境、食品美味、服务流程、厨房等级等或以新的营销模式、套餐组合、品牌形象等作为差异化经营，这才是真正的具体创业。

如何能将创意、创新与创业三者连贯，根据前文的讨论大致上可以将"创新"视为衔接创意与创业的支点，任何天马行空、奇形怪状的想象空间都是所谓的"创意",因此,创意可以是大量的原始想法、方案雏形,而创业是真正落实创业的其中一种方式,这个概念可以借用创新理论中的"创新漏斗(innovation funnel)"说明。创新漏斗是当前研发型及创新型企业常用的工具,漏斗之间设有检核点进行分层把关(谢明彧,2008)。笔者认为这是将创意到创业或指实践的具体串连方式。

（一）无中生有：收集天马行空的各种创意

面对同一个社会现象,市场需求可能有着千百种解答,第一步主要是天马行空地"发想创意"(idea),并对这些想法进行市场测试,了解消费者的接受度和市场潜能。在这个阶段,产品可能连雏形都还没有,只有写在海报上的叙述性文字而已,因此,通过书面化的记录、问题再厘清、优缺点分析等,列出所有的创意必须接受许多检核表（checklist）和关键绩效指标（key performance indicators, KPI）的考核。通过这个"广泛发想,仔细评估"的过程,就能将原始的创意一步步朝着消费者感兴趣的新产品发展。

（二）检核指标：将概念化为实际

将原始的创意形成一种基本概念之后,接着进入研究、实际开发的阶段,此时导入研发能力的重要因素,展开此步骤,以确认是不是能将概念落实为具体的商品。在此阶段,最重要的工作就是进行"可行性"评估,以及创造出商品的具体雏形。前一步骤的创意是成败难料的,进入第二个步骤就是要确认能否提高成功度,要检核的项目也最多,反而越到后期,因为越来越确定与聚焦,开始要投入更多资源,反复修改的机会也就变少。

（三）产业整合：生产与销售的准备

当产品已经有了基本雏形,下一步是财务与供应链评估,目的在于解决各种财务、生产等实际执行面的问题,包括材料、包装、流程、成本等。主要由供应链与财务衡量进行,因为进展到这时候,基本已经确认过产品是可以顺利生产的,产品的最终模样也几乎定型。如果成本太高,就要在品质上有特别的要求；如果物料过于稀缺,就容易遇到产量不稳定的隐忧。

(四）市场沟通：了解在不同地区的反应

到了第四阶段，就是思考"如何与消费者沟通"，并由营销部门负责拟订广告与营销计划，让整个产品动起来，创造销售佳绩。针对产品的营销手法，这阶段非常重视不同地区的不同需求，即使广告全球统一，但在营销上仍会去思考凸显广告上的那些重要讯息，更要符合当地的需求、文化特色。当广告营销计划都完整地提出之后，整个创新的成果还必须进行最终的定案，过了这最后一关，产品才会正式上市，或是进入实际的创业阶段，目的在于检视新产品是否达到预期的财务目标、观察消费者的反应，并且视状况检讨修正营销策略。

（五）发射机制：上级指示或创业按钮

如果这个漏斗用在企业内部，整个产品开发项目涵盖的成员，可能多达三四十位，从爱乱想的营销人员，到重实际的财务人员。每个人又都要依循不同的关键绩效指标（key performance indicator，KPI），因此，负责监督稽核的人，就变得非常重要。也就是说，必须要有人能够以中立超然的角色，替整个项目团队抓出"最后要守的东西"是什么，也就是固守整套的"最终目的"。如果是用在创业者或其创业团队，则最后确定要设置公司、店面及扩大营业，这都如同火箭最后的发射按钮，不在于按钮是谁按下的，而在于发射前是否有严谨的查核确认机制。

在创新漏斗的五个阶段中，每当要进入下一个阶段，都会有一位守门人（gatekeeper）作为把关者，守门人最主要的功能，就是被授权在整个SOP任何一个时点，做出"go"（继续）或"no go"（喊停）的抉择。因为在初期还只是概念时，公司投资并不多，但进到后期阶段，项目团队很可能会因为割舍不下，即使发觉情势不对劲，还是硬着头皮做下去。若没有喊停的机制，很可能所有投资到头来会变成彻底的浪费。

上述是将创意、创新与创业作为一个连贯的应用，笔者认为，用创新漏斗可以解释说明。而创意、创新、创业三者事实上还是有很大的差异存在，可以作理论探讨。

创意不等于创新，除非这个创意能满足客户的潜在需求（desirability），在现行技术与资源可以实现（feasibility），能够上市获利（viability），也就是具有商业价值的创意才叫作创新。创新也不等于成功创业，创新虽然也是上市获利，但假如这个创新缺乏防止对手模仿的机制（isolating mechanism），很容易被对手抄袭模仿，差异化要素消失，即落入恶性竞价与产品生命周期缩短的经营危机，想要建立高毛利与长期竞争优势的新事业的愿望就会落空。

二、知识经济的创业时代

知识经济最初亦被称为知识型经济（knowledge-based economy），源自经济合作与发展组织在1996年提出的全球经济趋势分析，定义为"拥有、分配、生产和着重使用知识的新经济模式"。此后，从古典经济学的生产要素之中，特别将知识作为一个要素重新提出讨论，亦称为"新经济"主义时代，广义用于解释新技术、创新及知识产权的经济价值，同时加上讨论人才的经济议题，如何推动经济在近代的成长。

因此，在21世纪，要说如今是个以知识为生产要素之一的时代，这种经济论述应该不会遭受质疑。21世纪的知识经济时代进入一个创新与创业的新时代，主要产生三个重要特征：①技术快速演进；②全球化竞争趋势；③商机高度与互联网相关。想要在创新经济时代继续存活，必须从教育着手，培养人员重视创新的纪律与问题的解决能力，这才是滋养企业创新的基础。

在知识经济时代下的创新创业，时代背景与过去20世纪的环境大不相同，因为全球化发展、互联网普及、科技快速创新，导致经营环境快速变迁、竞争压力加剧。创新与速度是企业竞争优势的唯一来源，创新与营销成为最重要的功能，肩负企业创新与营销功能的创业者、经理人、专业幕僚人员，必须具备独立思考与问题解决的纪律与能力，方能有效执行创新与营销业务，取得竞争优势。因此，在知识经济下的创新创业有四个必要了解的子议题。

（一）创新创业是场人才资源的抢夺战

近代文明社会的经济发展形态，从早期的农业经济形态，到工业经济形态，再到近半个世纪计算机科技的出现，人们的经济形态正式迈入信息经济。随着知识生产在信息经济形态的重要性与日俱增，文明社会又继续向前迈进知识经济形态，开启21世纪知识经济的新纪元。世界的经济发展从区域进到全球共同的经济体，企业的竞争也必须要能与世界接轨才得以生存。

知识经济时代中的重要资源是人才，人才资源是由知识和学习知识的能力、技能、发明创造力、组织管理、判断决策、完成任务能力等看似抽象但是起决定作用的人力因素所构成。在知识经济社会，其具体表现为：人的智慧和创新、被投入与货币相通的市场经济的流通网络，形成了人才资源与非人力资源（物质、货币等）共同订立的特别市场契约，共担企业风险，共享企业利益，成为企业最重要的资源。

从"Human Capital"的思维切入，员工被视为"资本"，而非"成本"；企业竞争力就建立在人力资源的基础上，通过创意资本的累积，为组织创造最高价值。这种把人力、智力资源视为有价经济资源的想法，直接强调了知识的价值。人的智慧和创新这种高智力劳动可转化为独立的策略、构思，进而形成各种具有开拓性的设计、发明、创造及组织管理，它们的定型化，就形成独树一帜的特有的资产——人力资源。

这些人力资源与传统的有形资产——如原材料、土地厂房、生产设备及货币等相比，有用的人才更能发挥出无可比拟的巨大作用，并能带来巨大的增值和财富，从而使市场经济的发展不再属于资源依赖型而转化为依赖于人的知识智能和创新能力发展程度的知识依赖型，人力资源已经是企业经营中最重要的资源。无论政府、组织、学校、企业或其他机构组织，皆以教育、训练作为其人才培育的方式。

所谓教育是指个人一般知识、能力的培养，包括专门知识、技能及生活环境的适应力，是较为长期、广泛且较客观的能力发展；而训练是指为提升个人在执行某个特定职务所必要的知识、技能及态度或是培养其解决问题的能力的一切活动。人才是国家的人力资源，也是产业发展的资产，任何一个有远见的政府必然要重视人才的培育，通过各级学校人才的培育，以及各种在职训练，提升人力素质，以满足产业用人和国家建设所需，提升国家的竞争力。

（二）创新创业是无国界与时差的新市场

知识经济中的知识是无法形成明显的国界范围，如同本章个案 Airbnb 的创业故事中，Airbnb 从 2008 年的一个小型网站开始发展，如今已经是个跨国际的新创公司，公司总资本预估为 200 亿美元。这种以互联网、智能手机、在线支付等功能重新组合的新型服务，美其名曰共享经济，但更是以知识为基础的创新创业案例，其中人才议题已经在前文讨论过，而这里主要观察其无国界及无时差的特性。

过去的经济学研究中，常在解读知识创造的经济价值或模式，以知识或技术简约成信息的一部分，当然，进而讨论其外部性（externalities）和非排他性（exclusive），推演出市场失灵（market failure）的概念，进而主张政府提供研发诱因。相对地，在国家创新体系（national innovation system, NIS）的概念下，创新是各种经济要素间的互动结果（Nelson, 1993）。所以，创造经济要素中的知识，除了牵涉传统的经济诱因与知识产权问题外，还须经由提高创新要素间的互动频率与质量才能达成，而且无法以国界作为限制。

基于无法以国界作为限制，知识借助着互联网的传递提高了流通速率，在组织间的网络化互动与合作则可便于隐性知识跨组织流通，原先受限于知识传递间的隐性与显性鸿沟，在互联网时代也将变得越来越不明显，知识应用大多被放在研发成果的商品化问题上（葛孟尧，2011）。因此，研发成果须搭配创新所需的互补性资产，在全球化的无国界、无时差现象下，知识的应用不限于研发成果的商品化，而更包括创新思维如何运用于营运和如何建立新的商业模式（business mode），并能顺利开创新的、更高的附加价值。

（三）完全开放与封闭两极化

当今，利用知识作为创新创业的重要元素，产生的商业模式也呈现"完全开放"与"完全封闭"两种极端的趋势，从20世纪的电脑及作业系统之争中就能看出端倪。在乔布斯创建苹果电脑时，其硬件系统设计采用完全封闭的概念，而IBM随后推出的个人电脑系统，采用硬件规格全部开放的态度，让全球各大小设备厂商皆可进入IBM的规格生产。同样的逻辑也出现在个人电脑的作业系统，比尔·盖茨的微软（Microsoft）就采用封闭系统的设计方式，而Linux系统则希望通过开放原始码，让每一位有能力的工程师都参与修订、改版或加值设计。

究竟在20世纪80年代之后的知识经济中，创业者的开放战略与封闭战略何者占上风，就目前诸多个案的观察结果来说，开放较为有胜出的优势。例如，百度知乎就能汇集千万网友的问题与解答。若建立一个知识库来回答问题，这些网友的付出该如何计算费用呢？开放性质的崭新创业模式确实有很多成功案例。本书认为，与互联网相关的内容形态产业创业中，开放能够带来更多使用者与周边商机，然而若远离互联网这个领域，恐怕传统的封闭性系统或知识产权保护的战略，还是能够扮演足够的竞争优势保护。唯开放与封闭系统的光谱两端，在商业应用上没有标准答案。

如同音乐团体五月天的歌词"水能载舟，也能煮粥"，我们在看开放与封闭创造竞争优势中，优势的关键在于"制度形成成本"与"消费者交易成本"的两者最小化。例如，苹果电脑的乔布斯是个制度形成的强烈主导者，因此，在他主导的智能手机 iPhone 开发中，注定会以大幅度的封闭系统作为设计概念，而他的继任者库克，是否能承袭他的制度刚性，就得留给时间观察了。另一个重点，是能不能让消费者的交易成本最小化。苹果的智能手机若在 APP 提供上费用明显高于谷歌的开放型安卓系统，这个封闭系统也将面临严峻的挑战。同理，使用智能手机收看电视也是极低的交易成本，纵使画质与屏幕尺寸可能不及家中客厅，但依然能用开放系统的优势概念来解释。

（四）是虚实整合的特殊现象

很多商业杂志、企业管理教授在 21 世纪初期时预言中国互联网的泡沫比美国严重，更有甚者认为中国互联网公司会被外国全数并购。时间证明，中国互联网不仅能培养出一批自有品牌的企业，这些企业甚至能影响全球的经济命脉。"网店"，就是随着这一波互联网浪潮出现的名词，很多网站纯粹以网站经营为主体。目前，经营种类最多的就是特定产品专卖店，通常这一类型的厂商都是以网络零售商自居，但是也有部分厂商是以转单的方式进行。

然而，就在几乎每一个人都有智能手机的今天，不少实体型态的企业能够成功转型为互联网形态，也有不少传统企业则是强化自身产品功能，再进一步进入互联网网店的布局。这股实体店铺与虚拟商店已经不是较量，而是相辅相成地融合，以求取增加更多的市场商机。以近年科技设备的发展预测，多数的入口网站、ISP 已经成为末日产业之一，取而代之的互联网新宠儿是能够虚实整合的销售网点。例如，滴滴打车、优步（Uber）、爱彼迎（Airbnb）等，虽然打出共享经济的旗号，但本体上确实将传统的出租车与酒店，用互联网的新工具进行整合设计。

虚实整合背景因素在于强化虚拟在物流效率的不足，这恰好能满足幅员辽阔的中国市场特性,让不同的订单能由最近的实体点销售出去。虚实整合的优点在于实体有物流的支持,可以增加虚拟网站经营的不足,像是网络书店原本经营在线购书,处理订单的最后一个步骤就是要寄送书本,通过各地区不同的实体书店整合或并购后,能实现到店取货来解决物流问题,并减少付给物流厂商高达商品价格三成左右的定点取货费或是配送费。

三、创新思维及商业模式

人类成为高智能物种的代表绝非偶然,而是体内长时间的创新基因作用所致。上古时期的猿猴为何有一部分进化成人猿、人类,而有一部分停留在猿猴阶段,关键在于有创新基因的猿猴就会进化,而进化的目的在于解决眼下的问题。但不能讳言,有时创新基因会导致错误发生。因此,一连串的动态创新尝试历程之后,创造出今天的文化社会。

"不创新就死亡"(innovation or die),这是管理大师彼得德鲁克的名言,但他少说了一句话"创新也不一定能活",因此,有创新思维是在当前严峻的商业社会竞争中存活的一张门票。然而,能够管理创新进而形成一套合理的商业模式,才是真正能够体现不创新就死亡的至理名言。创新,不难,难的是让创新成为大家都接受的体系、制度或商品。

图 2-2 常见的回形针

图片来源:http://sucai.redocn.com/tupian/824481.html。

举例来说,铁丝是个人类文明社会中早已创造的商品,铁丝能有很多很多用处,包括亚当·斯密在 1776 年的《国富论》一书中提到的切割打磨为针,但将铁丝绕两圈成为"回纹针"(见图 2-2),却是在 20 世纪初的发明。

不妨大家来头脑风暴一下:一根回形针,能有多少用处?

反过来,给你一根铁丝,能弯成多少种不同形状的"新"回形针?见图 2-3。

我们获得从人类祖先遗传下来的大脑,这个复杂的大脑结构里面有不复杂的创新基因。但是,当我们从母体中的胎儿呱呱落地到成长为独立个体,太多社会机制会影响和打压我们脑中的创新基因。例如,道德束缚会让我们不敢尝试婚姻制度的创新。本书也不是要大家突破优良的中华民族良好道德教育,但笔者想请各位反思,传统教育中是否有许多因素压抑我们的创新基因,能否考虑在当今商业社会中适度解放呢？

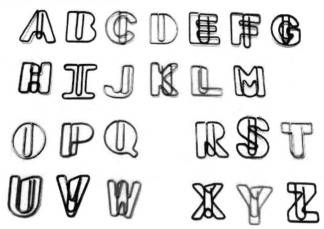

图2-3　用铁丝绕成其他图形的回形针

图片来源：http://m.safemen1992.com.

（一）放弃创新思考的理由

我们习以为常地放弃用头脑思考创新，这是受到我们教育过程中的诸多制度影响，常见的因素有：

1. 主动性地放弃思考

由于对自己缺乏自信心，因此，遇到困难与挫折就会自动放弃思考，常见的借口就是："时间不够""我做不到……""这种事情怎么想也没有用……"，最后让问题一直放在眼前，不是错失解决问题的良机，就是让问题一直持续扩大。

2. 依赖其他人的思考

有时缺乏自信心就会借助他人意见，这种属于依赖权威型的放弃自我思考，而这些被依赖者成为问题答案的来源。例如，"×××说的准没错……""一直以来都是这样……"，事实上，这与投硬币来决定左右一样，并不是由你自己来思考问题、解决问题。

（二）华人传统教育的盲点

华人教育注重尊师重道，自古以来皆是如此。尊师重道是好事、好传统，但笔者认为尊师是尊敬老师与受教育的机会，重道是重视追求道理的方法，在当今一定要有所调整。笔者在中国内地、台湾、香港等地区的大学高校参访及任教时，同时与新加坡、日本的大学课程作比较，我们华人的大学课堂缺乏讨论和互动，常见是单向式宣传式授课，导致学生容易放弃思考、产生思考依赖、降低思考力，最后引起"思考关机"的状态。这种思考放弃症有三种形式：

1. 借口型放弃

多数人直接放弃思考就只因为懒惰，没有仔细调查过就放弃，常用的借口是："虽然是这样，但是我不可能办到""这部分我没有接触过，所以我可能没办法处理"。事实上，有些东西即使手上取得的信息很少，但还是可以去思考。

2. 泄气型放弃

这种放弃的根本原因在于华人重视的升学主义中，凡事有标准答案，学生竞争一定要分出胜负，结果导致很多学生容易泄气，遇到问题的借口就是："因为我就是没办法""我书读得不好，这个问题不要问我……"。泄气会促使思考的放弃。不管在学校会不会念书，也都应该可以从有限的信息中建立思考体制，重新拾起学会有效思考的习惯。

3. 赌气型放弃

赌气型放弃也有别于上述放弃，而是基于反抗思考过程的挫折感，导致有明显抗拒的激烈反应，本人并不会发现自己已经停止思考了，自以为帮周遭的人发言。例如，"知道这些那又怎样……""思考这样的问题有什么意义……""这个事情交给别人去做就好了……"。事实上这是用更强的气势强化其思考放弃症。

无论是哪一种思考放弃，最终受害的不会是教师，因为教师的薪水不受影响。受害的是学生以及整个华人文化在全球的竞争力，这是不能不预防的国家整体优势下降的问题。

思考激荡，两题哈佛大学的入学考题

第一题，选择题：

当 $a=2$ 的时候，则 $A=4$。那么，当 $b=3$ 的时候，请从下列答案中选出 $B=$ 多少？

甲：9　　乙：5　　丙：6　　丁：?

第二题，论述题：

如果 $1=4$；$2=8$；$3=24$，那么 $4=$?

以上的考题其实没有标准答案，但有推理与论述，更能在学生回答问题的过程中，看到学生的创新能力、口语表达能力，以及面对主试考官时的态度。这才是哈佛大学设置看似小学数学测验的真实目的，而非聚焦于公式背诵或复杂计算，因为学生的创新能力才是哈佛大学最注重的天赋才能。

几个思考制胜的典范，见图2-4、图2-5、图2-6：

想象力比知识重要。——爱因斯坦

图2-4　被誉为第四位神使的重要科学家：爱因斯坦图

图片来源：http://www.read-life.com/2015/10/13/。

微软唯一的工厂资产，就是人类的想象力。——比尔·盖茨

图 2-5　成功影响近代人类文明的创业家之一：比尔·盖茨

图片来源：http://www.sohu.com/a/148090251_761290.

图 2-6　被喻为 20 世纪末最成功的小说家：JK 罗琳

图片来源：https://famousbooklist.blogspot.com/2015/04/jk-rowling-book-list.html.

有一位外表不出众的单亲妈妈，在经济拮据时，通过创意思考写作，变身奇幻女王，挺过生命的黑暗与磨难。

（三）商业模式的创新概论

在本书第一章就谈到创新概念可追溯到熊彼特的论述，他提出创新是指把一种新的生产要素和生产条件的新结合引入生产体系，具体形态有五大类型，包括开发出新产品、推出新的生产方法、开辟新市场、获得新原料来源、采用新的产业组织形态。彼得·德鲁克更简化上述说法，认为可以归因为两类，即技术创新及商业模式创新，其中，商业模式创新有几个明显的特点：

1. 改变收入模式

即意味着表面上赚得更多或赚得更少，但实际上具有创新的游戏规则让企业拥有新优势。并非是从市场营销中寻找或开发新的需求，而是更长远地来重新定义客户需要什么，重新理解使用者需要完成的任务或要实现的目标是什么（consumer's Job-to-be-done）。创业成功的个案中，外国的戴尔（Dell）、沃尔玛（Wal-Mart）、康宁（Corning）等，以及我国的360杀毒软件都是如此进行商业模式创新。

2. 改变产业位置

改变企业在产业链中的位置，利用企业位置移动的过程获得新的利润来源，改变其价值创造中的制造或出售（make or buy）搭配。这个概念也就是由波特（M. Porter）在20世纪80年代创造的竞争优势学说后，衍生的垂直整合战略（vertical integration）或外包（outsourcing）来实现。例如，美国IBM近30年从硬件企业逐步走向软件企业，就是在改变产业内的位置，以及国内的小米手机也是不设置手机制造工厂，完全通过供应商负责制造，也是一种位置改变的实践。

3. 创造崭新规则

这些规则可能是将前述的价值、位置重新进行更剧烈的调整，要求一个企业重新定义本产业，进入或创造一个新产业。例如，20世纪90年代服务器（serve）需要自建，而伴随技术翻新之后的信息行业，产生商业运营外包服务（business process outsourcing）和综合商业变革服务（business transformation services）等。例如，美国的亚马逊（Amazon）与我国的阿里巴巴都已经延伸自己的网络管理能力，追求成为企业总体商务运作的大管家。

4. 以技术为辅的模式创新

通过新技术的研发改变以往的传统模式，技术变革是辅助的力量，然而让商业模式得以完全产生新模式，其中，近 30 年的互联网技术、行动通信技术、芯片技术等，让很多创新的商业模式都能顺利产生。例如，本章个案 Airbnb 就是要借重"智能手机""线上金流"与"社交网站"的整合，让共享剩余房间的生意得以运作。

"商业模式的创新，往往比技术创新更容易发生，影响程度更广泛。"将这两种创新加以区分的彼得·德鲁克如是说。

（四）商业模式创新的程序

创业者在创新商业模式的心中，要存在两种最基本的主义：我心中打消费者的主意、消费者也打着我的主意。

因此，不要凡事想着我要怎么赚钱，而是如何让新公司与市场传统的秩序产生融合，第一个面临的问题即是针对谁、提供什么，借此创造和累积新公司的价值，这里特别强调的是，价值不一定是用金钱计算的价格。因此，近期有一种很有趣的思维就是让消费者成为企业的一部分，你我是一体的概念。例如：

（1）你来帮我做一些（宜家家居、IKEA）：省去组装成本及仓储空间，让消费者自行安装、组装。

（2）你成为我的股东（Oculus VR）：众筹阶段的投资人都能获得试产的限量款纪念品。

当然，还有很多近代成功个案可以作为说明，消费者将扮演越来越重要的角色，而创新的商业模式之下，往价格两极移动的趋势也将日渐明显，不是聚焦高价位，就是聚焦低价位。本书将商业模式的创新流程整理为四个阶段：

1. 资料搜集与情报汇整（immersion）

收集产业内外的各类情报，通过创业者自己的观察发现、他人建议或异业经验，能将各类具有实用性的创意加工整理，成为具有潜在实质效益的创新方案，并且尝试运用小范围的市场范畴实验，收集该商业模式的各项意见，并且继续深挖可能的各类创意。

2. 扩张点子（expanding）

如何深挖可能的各类创意，利用同业或异业的非竞争者团体，用头脑风暴法激发想象力，针对现有商业模式给予诸多的尝试突破建议，将前面过程资料搜集与情报汇整的成果加以扩充，并且将各种可能建立新模式的点子归类、分析并比较优缺，作为评估的依据。

3. 创意评估标准（criteria selection）

在有限的资源内将扩张的点子加以衡量可行性，重要参考衡量标准是成本与获益的分析，因此，也就是参考成本效益分析（cost-benefit analysis，CBA）、成本效能分析（cost-effectiveness analysis，CEA）或成本效用分析（cost-utility analysis，CUA），在不同领域的创新中参考不同的成果衡量单位。笔者认为，创意的评估除了将成本作为考虑基准之外，尚有市场营销的未来不确定特性，因此，具有相关领域的实务见解配合管理科学数据，方能从各种角度综合客观地评估。

4. 商业模式原型（prototyping）

评选出来的新商业模式，尝试以商业模式蓝图（business model canvas）设计有别于现有机制的新商业模式，这个模式蓝图是结合九项思考点，将评选出的点子设计细节重新全方位地检视。商业模式蓝图常见格式见图2-7。

关键伙伴	关键行动	价值定位	顾客关系	顾客区隔
	关键资源		营销渠道	
成本结构			收益模式	

图2-7　常见用来思考及检视的商业模式蓝图

资料来源：OSTERWALDER A, PIGNEUR Y. Business model generation: a handbook for visionaries, game changers, and challengers. [M] New York: John Wiley & Sons, 2010.

四、保护创意与创新

通过知识产权保护具有价值的创意或创新，源自15世纪的地中海航海时代初期，当时的社会陆续在不同的方面产生不同性质的需求。例如，要保护航道销售专属进口物品、科学发现、商品标志等。各国各地区产生不同的保护机制及法律见解，因而在1883年的法国巴黎及1886年瑞士伯尔尼进行讨论，由当时欧洲为主的工业国家签订《巴黎公约》（Paris Convention）保护工业财产权利，以及《伯尔尼公约》（Berne Convention）保护著作权及相关权利。

19世纪末的知识产权法律轮廓大致成形，然而到了20世纪之后，由于各类技术的高速发展及商业竞争压力加大，知识产权的分类更加趋于完善，各国法制的规范上也趋向一致，详细的法规规范会在本书第四章有所介绍。本节将以概略的知识产权概念，建议创业者建立知识产权保护的三个关键。

（一）关于核心竞争力：研发创新的成果

当今，管理学者及企业家多数都认同创新才能够生存，而在保护创新的方式中，以专利权的申请最为普遍、全球化，因此，可以看到大企业们用众多专利权的申请与获得，进行商业利益的保护、交换及授权等，也因此在北京中关村的创业顺口溜中有一句"一流企业卖专利，二流企业卖服务，三流企业卖产品"，若能在创业之初就拥有宝贵的专利，对于公司创业的优势而言应该是有正面帮助的。

早在前两个世纪，已有很多耳熟能详的发明家、创业家通过专利权获得巨大的商业利益。例如：

（1）贝尔（Bell）发明电话，设立贝尔电话公司，现今为AT&T的主要事业之一。

（2）爱迪生发明灯泡等，设立爱迪生事业群，现今更名为GE电子公司。

（3）诺贝尔发明火药，赚取高额利润之后设立奖金，以赞助科学研发。

以上三个例子都发生在19世纪末，我们就不用提20世纪的波音、微软、苹果电脑、SONY、三星电子、IBM、Amazon等这些外国企业集团的专利数及专利布局，在我们能预见的不久的将来，中国的知名企业，如海尔、华为、富士康、阿里巴巴等也必须以专利数、专利品质及专利布局来面对国际化的竞争。

但是，对于刚创业的企业而言，申请专利权是不是过于遥不可及？的确是。因此，笔者认为新创事业以经营稳健为主要核心价值，能否有专利权的获得是锦上添花的，然而很多大学实验室、科研机构、独立发明人及科技企业都是以创造新技术、新样式为主要价值，因此，从他们的视角来看，利用专利保护自身利益产权，是必要且积极从事的营运项目。

在小型企业、个人创业的环境中，专利权常常不是企业主的思考方向，笔者能够理解这种心态，但也要提醒各位有志创业的读者，由于专利权有"新颖性"的特质，因此，若在产业内公开被使用之后，很可能丧失申请专利权的机会，从而有损自己的权益，很可能就使其成为该产业内的"公共财产"。积极理解如何用专利权保护自己的创新，在本书第四章有较为完整的描述。

（二）关于企业标示物：商标保护的重要性

或许新创事业不一定有全新的技术、商业模式，但需要一个全新企业标示，那就叫作"商标"。

在改革开放以后，中国在1982年制定了《商标法》，对于商标有了明确的规范。而在近年也为了加入世界贸易组织（WTO）进行多次修法，让今天的商标权规范与国际规范趋向一致。商标权的起源有两个重点，一是为了避免混乱商品或服务的来源，让企业能用商标区别商品或服务的来源；二是当时在航海贸易时代能有一个产地标示的专用标章权，以免不同产地的同质商品在航海贸易中破坏市场秩序。

然而，商标法并没有规定一定要申请商标权获准才能行使，但是，如果要防止他人仿冒、混淆自己的商标权，必须要申请商标专用权。获得专利权是确认自己的新创公司具有独立的文字、图形、颜色、立体形式等，没有与他人已申请获准商标权的商标相同或近似，造成侵害他人商标权。如此他人也无法对具有法律保护的设定商标进行权利侵害。商标权获准后，若一定期间不行使，则会丧失商标权，但商标权享有10年的保护期，只要有行使，就可以继续申请延展，没有次数的限制，永久受保护。

当今，商标权形式已经横向扩充，最传统的应该是文字与图形两种形式。而陆续将颜色（笔者最喜欢举宜家家居的黄色和蓝色为例）、立体联合式（如麦当劳的M已经是一个立体图样的形式）、音乐（如主打歌的特殊曲调音节）

作为申请内容，因此，未来会不会出现触感商标、气味商标，也不是完全不可能。当然，就创业者而言，首先拥有一个具有识别度、吸引力的商标展示，相信对创业绝对有加分的效果。

(三) 关于管理与文件：善用著作权特性

当今的成功创业家之中，能够突破传统经营者之处常常在于管理能力，因此许多管理文件、制作流程手册、制式窗体等都是企业宝贵的资产。著作权的立法目的是希望借此保障著作人著作权益的近程目标，并以调和社会公共利益的中程目标，最后达到促进国家文化发展的终极目标。因此，当新创企业走入自己的管理系统中，在无特别的意识中会产生很多具有价值的文件，这些文件产生时立即享有著作权的保护。

在实务最常见的创业纠纷案例中，会涉及创业团队中的多次会议记录、管理手册、一些图表或是拜访名单，在伙伴发生歧义而拆伙的过程中，会涉及其手册、文件的归属权争议。根据法律界的见解及判例，可认为该著作属于企业所有，除非企业与离职员工签有特别的著作权规范，否则职务著作的著作财产权属于企业。更甚，新创事业的团队中多数不会仔细讨论这些权利与义务，因此，出现有人离开团队时，常有抽屉内的"武功秘籍"成为争讼的标的。

更多有关著作权的讨论，在本书第四章会有详细说明。

(四) 关于独门的秘方：商业秘密的保护

在我们华人生活中，常见有"家传秘方""独家酱料"等生活用语，其本质就是一种商业秘密的保护模式。所谓的商业秘密是指：各种方法、技术、制程、配方、程序、设计或其他可用于生产、销售或经营之信息。有别于专利权需要跟政府公开且申请，商业秘密的保护标的需要由持有者尽力保护，其保护要件有：

(1) 非一般涉及该类信息的人所知者。
(2) 因其秘密性而具有实际或潜在的经济价值者。
(3) 所有人已采取合理的保密措施者。

很多微型的新创企业，若有商业秘密可以保护，是一件值得振奋的事情，因此，若能好好地保护商业秘密，相信也能成为非常有用的创业致胜关键。如已经被世人喝了上百年的可口可乐，便是通过设置商业机密来保护其独特的配方。我国更多的百年老店亦是宣称自己的"家传秘方"（商业秘密）。例如，金华火腿就称腌制配方是不对外公开的。因此，许多食品业、原料产业等是有这种知识产权的。

◎ 本章总结

管理大师德鲁克说："没有创新的创业家精神，就不是创业。"

从当今常见商学院学者用"创意、创新及创业"作为讨论议题，再到讨论人类创意的天性、如何衡量创意，都停留于心理学、行为学的讨论层次。通过讨论如何创新、为何创新的管理逻辑，对于后端的创业及前端的创意，能有系统化的衡量标准。至于创意及创业是否能够通过学习增进绩效，笔者认为是可能的。但若要桥接从创意到创业的路径，唯有在创新的阶段融入管理机制，才能有效地提高创业成功率。

而我们华人的传统基础教育，习惯是有标准答案、制式填答的背诵过程，对于创意思考的表现确实有抑制的效果。今天，在中西方文化交流、理论交融的时代，我们不必全面扬弃中华文化的教育精神，但可以多元融合西方教育的创造力培养模式，从小养成独立的思考精神。因此，我国政策出台的很多基础是看齐美国硅谷、波士顿128公路、以色列等，更重要的是观察外国从小栽培的独立创造力精神。我们华人不缺乏知识和智能，然而极度缺乏独自创造、创新的勇气。

如果能够将从创意到创业的精神连贯起来，笔者认为在华人文化圈内的创新创业将非常有潜力。此时，虽然可能有着巨大利益等着创业者开发，但若停留在知识产权的忽视阶段，没有跟进到欧美国家的先进知识产权保护体系中，这些创业者仍将被局限于本国市场，甚至遭受到外国厂商的跨国诉讼。在未来，以知识产权保护创意到创业的具体实践，变得非常重要。专利权、商标权、著作权及营业秘密，若我国的创业家无法实际地活用这四种权利于斯事业上，这波中国式全球化将会走得艰辛。有关知识产权及创业的关联，是本书第四章的重点。

◎ 重要名词

1. 共享经济（sharing economy）
2. 创意（creativity）
3. 创新（innovation）
4. 创业家精神（entrepreneurship）
5. 创新漏斗（innovation funnel）
6. 关键绩效指标（key performance indicators，KPI）
7. 守门人（gatekeeper）
8. 知识经济（knowledge-based economy）
9. 外部性（externalities）
10. 排他性（exclusive）
11. 国家创新体系（national innovation system）
12. 商业模式（business mode）
13. 垂直整合战略（vertical integration）
14. 外包（outsourcing）
15. 商业运营外包服务（business process outsourcing）
16. 综合商业变革服务（business transformation services）
17. 成本效益分析（cost-benefit analysis，CBA）
18. 成本效能分析（cost-effectiveness analysis，CEA）
19. 成本效用分析（cost-utility analysis，CUA）
20. 原型（Prototyping）

◎ 问题讨论

1. 我国当前鼓励大众创业、万众创新。请思考如何在大学课程中增加思考的教育方式。

2. 如何通过美国式的出题方式识别创新人才，在华人地区的升学制度之下，如何能够跳脱标准答案的窠臼，以衡量创造力作为取材标准？

3. 通过商业模式的蓝图架构，与同学组成一个4～6人的团队，尝试将创意、创新与创业三者连贯设计出来。

4. 你常因为一些理由放弃思考吗？是什么理由让你放弃，或是能激励你思考？

参考文献

［1］莱恩. 创业头条：16位硅谷科技新贵的成功法则［M］. 孙莹莹，译. 杭州：浙江人民出版社，2015.
［2］德鲁克. 创新与企业家精神［M］. 蔡文燕，译. 北京：机械工业出版社，2009.
［3］古奇. 狩猎式创新：如何让你的创新思想源源不断［M］. 胡晓姣，陈瑞英，译. 北京：中信出版社，2016.
［4］CRAFT A. Creativity in schools：tensions and dilemmas［M］. London：Routledge，2005.
［5］希林. 技术创新的战略管理［M］. 4版. 王毅，谢伟，段勇倩，译. 北京：清华大学出版社，2015.
［6］NELSON R R，ROSENBERG N，ed. National innovation systems：a comparative analysis［M］. London：Oxford University Press，1993.
［7］葛孟尧. 影响我国大学技术移转绩效因素之研究［D］. 台北：政治大学科技管理研究所，2011.
［8］奥斯特瓦德，皮尼厄. 获利世代：自己动手，画出你的商业模式［M］. 尤传莉，译. 台北：早安财经，2012.

第三章　创　业　平　台

硅谷个案：DropBox

安德鲁·休斯顿（Andrew W. Houston）是一位年轻的软件开发者，作为美国麻省理工学院的学生，休斯顿决定自己未来一定要创业，成为一个有钱人。毕业后担任编程工程师的休斯顿就差一个好点子。机遇说来就来，有一天，休斯顿带着笔记本电脑去上班，由于他需要的资料存储在另一台电脑上，他只能在大巴车上束手无策。此后不久，休斯顿基于此研发了基于云技术的文件存储分享系统，由 DropBox 提供数据存储服务。

当时，休斯顿创业之初就受到苹果电脑创办人斯蒂芬·乔布斯（Steve Jobs）的赏识，他觉得 DropBox 是个新创公司中的好苗子，想将其收为苹果公司旗下的战略资产，但是刚刚设立公司的休斯顿却让乔布斯的美梦破灭了，休斯顿表示自己决心创建一家大公司，哪怕开价的是自己一直崇拜的英雄乔布斯，而且价格是多得诱人的九位数，他都不会卖掉 DropBox。

休斯顿并非商学院的学生，他全部的商业教育都来自大学里的兄弟会。休斯顿申请成为兄弟会的招募新人和社交负责人，"这就像项目管理的速成课，还可以学会如何用人"。休斯顿从这个团队里汲取了不少力量，并且结识好友亚当·史密斯和其他创业者。2006 年 9 月，亚当·史密斯辍学创建自己的公司 Xobni，这件事情直接鼓舞了休斯顿实现自己梦想的决心。

DropBox 创意诞生 4 个月后，休斯顿向硅谷顶级创业孵化器——YC 创业营创始人保罗·格雷厄姆（Paul Graham）推销自己的创意，并在提交申请书前找到了一位重要的联合创始人费尔多西（Arash Ferdowsi）。经过团队的努力以及休斯顿每天努力不懈接近 20 小时的持续工作，DropBox 用了 4 年的时间就使累积用户超过 5000 万。这数字代表着这间云计算新创公司能够获利，随后休斯顿作为封面人物登上那一期的《福布斯》杂志，引起一时轰动。

休斯顿致力于打造的"DropBox"变成了一个动词，互联网的使用者习惯说"我要 DropBox 一下"，此时硅谷将目光聚焦在这家新创公司。休斯顿最初已经筹集 720 万美元的营运资金，足以使公司进入稳健商业模式并发展起来。

接着，休斯顿决定大举融资，放手一搏，他邀请了硅谷的七家精英级风险投资公司到公司考察，并要求他们下个星期二之前提交投资意向书。沉住气的休斯顿终于等到了所有风险投资公司的投资，很多公司都打破了通常情况下的投资额上限，只为能分一杯羹。

DropBox 一直保持着精干的规模，但也有面临风险的时候，2011 年 6 月的一次密码泄露事件导致 68 个账户受到影响，休斯顿以自己诚恳的态度向被泄露的用户致歉等方式平息了风波，此外，为了在残酷的市场竞争中胜出，休斯顿不惜斥巨资保障 DropBox 服务的稳定性。在之后不久，DropBox 拥有了约 3 亿用户。如今，这位不到 30 岁的创业者的净资产达到了 14 亿美元，公司市值达到了 95 亿美元。

（个案来源：《创业头条：16 位硅谷科技新贵的成功法则》，第七篇，由中山大学南方学院政商研究院 2014 级黄江伟重新编写）

一、提案阶段

在本书前两章的开场个案中，都是一个个小小的需求与创意，就激发出今天的大型跨国企业。本章的开场个案也是如此，出发点仅是在公交车上缺乏 U 盘传递档案，这个想法延伸出这家云计算的企业。俗语说"人因梦想而伟大"，但如何使你的梦想被别人接受呢？学习提案技巧就变得非常重要。

许多在美国硅谷的创业个案，尤其是具有相当程度创新模式的新样式的公司，都是从高校学生群、车库工坊甚至离职员工中萌芽，这些原创的小小概念及构想，利用自己周边能获得的资源来完成创业的原型，并且获得一定程度的实证，从而把握机会开始创业。通过所谓的"商业计划书"（business plan，BP），可以有系统地整理创业者及团队内部的各类构想，用以拟具为一个能够展现给他人理解的概念，争取"投资者"资金的投入与创业经验的协助，最终希望能落实创业者的理想。

笔者常比喻"商业计划书"如同一份旅行计划书，一个人随意又短程的旅游是不太会写旅行计划书的，因此，会写旅行计划书的通常其目的性是：

（1）不止一个人的旅游，带队者需要计划书来告知跟从者。

（2）旅程较长、涉及不能延误的舟车或航班，需要计划书提醒。

（3）需要估算各类费用预算，用以准备足够的盘缠细软。

换言之，若是有丰富经验的旅行者，多会事先详细规划行程，降低旅程途中的各类风险,让旅途顺利,收获也能最多。恰巧,创业的出发程序如同一场长期旅行,行程充满变数,会有多少人跟随也不知道。因此,创业者在初期有一份简易的方向及目标,而在中期有一份像样的、正式的规划书,在即将上市前有一份回顾初期、聚焦中期、展望未来的公开上市计划书,这对于不同阶段、不同野心的创业者而言,就需要对应一份适切的"创业旅程规划"。

这一份规划是否合理,可以多参考相关企业的实际运作模式,也能找到自己的特色及突出创新之处,同时,多听听别人的意见可以预防问题的发生,向有经验的专家学者请教,可以找到有效解决问题的方法,比较相关产品与服务则可以建立企业的竞争优势。一份合理的创业计划书不只是能争取外部资源,对创业者初期的内部管理也有重要的意义。

(一)对外展示:针对投资者或金融机构

如同前言所述,一个好的创业计划书如同一本旅游指南,能快速让有兴趣的旅客进入游玩的状态,而好的创业计划书则是提出价值要求(value proposition),说明事业经营与发展的程序与可能的结果。更重要的是,旅游计划书中告知你要搭公务舱、住五星级酒店,旅客就会提早知道应该要花不少钱,但应该是很高档次的精致享受。而创业计划书能让投资者、创业者大致估算需要的资金、评估市场可行性等,进而分析可能的投资报酬机会。

(二)对内沟通:建构团队向心力的蓝图

好的创业计划书,尤其是愿景能够协助创业者看清战略方向及经营形态,让创业团队在撰写计划书的过程中,深入探讨未来在市场营销可能面临的机会与挑战,思考团队应有的全面性机能,若发现不足之处也能及时亡羊补牢。

含有创新成分的新创事业如何发挥产品或服务的特色,检验价值要求、争取关键伙伴、关键资源,如何在关键时机搭配商业活动,用以满足或抢夺原有的顾客群,并检视收益来源与成本结构是否能规划实践,都是十分重要的环节。计划书不间断地检视与修正,借以凝聚团队共融、建立良好的营运向心力,以便分工合作、规划持续的发展战略。

当然,市场是会变化的动态环境,因此,创业计划书能够提供营运发生问题时创业团队用来整体审视当时创业理念的工具，审视各个环节是否有不足及尚待改进之处，避免犯错或及时修正，诸如找错人才、选错地点、追逐错误市场，或是营运资金不足、现金流吃紧等容易致命的错误。

（三）基本要件：不宜多也不宜少

为达到创业计划书的基本功能，不宜作长篇大论。数十万字的文章并非创业者能够独立完成，小说家除外。也不宜过于简陋。因此，秾纤合度的计划书应该有下列项次，以及记载必要的内容。一般而言，创业计划书主要项次及应记载内容如下：

1. 摘要

摘要内容包括公司提供的产品与服务、价值要求、公司所具独特的竞争优势。同时，让投资者快速了解创业者的企图全貌，以简洁、清楚及显著为撰写要求，内容建议为半页，剩下的半页可放置产品或团队的照片，加强印象。

2. 愿景与使命

愿景是以简短的话表达创业团队的理想与渴望。例如，新希望集团的设立愿景是"每一位中国人手中都能拿着一只鸡"，不用太复杂的花哨语言，表达创业理想。而使命就是为了达到愿景的具体大方向，数个执行的能够共同衬托愿景的企业任务。

3. 创业团队简介

创业团队中的重要代表人、重要功能人士，可利用组织结构作为团队的结构与职位，通常包括创业者、负责技术者、管理财务者、营销者、专业与相关顾问，详述成员负责的工作内容、职责、学历。（本书第七章重点）

4. 产品与产业介绍

清楚解释创业团队提供的产品与服务、价值要求，说明其未来的发展潜力及可带来的附加利益。（本书第五章重点）

5. 市场分析与经营模式规划

市场分析主要在于帮助团队与投资者了解市场策略，并且指出明确的目标市场。常见的有 SWOT 分析法、政治法律、经济、社会文化与科技分析法、STP 分析法等工具应用。（本书第六章重点）

6. 营销整合计划

通过对市场分析的结果，对于新创的事业在实际营销的预期计划中，拟定传统营销学的4P，包括产品（product）、价格（price）、通路（place）与推广（promotion），当然，若着重于服务、研发的部分，可将4P进行当今新学说的调整。（本书第六章重点）

7. 营运计划

要明确规划出在未来的短期、中期及长期（3～5年后）企业可能达成的目标，让投资者判断这个计划值不值得投资，或者是用什么态度来投资。（本书第十章重点）

8. 财务分析

财务的试算是多数团队最欠缺的基本知识及能力。最基本的财务认识要达到知道收入的部分是销售估算，成本的部分是财务使用估算。进一步则是有产品成本分析、总成本分析等，进而制作出预定设想的"损益表""资产负债表""现金流量表"。（本书第九章重点）

9. 经营效益与风险评估

评估创业过程中可能遭受的挫折，包括景气变动、竞争对手、客源移动等，这些风险对于创业者而言会导致创业失败，因此，能提前评估风险，提出应对的方法，是创业计划书中不可缺少的项次。

二、天使投资人

一份好的创业计划书除了作为创业者的蓝图之外，更重要的是提供外部资金投入的投资者评估。外部投资者可以粗略分为两类，一类是天使投资者，另一类是风险投资者，以下两段内文将说明这两种外部投资者。

所谓的天使投资人（angel investor）或被创业者称为"天使"，欧洲依循传统称为商业天使（business angel）或非正式投资者，他们提供创业者少许的创业资金，而且基本上不会要求换取可转换债券或企业所有权。在一些先进的创业区域中，众多天使投资人组织的团体或网络不断扩大，正扮演着与风险投资人不同价值的协助者，让创业者能获得早期的启动资金。使用"天使"这个词形容这些投资者，最初来自英格兰地区，是指提供戏剧表演资金的善心人士。1978年，William Wetzel教授第一次在学术领域使用这个词，探讨美国如何增加企业在新创期的资本，使用"天使"一词描述这些新创企业的投资者（Freear, Sohl & Wetzel, 1994）。

天使投资人多数出于良善的本意，但还是可以区分为两种类型：一类是有偿型的天使，另一类是无偿型的天使。

（一）有偿型的天使投资人

有偿型的天使投资人虽然接近风险投资者，但是还是有所不同。有偿型的天使投资人虽然会设定赎回投资的股权报酬，但不会强迫赎回或要求创业者尽快上市，也不会过多地关心新创事业的近况，更多是以业界前辈的角度、名人回馈社会的心态在做天使投资人的角色。例如，一些中外案例人物：

（1）阿诺德·施瓦辛格（Arnold A. Schwarzenegger），好莱坞巨星、美国加州前任州长，在知名互联网公司 Google 刚创立期，他曾经与其他一些明星共同投资，当公司首次公开募股（initial public offerings，IPO）之后，当时投资额折算股权及股价后，投资增值超过万倍。

（2）李开复，曾任美商微软及 Google 要职，离职后在大中华区成立"企业化的天使投资人（institutionalized angel）"、台湾创意工场及创新工场，积极在华人创业区扮演天使兼任导师。

（3）雷军，小米科技创始人、董事长兼首席执行官，多玩游戏网董事长，金山软件公司董事长，同时，他也时常投资具有获奖名次的创业团队，属于著名的天使投资人。

（4）李镇樟，曾经是新浪、地瓜藤、Gogolook 及 DivX 的天使投资人。

（5）刘小鹰，中国长远控股有限公司创办人，董事局主席兼首席执行官，取得诺基亚移动电话中国市场第一家全国总代理权。以多年中国贸易、投资和电讯从业经验，担任相关领域的天使投资人。

（二）无偿型的天使投资人

无偿型的天使投资人并非全数是父母、亲戚，有一些是基于特殊的领域而难以估算投资报酬率。例如，艺术创作、体育活动等，以及一些过于创新领域的创业也容易找不到风险投资关注，而早期的天使投资人就倾向无偿型态的投资者了。著名的实例有：

（1）贾文中，台湾地区 20 世纪 90 年代的股市投资人，由于在当时的年代互联网刚出现，没有人愿意投资大学生从事互联网类的创新创业，他则大方拿出资金让清华大学学生创业，投资出一间成功的博客公司"无名小站"。

（2）众多电影投资者，当初在筹措电影《艋舺》《赛德克巴莱》之前，因为涉及题材并非娱乐影片，资金筹措不易。因此，后来有一批知名艺人、企业家及其他社会民众出资支持。

（3）俞敏洪，北京新东方集团创始人、校长，现任新东方教育科技集团总裁，鼓励员工离职创业，并给予资金支持，但前提是创业项目要有助于新东方的发展。

（4）GoPro 创办人尼克获得父母 5 万美元的支持（参考本书第一章硅谷个案）。

（5）富士康创办人郭台铭的妈妈投资 30 万元新台币，这 30 万元新台币股权换算现值，应该有数千亿元新台币的价值（参考本书第一章华人个案）。

（三）天使投资人的出现时机

在创业初期，创业者可在天使投资人及风险投资人处获得资金，但天使投资人除了会出现在新公司的新创期，也可能出现于业务艰难、经营转型时期，而天使投资人的角色就是助企业一臂之力，至于合理的报酬则是创业者与天使投资人之间的协议。但此时也容易遇到创业诈骗、魔鬼型投资人，这在本章后续会进行探讨。

天使投资人不仅仅提供金钱的帮助。当天使协助艰难期的新创者、转型期的企业经营者，除了提供金钱的帮助，也会带入一些人脉或机会。某种程度上天使投资人会肩负辅导和顾问的角色，替新创公司寻找资源或是联系其他天使投资人、风险投资人。

（四）天使与风投的差异处

在诸多案例中，天使投资人与风险投资人的界线并非泾渭分明。例如，第二章的硅谷个案中，YC 孵育器就很像天使投资人的角色，利用营队培养有创业实力的团队并给予创业奖金。但是，在本章硅谷个案中，YC 又很像风险投资人，给予 DropBox 初期创业基金，但相较后续投资的红衫资本的金额与做法，YC 孵化器应该是天使投资人的角色。就有偿的天使投资人与风险投资人来比较，还是有一些可以观察的重点，见表 3-1。

表3-1 天使投资人与风险投资人的比较

比 较 点	天使投资人	风险投资人
投资动机	以帮助创业者为主要目的,追求投资回收则是其次	追求投资资金的报酬回收
投资规模	单笔投资,仅在创业初期	单笔金额较高,会区分阶段投资
投资阶段	创业初期	成长、扩充阶段
投资对象	有较好增长的项目,也可能是与自身相关的项目	具有扩张潜力的项目

三、风险投资者

VC是个在创业圈常见的英文简称,VC全名是"venture capital",中文的翻译是风险投资者,简称"风投"。基本上是结合一群具有相关科技领域及财务相关知识的评估者,以及有充足资金的资本家,以直接投资新创公司的未上市股权,提供足够的资金给创业者。原则上,风险投资并不以经营被投资公司为目的,仅提供资金及专业上的知识与经验,少数会通过介绍专业人士、取得部分董事席位、协助产业上下游整合等,让创业者能够更快速地获得成功,但这类参与的个案相对比较少。

(一) 风险投资者关注的焦点

风险投资之所以被称为风险投资,正是因为在企业创立初期有很多的不确定性,评估投资无法百分之百正确,如同全美国最强的棒球打击者,打击率也仅为四成,超过一半的是投球。但若能投资成功,其利益回报却非常可观。因此,风险投资人对于评估新创公司的判断基准,大致有三点:

1. 创业计划书的表达

也就是本章第一段提到的创业计划书,在风险投资的专业经理人眼中,创业计划书的翔实表达,能够作为判断这个被投资者是否用心,以及初步了解这个新创公司能有多少机会合作。

2. 创业项目产业属性

全球化的今天,各种产业分工非常精细,同时产业间的景气循环、起伏非常明显，这些风险投资人的经理人都是各行业中的专业人才，对于什么行业、做什么创新，或做模仿型创业，他们都能够了如指掌，进一步就能大略评估投资的成功概率。

3. 创业者的背景因素

最关键的是，风险投资者知道创业风险很高，但更看重创业者的相关经验，尤其失败的经验不可怕，但若有故意失败、诈欺、欠款等疑虑，会使创业者的信用大打折扣，这类创业者个人社群征信，相信笔者的看法：只要是有一点规模的风险投资，绝对不会省这种小钱去做的。

一般来说，风险投资偏好于投资高新技术的初创企业，因为这些公司可能基于出色的技术专长，在短期内转化为实际产品并为市场所接受，或是被市场宣告失败也是很短期就能知道的，这样对风投的绩效计算也是明显的。风险投资者多有很强的技术背景，同时，也有专业的经营管理知识，能帮助被投资者较为快速地进入高科技企业的商业模式，或是改善缺乏企业经营管理的初期状态。

然而，风险投资者过度介入被投资方是否恰当，笔者可以举出多个实际案例，有发展良善的，也有很多是事与愿违的，且后者的比例较高。因此，风险投资者也多数不会介入创业者的事业核心中。

（二）风险投资者运作方式

风险投资者在创业初期投资，也可能在中期或上市前投资，但多数是在初期投资，因为初期投资风险虽然最高，然而获利的倍数也最为可观。一般是采用风险投资基金的方式运作，在法律结构上是采取有限合伙的形式，也有的风险投资公司选择作为普通合伙人，管理该基金的投资运作，并获得相应报酬。

美国的风投界常用有限合伙制的风险投资基金，因为可以获得税收上的优惠，而美国政府也通过这种方式鼓励风险投资的发展。在每一个风险投资基金中，双方会达成协议用投资资金换取股权，这些未上市的股权种类可以区分为以下三种：

1. 换取公司一部分普通股

对于未上市的新创企业而言，股票的价值可以说是一文不值，也可能是非常珍贵。因为新创的小公司资本额非常小，风投若用更多资本投资，很可能取得过半的股权，进而拿到公司的经营权。因此，在约定股价、股权比例，以及取得董事席次、不取得董事席次的部分，以普通股来换取新创公司需求的资金，对风投而言是相当有利的。

2. 换取公司特别股

为了避免股权与经营权的旁落，新创公司多数是以特别股跟风投进行协商，然而为了吸引风投有意愿投资，特别股会有不同的协议条件，这时就要看双方对企业的未来进行评估。在非首轮投资之后，尤其在第三轮之后的风投融资，常会以特别股进行增资的投资协商。

3. 换取非股份的选择权、权证

还有其他非股票的投资方式，但也离不开股票、股权的标的，即通过窝轮（warrant，又称认股证）、选择权（option）的方式投入资金。

（三）多轮投资的实际运用

风投与天使投资两者有个很根本的差异之处，就在于风险投资者希望新创公司能 IPO，所谓 IPO 是指首次公开募股，指企业第一次将公司资本换算后的股份向公众出售，成为所谓的上市公司。上市的好处是让每一个投资人都能获得购买机会，资金的活络能够成为公司持续壮大的本钱，同时，原有股份的风险投资者也能出售或保有该公司股份，成为最大的获益人。

常会听到某新创公司又获得第七轮融资，或这是 IPO 前的最后融资，而在每一轮的融资过程中，前一轮的投资人都有合理增值，这样会让公司整体的资本额快速地增加，让外界对公司的"估值"和想象规模都相对应增加。举个模拟的案例来说明，2010 年新创公司到 2015 年上市的融资情况，见表 3-2。

表 3-2　某新创公司接受投资的阶段与市场价值　　　　单位：元

时间	阶段	对象	融资金额	市场估值	市场总价值
2010.7	创业	天使投资人	50 万	100 万	150 万
2011.2	风投首轮	风险投资人	150 万	300 万	450 万
2011.11	风投 B 轮	风险投资人	300 万	900 万	1200 万
2012.10	风投 C 轮	风险投资人	1000 万	2000 万	3000 万
2013.10	风投 D 轮	风险投资人	2000 万	8000 万	1 亿
2015.1	风投 E 轮	VC、银行	1 亿	2 亿多	3 亿以上

资料来源：本书模拟案例。

究竟要融资多少次较为适合，这要依照每个公司具体发展需要进行，有的两三轮，有的可以融资十多次，这是受到不同行业、创业者心态的影响——让新创企业与 VC 间要多些"较量"还是钱够用就好？虽然每经过一轮融资，股价就相应提高，但是在这个过程之中，由于越来越多的外部资金进入企业，原始持有人，包括创业者及早期投资的风投权益会受到影响，在公司价值不断地翻倍背后，投资群间的权利、义务关系就会越来越复杂。

能吸引下一轮的风投愿意投资，最主要的原因是前一轮计划书中的工作是否已经被完成了，完成上一轮投资的成效明显才会吸引后续的新投资，这样就必须让公司不断增值，当下一个投资人进来时，他理所当然要花更高的价钱才能买到和上一个相同大小的股份。比如，我花 100 万元买了 1/5 股份，下一轮投资人可能要花 300 万元，甚至更高价格，才可能买到 1/5 的公司股份。

（四）国内外知名风投企业

1. 红杉资本

红杉资本（Sequoia Capital）设立于 1972 年，由资本家唐·瓦伦丁（Don Valentine）在美国电子行业尚未盛行时，因为他个人常跑科技行业的业务，看到将有一波科技创业潮，因而成立。因此，在他设立后的红杉投资团队，代表投资公司有：苹果公司，Atari，C-Cube，Cisco，Electronic Arts，Linear Technology，LSI Logic，Microchip Technology，NetApp，Oracle，PMC-Sierra 等。看到这些公司名单，再根据上述所说 VC 获利杠杆比例，可知今天的红杉资本实力非常雄厚。

目前，红杉资本除了美国总部之外，另在印度、中国及以色列三国设有办事处。红杉资本在中国成立了红杉中国基金，管理合伙人是中国风险投资界比较成功的投资人张帆和沈南鹏。

2. YC 孵化器

YC 孵化器的正是英文名称为 Y Combinator，多数创业文章简称 YC，成立于 2005 年，是以投资种子阶段初创公司为业务的创投公司。又被加上孵化器的原因，主要是 YC 每年举行两次为期 3 个月的课程，让创业团队增强他们的执行能力，并且给予初创种子资金。

YC 以独特的投资方式运作，与多数风投做法非常不同，创投杂志《连线》称 YC 是一个给初创公司的新兵训练营和一个给萌芽中的数码企业家。创办人保罗·格雷厄姆也被近年硅谷称为新一代企业家的导师。YC 参与投资过的企业有：Airbnb，DropBox，Scribd，Reddit，DISQUS，Posterous。

3. 日本软体银行

日本软银集团股份有限公司（ソフトバンクグループ株式会社），中文简称软件银行、软银、软库，由日籍华裔孙正义于 1981 年成立，主要固定业务包括电信业、媒体业及金融服务的大型控股公司。其旗下的子公司所参与的业务包括宽带网络、固网电话、电子商务、因特网服务、网络电话、科技服务、控股、金融、媒体与市场销售等。

日本软银同时也是一间风险投资公司，但多数投资具有市场优势后的壮大期新创公司，著名投资企业有美商雅虎（Yahoo）。而在中国成功的投资案则有 UT 斯达康（小灵通业务）、阿里巴巴、千橡集团、PPTV、58 同城等。以阿里巴巴为例，当时软银投资的金额用今天股价来衡量，该投资的获益比例超过百倍。

（五）风投的偏章：私募资金

风险投资主要为新创产品商品化、产业化，着重创业者成功后的股票实现利益。有些时候创业者会找私募资金来投资自己，而私募资金与风投是否又相同呢？本小节将进行简要说明。

私募股权投资（private equity），简称 PE，常称为私募资金。它是通过非公开招募的形式获得资金，用这些资金对非上市企业进行投资，进一步推动非上市企业价值增长，最终通过上市、并购、管理层回购、股权置换等方式，将手中持股获利后卖出的一种投资行为。跟风险投资相比，私募资金更加重视短期利益的产生，因此，在寻求私募资金协助创业时，创业者本身要很清楚相关的互利关系。

当然，鉴于利用私募资金的特性，也有很多创业者、企业家愿意跟私募资金往来，借由他们对财务报酬的需求特性，用来进行企业首次公开发行前各阶段的权益投资，即处于种子期、新创期、发展期、扩展期、成熟期和 Pre-IPO 各个时期企业所进行的投资。主要私募资金常用于三种用途：

1. 成长期投资

成长期私募资金（PE-Growth）常与第三轮之后的风投配合，找寻具有

IPO 潜力的新创公司投资，但比较不喜欢对处于首轮或 B 轮的新公司投资。

2. 企业型私募

企业型私募（PE-PIPE）专门投资已上市企业，当企业需要资金用于转型、扩充或其他需求时，私募看到报酬率不错，也会乐于投资。

3. 并购型私募

并购型私募（PE-Buyout）协助企业在市场中有充足的资金收购其他公司股票，或进行商业并购谈判，此为欧美许多著名私募股权基金公司主要业务。

因此，私募不同于风投，常以有限合伙企业的方式进入企业中，由普通合伙人和有限合伙人组成，普通合伙人对合伙企业债务承担无限连带责任，有限合伙人以其认缴的出资额为限对合伙企业债务承担责任。有限合伙制私募股权基金是由投资管理公司和一部分合格投资者共同成立一个有限合伙企业作为基金主体，投资者以出资额承担有限责任；投资管理公司的基金管理人也需要有一定比例的出资，并承担无限连带责任。

四、平台内的潜在陷阱

创业跟棒球的打击很像，美国大联盟最强的打者大约是四成的打击率，也就是说 10 个打席大约有 6 次是出局收场。若一个刚拿球棒的初学者，面对职业球员等级的投手，应该是完全打不到球。所以，身为一个创业人，一定要有创业风险的概念，并非以此作为失败的借口，而是在追求创业成功的目标上，要避免常见的失败理由、创业陷阱出现，提高自己的创业成功概率。

（一）常见的创业失败原因

因此，除了自己要勤练球艺之外，去观察其他打击者被骗的案例，也能增加投打对决时候的胜率。创业也是一样的，很多创业失败的原因及陷阱其实都是相同的，也因为这样，多观察失败的案例能够加强防范错误的意识。前人经历过的失误，不用后续的创业者再尝试一次。硅谷创业圈的知名人士伊列盖优（Elad Gil）在 2011 年的演讲中，提到四个创业团队失败的原因，包括：

1. 资金用尽

多数创业团队并非没有资金，而是在没资金的时候叫穷，募到资金之后开始盲目地花费。例如，用高级办公室、大量雇用工程师、添购高档电脑设备。

而在发现公司只剩下 3 个月现金时，突然发现根本还没找到营利的商品、市场，此时只好再去跟创投伸手要钱，这时候谁会再给你钱？

这个时候回头看创业计划书，里面有没有各阶段的甘特图，以及预算使用规划。要真的把别人投资你的钱当作宝贝来使用，只把钱花在最有效率、生产力的地方，不能把跟创投融资视为一种理所当然。即使拿到一些创投的资金，也要当作你永远不会再拿到更多。

2. 团队分裂

有句老话叫"贫贱夫妻百事哀"，没有钱的团队基本上方向一定是一致的，就是募集到创业资金。但是，有钱运作之后，团队之间的发展路线、做事观点等就容易出现争端。笔者相信，每个创业团队都会有争执，但是解决的方式大不相同，如果能就事论事，最后在尝试中相互做出实际验证，那还好；如果争执到不相往来，甚至有破坏对方试验、公司内斗的情形，那就非常糟糕。

因此，在创业初期就应该立下良好的分工机制和协调者，有的时候不一定是由创业者出面协调，婉转地由财务长或创业者的妻子作为"白脸"。在华人圈，若有个长辈愿意担任协调者还是好的。这部分笔者有太多的观察及心得，请容许多数内容移至本书第七章讨论，而其中有一点反而是笔者先提出来的，会议的召开以精简、有效率最为关键，绝大多数团队分裂都起因于一场不必要的会议。

3. 市场不对

很多了不起的创意用在创业时，遇到错误的时机或市场环境，也会无法成功地让商品或服务萌芽，如同种子遇到不对的环境、气候一样。本章个案 DropBox 之前也有推出类似云端硬盘的概念，但碍于当时的互联网基础不足，以及使用者多半不是行动上网的，因此，并没有造成使用者的大量采用，直到 2008 年之后市场相关条件成熟之后，推出的云盘服务才能顺势而起。

多数会犯市场不对错误的创业者，多半是年轻的创业家或技术背景者，他们缺乏对市场温度、风向的敏感度。因此，通过职场训练、参加产业讲座、多向前辈请教等，都是能增进市场观察力的方式。有时，具有专门领域经验的风险投资者，也会对于市场的题材进行交换意见，甚至有可能直接跟创业者说不。

4. 烂投资人

在找投资人的创业初期，任何一位愿意投资你的天使或风投都是重要的，获得他们的资金，应该是最重要的事情了。但是，创投界也不乏一种恐怖的投资人，就是"很积极插手"的投资人。情况轻微一些的，是叫你赶快多雇一点员工、干预决策、频繁地开董事会、要求报告，严重一些的是干涉企业的采购，而背后是要你向他指定的厂商采购。

首先，在初期，创业者不需要太多钱的时候，不要想从投资人身上获得太多资金，越慷慨的投资人对你越有"期待"。因此，找投资者募集够用的资金即可，而且也应该找在投资界具有口碑、声誉的投资人。其次，创业者与投资人之间的权利义务应有合同规定，避免投资人对企业进行过度干预，美其名曰关心，实际上想介入经营的意图非常明显。

（二）常见的创业骗术

当创业者踏上创业这条路的时候，绝对比社会新人更为彷徨，也因此更容易遇到商业骗子。商业界的骗术无奇不有，大致上本书将常见的商业骗术整理如下：

1. 调包术

这类诈骗方式时常可见，不诚实的商人在出售某种商品，会让你看到的是优质样品，或者让你查验时看的是真货，等到真正的货物运到时，发现送交的是假货、劣质品。同样，有时购买机械设备也是如此，查看时是新机器，等到正式在工厂组装时，部分零件采用回收品、翻修品，更恶劣的是用快坏掉的零件，而这些商人都等着开工后没多久的维修订单。

创业者对每一个细节都必须严格把关，防止上游第三方恶意搞鬼，欺骗社会经验不足的年轻创业者。各项硬件采购应有完善的品项、质量及后续养护规划，原料采购则应有验收准则、扣款条款的合同。对每一项创业用品都必须用点心思，不要忽略签订对自己有利的采购合同、付款方式。更重要的是，通过网络比价捡便宜的东西并非一定就是好事，还是得慎重对进货、设备等细节加以盘算。

2. 拖延术

创业者所面临的杂事非常多，尤其是一组创业团队之中，若有人常常拖延进度，会导致整个创业的绩效被拖累，更可能在市场高速竞争中落败。在外部，创业支持体系中的第三方、租赁承包、工人工资变动等，都涉及经营的效率表现，而有时就会遇到刻意拖延的厂商，有时可看作商场交易是一种技巧，有时又是用来进行诈骗的手段。

合理、适当地利用拖延能增加自身的身价,让顾客对这个价格犹豫,最后可能带来成交。然而,上游厂商的拖延则会是一场灾难。因此,对上游、同行协力者之间的时间要求,创业者必须拿捏得宜,其实多数拖延者都是一种借口,通过供应合同、备案方式、法院举法等,不能给对方有拖延欺骗的借口。

3. 钓鱼术

有的时候创业圈真的如江湖,浑水摸鱼者有之,撒网捕鱼者有之,耐心钓鱼者亦有之。

所谓钓鱼,诈骗者会跟你先签订小额合同,同时认真履行,甚至超出你的期望值,取得你的信任之后,逐次签订大宗巨额合同行骗,可能前几次小额都是先订货后付款,最后一次跟你说因为大额订货要预付三成款项,创业者基于信任的关系先付款,结果到送货日期却完全无法联络到对方。最后一次就是所谓的上钩,也很有可能是付款后发现全数是瑕疵品,或是采取行贿、回扣等圈套骗取货物。

钓鱼术是所有诈骗方式中最难预防的,因为笔者第一段就说了,创业圈其实是个江湖,彼此之间充满着打量与算计,再精炼的商场老将也都可能遇到这类诈骗,何况是初出茅庐的创业者。因此,创业者绝对要多处观察供货商的情况,必要时得不嫌麻烦,让多个供货商来分担原物料的风险,与前两者相同之处在于千万不要被蝇头小利诱惑。

4. 找碴术

这也是常见的商场诈术。例如,常听到有人故意用昆虫尸体找经营饭堂老板的麻烦。创业者遇到上下游的找碴高手,赔钱了事,若赔掉整个商誉,可是得用很长时间才能恢复。商场也常见这样的情形。若创业者为整体产业的上游供应方,下游收货的业者却以货物质量差等理由,把货物拒之门外,或拒付货款,要求你给个折扣。

现在的科技很发达。例如,在饭堂内外多安装几个摄像头,这类找碴人士的举动将被拍摄下来,也能避免商誉的损失。同理,买卖双方预先订好具体、明确、公平的贸易合同,出货方将自己的商品抽样封存,电子商务的出货全程有摄像头拍摄安装物品,对善良的创业者而言都要存有"防人之心不可无"的意识。若还有被欺负的情况,应向专业律师咨询或诉诸法院。

创业圈的诈骗形态绝对不止上述几种,有时创业者身旁的好朋友也可能就是诈骗行为的实施者。知古鉴今,多少皇帝身边的能臣,却是后来作乱的大魔王,创业者可能会有团队意见分歧,但还不至于出现恶意的骗子,若是身边亲近的好友在创业期给你背后一刀，相信笔者，这种创业诈骗带来的伤痛是很可怕的。创业者唯有时时提醒自己，不要贪小便宜、轻信小道消息，而要谨慎地在创业初期走对每一小步。

华南创业家案例：史玉柱与他的巨人大厦

史玉柱于1992年创办珠海巨人高科技集团，当时搭上邓小平同志在南方谈话后的珠海投资热潮，于1993年起购地新建巨人大厦，当时规划建设一栋38层的复合式高科技办公大楼。但受到身旁很多友人的劝说，认为既然是要新建全中国最高科技的办公大楼，高度也不能受限于当时的技术，于是乎规划一栋"70层"的大型摩天办公楼，而在当时，全中国还没有一栋超过40层的高楼。

在1993年开发巨人大厦，史玉柱一开始固执地不用银行贷款，而采用向投资群众集资和卖楼花，但他手边只有1亿元资金及后续募集到的投资者资金，纵使珠海地方政府给予购地优惠，面对一个当时最高大楼的兴建方案，粗略估计需要超过12亿元人民币的兴建费用。1996年，已投入3亿多元的巨人大厦资金告急，最终成为一个巨大的工程废墟，而史玉柱也成为当时的"中国首负"！

当然，后来史玉柱靠着保健品、网络公司及民生银行重新成为中国的传奇创业者，他自己回首此事，总结巨人大厦为何越建越高时如此总结原因：是无法克制的贪欲。这也不禁让笔者思考，当时能建议他挑战中国最高大楼、绘制工程蓝图的，应该是他身边最亲信的核心幕僚吧！

（个案来源：《史玉柱的人生哲学》，由中山大学南方学院政商研究院葛孟尧老师重新编写）

五、落实项目阶段

在创业平台中，如果能遇到天使投资者、风险投资者的阶段性投资，也没有在创业初期遇到诈骗者，那么恭喜你，创业即将进入关键的落实阶段，也就是投资者的金钱拨款之后，必须按照创业计划书的各阶段逐一执行。前文说，创业计划书好像一份旅行者的行程规划，正式上路之后，细部的行程规划就要逐阶段地被展开使用。有两个重要的古老工具，可以使创业者很快地进入状态，分别是甘特图、流程规划。

(一) 创业甘特图

甘特图 (Gantt chart) 于 1910 年由亨利甘特开发出来，也是目前在做项目管理者最常用的方式，它利用条状图来表达时间、项目内容及相关顺序，清楚地列出项目、进度及其他与时间相关的顺序，同时运用相互配合的因果逻辑检视。在项目管理中，甘特图显示项目终端元素的开始和结束，概要元素或终端元素的依赖关系。

原则上绘制甘特图的基本步骤包括：

1. 列出项目的活动及名称

内容包括项目名称、顺序、开始时间、工期，此时关键在厘清各工作之间的相关程度，有无衔接和依赖什么重要程序等。

2. 创建甘特图草图

将所有的项目按照开始时间、工期标注到甘特图上。

3. 详细讨论顺序安排

确定项目活动依赖关系及时序进度，使用之前草图的排列，按照项目的类型将项目进行组合排列。在安排工作的顺序过程阶段，以保证在未来计划有所调整的情况下，各项活动仍然能够按照正确的时序进行，也就是说，要能确保所有依赖性项目及决定性项目完成之后的依序关系。同时，也要避免关键性路径过长，那种从一开始就要一直执行到最后的工作项目，叫作常态性的项目。最后，在安排工作的顺序上要注意，关键性路径会由于单项活动进度的提前或延期而发生变化，而且要注意不要滥用项目资源，对于进度表上的不可预知事件要安排适当的富裕时间 (slack time)。

4. 计算各项目的工时量

5. 依照工作量分配人工

6. 把使用经费的关键者标示

这是创业者采用的甘特图中最重要的一环。因为目前多数甘特图的工具软件中已经不会附上预算栏位，而除了各项工作流程、时间、日期及顺序排列之外，对创业者而言是要能够对应财务的使用。投资人将资金交付给创业者，绝对不是吝啬地要监督你用，但更不是给创业者乱用，而是要让创业者拿出良好的自我管理机制，并且能够用在真实的创业过程中。

"该出手时就出手",之前某部连续剧的主题曲是这么唱的。的确,资金如何能按部就班地逐一使用,将预算使用跟甘特图结合,更能将执行创业计划书的精准度提升一个重要的档次。以下简单示范创业甘特图的使用,见图3-1。

图3-1是模拟开设一间餐厅,选择店面、装修、工商注册、招聘主厨、助手、营销广告等,如果要控制在两个月的工程期内,控制各项工作之间的环节衔接、预算控制及负责人,就变得非常容易明了。一般而言,当确认主厨之后,就如同确认公司的技术负责人,而一些协助他的帮手可以放出权利,让他招聘能跟他合作的助手、助理人员,记住会计人员一定要是信得过的人。而第二期工程是让主厨能采购自己合用的软硬件,增加他的工作效率,也就是让他从助手到工具都能够"得心应手",而预算的使用也必须符合预先的编列。

多数甘特图重视绘制的视觉效果,尤其是利用套装软件绘制的图形,然而,创业者一定要将预算与负责人两个栏位放入甘特图,因为钱用少了无效,但用多了可能是"无笑"呀,尤其是投资人紧盯着你怎么用钱的时候。

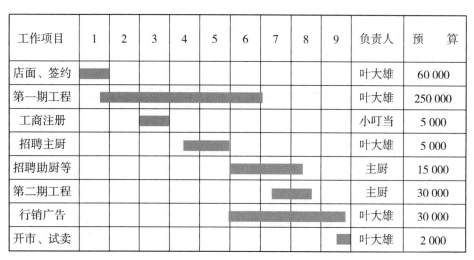

图3-1 应用于创业的财务版甘特图

(二)流程规划

甘特图是用在长期的工作项目规划,若是在创业期的重要活动规划,是属于短期的重要工作流程。例如,图3-1最后一个重要环节即开市的当日规划。

这种短期的重要工作、每日常态性的关键工作，可以借助流程规划加以管理。

流程规划（run-down）的首要工作，是找到各活动间的因果顺序，其实这是与甘特图相通的，但是流程规划的时间更短，可能是以小时作为单位，甚至于是以分钟作为标注时间点。例如，在开市典礼中，有些创业者注重传统的民间祭祀仪式，有些创业者喜欢场面热闹的西式剪彩、发布会，这些重要的点先在流程分析中标示出来，像西式剪彩的酒会，或许会邀请一些音乐舞蹈表演之类的，此时表演互动内容部分就要评估当天来宾，还有场地大小等因素。

甘特图重视的流程是工作之间的因果顺序，主要是因为甘特图上的工作项目除了负责人之外，多数工作涉及多个专业成员与预算，且需要的时间也较长。而流程规划重视人员安排的逻辑是否合理。例如，安排在厨房的二厨煮汤三十分钟，下一步骤让他立刻进冰库，这样的温差对员工工作设计显然不合理。因此，流程设计是将人员的安排流程及任务分配进行一个预先演练，同时让每一个角色都能知道自己的分工内容，如何相互配合，以及对应要注意的必要资源有什么。这里提到的资源表已经是将金钱转化为必要使用的物资、耗材，用来执行该项次工作内容的设备。

流程规划大致有几个基本的重点，包括时间、流程项目、注意事项、主要人物、关键资源及备注，见表3-3。

表3-3 以餐厅开市典礼的流程规划

时间	流程项目	注意事项	主要人物	关键资源	备注
08:00-09:00	开店准备	注意吉时	全体员工	道具	公司联络电话:123-12345678
09:00-09:15	点炉仪式		叶大雄、主厨	利市*20	
09:15-10:30	周边传单发送		店面服务人员	传单*10000	
09:15-11:00	餐厅内备料、员工餐		主厨、二厨		
10:30-11:30	分批用餐	先厨房、后柜台		员工餐点十份	
10:30-11:30	店内点餐系统仿真		小叮当、服务员		POS系统123-87654321
11:30-11:35	开店仪式	注意礼炮位置	全体员工	放礼炮	
11:30-14:00	正式营业	依职务分工	全体员工		
14:00-14:20	简易讨论		叶大雄、主厨		
	清洁打扫	依职务分工	全体员工		垃圾回收168-11223344
14:20-	午休				

本书简易模拟一个小型规模的餐厅店面开市流程规划，让准备创业的创业者大致了解如何使用流程规划，让创业的每一个重要环节都能做到完美。大方向的主要工作进度靠甘特图，而重点工作，需要工作群组非常细致地分工并执行内容，则是可以通过流程规划设计，作为一次性或常态性的工作流程标准化（standard operating procedure，SOP）。因此，从创业过程到实践阶段，长时间、短时间的工作设计都很重要，尤其是要让投资者能够明确知道你做什么，已经执行了什么，经费收支如何，未来会不会有新的资金需求（其实多数投资人喜欢连续投入一个有梦想的创业案）。更重要的是让投资者知道你是一个有计划能力的创业家。

◎ 本章总结

本书在第三章中，是完全以一个创业者的角度解释创业初期的场域，在这个创业平台中有天使、风投及诈骗者。基本上，笔者常用平台内"傻子""疯子"及"骗子"来看这三类人。而如果是一位高居企业组织的层峰人士，更需要把握这个概念，让一些憨厚有傻劲的人持续支持我，让有拼劲的干部帮我冲锋陷阵，更重要的是避免组织内外部的"骗子"伤害到我。本书第三章完全适合想创业的企业的层峰人士阅读。

当今，"创业者"是当今一个很高大上的名词，可是多数创业家手边的资金是不足的。因此，通过创业平台的投资机制，可以找有一股"傻劲"的天使投资人，有一股疯劲的风险投资者，这两种人虽然有点"疯傻"，但事实上他们是很精明的。因此，一本好的"创业计划书"能够让你吸引到好的天使与风投。通过好的创业平台机制，除了能够募集到资金之外，可能还有经营管理能力、人脉、创业相关资源，因此，平台的正能量是很棒的。

当然，这个平台中也有很多负能量的事情，其中，商业诈骗的存在是一件很可怕的事情。创业者或企业家遇到小的诈骗事件，多数也只是赔钱了事，当积累一次社会经验，然而，若是遇到严重的诈骗事件，赔掉商誉、牢狱之灾都是很有可能的事情。面对可能出现的诈骗，创业者唯有多一分留意，保持事事谨慎观察，切勿认为贪小便宜就是帮自己省钱，"天下没有白吃的午餐"，这真的是创业界的防诈心法。初期通过朋友圈、有经验的合作厂商经营，随着企业从创业初期逐步扩大经营，与合作厂商间的关系也要加入"分散风险"的基本常识，能避开风险的企业才能迈向成功。

而进入落实创业资金运作的时期,要将投资的每一分钱花费都能清楚交代,同时将经费的使用效益极大化。因此,通过甘特图与流程规划两个重要工具,利用甘特图把重要的工序串联起来,确定每一个阶段需要的经费与负责人,能加强创业者对于创业进度的掌握。而重点工作项目、常态项目及应变项目都可以设计流程规划,尤其将关键者、必要资源、时间加以排列,让创业者所领导的工作群不至于无所适从,同时,能够在各时间内发挥统筹协调的效果。有关落实创业资金的"生产、营销、人事、研发及财务",见本书第五章至第九章。

◎ 重要名词

1. 商业计划书(business plan,BP)
2. 价值要求(value proposition)
3. 天使投资人(angel investor)
4. 商业天使(business angel)
5. 风险投资者(venture capital,VC)
6. 首次公开募股(initial public offerings,IPO)
7. 私募股权投资(private equity)
8. 甘特图(Gantt chart)
9. 流程规划(run-down)
10. 工作流程标准化(standard operating procedure,SOP)

◎ 问题讨论

1. 如果要完成一份创业计划书,应该有哪些基本格式及内容?
2. 完成的创业计划书,可以找哪些投资的机构接洽,不同的机构对计划书的评量方式、投资判断又会有哪些不同的标准?
3. 对于开始启动的创业计划,有什么管理工具可以帮助控制进度及确保流程顺利?
4. 如何在募集资金及创业初期避免出错(包括受到诈骗及流程失措?)

参考文献

［1］ 莱恩. 创业头条：16 位硅谷科技新贵的成功法则［M］. 孙莹莹，译. 杭州：浙江人民出版社，2015.

［2］ FREEAR JOHN，JEFFREY E SOHL，WILLIAM E WETZEL. Angels and non-angels：are there differences？［J］. Journal of business venturing，1994，9（2）：109－123.

［3］ 李开复，汪华，傅盛. 创业就是要细分垄断［M］. 北京：文化发展出版社，2017.

［4］ 陈润. 雷军传：站在风口上［M］. 武汉：华中科技大学出版社，2014.

［5］ 胡雪琴，等. 天使百人会成长印记：拥抱中国天使投资人［M］. 北京：电子工业出版社，2017.

［6］ 俞敏洪. 在对的时间做对的事：写给年轻人的 8 堂创业课［M］. 北京：中信出版社，2016.

［7］ 林富元. 天使投资：硅谷天使写给投资人与创业者的 40 年实战经验［M］. 北京：中国发展出版社，2014.

［8］ 刘乃进. 私募基金实务精要：私募股权基金筹备、运营与管理［M］. 北京：法律出版社，2017.

［9］ 戴素菊. 史玉柱的人生哲学［M］. 杭州：浙江人民出版社，2009.

第四章　创业法规

硅谷个案：Palantir

Palantir 是一家让人难以琢磨的公司，在"信息透明化拯救人类"的时代，几乎没有任何一家公司像 Palantir 这么神秘。没人了解这家公司到底是做什么的，或者说无人能够想象，该公司的数据挖掘技术及定制程序能够一键完成令人难以置信的复杂任务。Palantir 公司开发的能处理巨大复杂的数据库软件的业务也让人难以理解。

有小道消息称，Palantir 的信息帮助美军捕杀恐怖分子奥萨马·本·拉登（Osama bin Laden）。除此之外，还有 Palantir 软件挽救了生命的真实案例，说有个开着破旧凯迪拉克汽车的恋童癖袭击了一名儿童，多亏了纽约警察局的车牌摄像机安装了 Palantir 的软件，收集了车牌信息，让坏人在一个小时就被抓住了。

2010 年，纽约市警察局将 Palantir 的产品引荐给摩根大通银行，Palantir 派出一支工程师团队，废寝忘食地协助摩根大通银行解决欺诈问题及对抗黑客等各方面问题。从做好事的角度看，Palantir 可以协助政府追踪恐怖分子，也能帮助企业侦查诈骗和黑客行为。尽管如此，由美国中央情报局早期资助的 Palantir 公司，却在某种程度上被自由主义描述为极权主义的工具。

在维基解密事件和斯诺登"棱镜门"事件后，Palantir 公司内部的"隐私和公民自由"团队建立了"蝙蝠电话"制度，是一个面向全体工程师的道德热线。任何一位工程师都可以拨打该热线，向公司主管匿名报告哪些行为对于维护客户利益是不道德的。例如，一次热线报告令该公司回绝了一项涉及分析公众 Facebook 页面信息的客户委托。由于道德原因，Palantir 公司还拒绝了与某烟草公司合作的机会，放弃了总计占总营收额约 20% 的收入。为了履行在隐私和安全方面做出的承诺，Palantir 对客户的数据进行了分类和标记，以确保只有具备一定权限的用户才能访问他们。建立这种权限体系的意义在于，那些没有相应权限的人无法查看机密信息，从而防止敏感的个人数据遭到泄露。

美国国家安全局在经历斯诺登事件后展开大规模监视活动，Palantir 软件成了隐私拥护者们的心头大患。他们担心其会被政府直接用于监视活动，无辜的美国平民的日常生活将受到大规模监控。2013年年末，Palantir获得了令公司估值飙升的新一轮融资，这足以让卡普成为亿万富翁，并且该公司还将业务范围从政府部门扩展到私营企业。

（个案来源：《创业头条：16位硅谷科技新贵的成功法则》，第九篇，由中山大学南方学院政商研究院2014级黄江伟重新编写）

一、适法意识之伞

在要开启一个创业事业之前，需要对于本国法律有个基本的了解。在中国创业当然就是要对中国法律有一定的认识，如果是在美国、日本、欧洲等国创业，除了可以先自行了解之外，也可以通过当地颇有口碑的商务律师，若是能选择华人律师，相信在沟通上会更有效率。40年前，中国尚处于刚刚改革开放的社会主义市场经济初级阶段，很多产业仍有属于计划经济的形态，政府管制还比较多一些。随着改革开放至今已超过四十年，以及政府管理水平和市场各项能力的提高，笔者认为中国的创业环境已经跟上先进国家的水平。

中国属于成文法国家，所有司法系统均需以法律、法规、规章及规范文件作为依据，尤其是与权利相关的纠纷与确定，需要通过法院的审理及判决，这些文件具有越来越重要的参考意义。如果要设立从事经营商业活动的公司，必须经由工商行政管理部门登记，领取合法的营业执照。而在实际经营的过程中，更根据《民法通则》《公司法》《合伙企业法》《个人独资企业法》等相关规定，企业的组织形式可以是股份有限公司、有限责任公司、合伙企业、个人独资企业，其中以"有限责任公司"为最常见的公司形态。同时，设立企业前还需要了解《企业登记管理条例》《公司登记管理条例》等工商管理法规、规章，无论是自行了解或是通过法务、律师的告知。

接着是有关租税的权利与义务。由于中国是个以社会主义精神为政治指导的国家，因此，首先，通过了解有关经济开发区、高科技园区、软件园区、科研基地等方面的法规、规章，以及各省、地方有关的奖励规定，这样能选择对新创企业最有利的创业地点，并享受税收等优惠政策。另外，中国实行法定的注册资本制，除了传统的货币资金作为企业资本，其他若是以实物、知识产权等资产或股权、债权作为出资方式，还必须先了解有关出资、资产评估等相关规定。除了政府奖励是权利之外，企业的各项税务则是义务。当企业设立之后，除了负责人之外还有刚聘用的员工，他们的税务和营收的税务登记，都需要专门的会计人员来处理。这其中涉及税法和财务制度，一般来说，包括营业税、增值税、所得税等，当然通过合规的支出可以作为营业成本，包括进货成本、开办费、固定资产摊销等，以及劳工的劳动法和社会保险支出。

第三部分的法律知识，是要了解包含劳动合同中的试用期、服务期、商业秘密、竞业禁止，以及劳动规范的工伤、养老金、住房公积金、医疗保险、失业保险等相关规定。笔者认为其中知识产权的问题最为重要，因为新创公司除了不能侵犯别人的知识产权，同时又要建立知识产权保护体系，这也是本章后文强调解释的专利权、著作权、商标权及商业秘密等保护体系。而传统商法中的《合同法》《担保法》《票据法》等基本民商法律，以及各地方对于不同行业管理及要求的法律及规范，也都是需要有所了解的。

这只是简单列举创业常用的法律，在企业实际运作中还会遇到大量法律问题。当然，创业者要对这些法律问题有一些基本了解，若是专业的诉讼问题及保障程序，笔者还是建议须由可靠、专业的律师处理，用以维护新创企业的权利。

二、奖励创业政策

对于影响创业的法规中，可以追溯到2014年由李克强总理多次提出的创业与创新谈话，具体成为全国共识的是在2015年全国两会之上，李克强总理提出要把"大众创业、万众创新"打造成为推动中国经济继续前行的"双引擎"之一，特别是鼓励科技人员和大学生创业（王珊珊，2016）。而到2015年9月，在大连市举办世界经济论坛（World Economic Forum，WEF）时，李克强总理面对全球媒体及与会来宾，再次慎重地提出了"大众创业、万众创新"的经济战略，并以此展开一系列的相关奖励政策（中国网，2015），其中，中央颁布的相关政策指示包括：

（1）国务院《关于进一步做好新形势下就业创业工作的意见》国发（2015）〔23号〕。

（2）国务院办公厅《关于深化高等学校创新创业教育改革的实施意见》国办发（2015）〔36号〕。

（3）国务院办公厅转发人力资源社会保障部等部门《关于促进以创业带动就业工作指导意见的通知》国办发（2008）〔111号〕。

相信除了上述数个基本准则之外，2018年之后会有更多后续由中共中央颁布的相关法规及办法，而鼓励大学生、研究生的创业政策内容，就会下放权利给各地方政府处理，当然也包括笔者任教所在的广东省。目前，中国各地方政府针对青年创业的政策，都是依循国务院《关于进一步做好新形势下就业创业工作的意见》（以下简称《意见》）实行的。《意见》针对就业创业共提出了五个方面共二十七条具体意见，其中五个方面是：①深入实施就业优先战略；②积极推进创业带动就业；③统筹推进高校（含高等学历教育）毕业生等重点群体就业；④加强就业创业服务和职业培训；⑤强化组织领导。针对创业为主的相关内容，本书整理《意见》中有关创业的新政策，供读者参考。

（一）营造宽松便捷的准入环境

过去创业者往往为取得合法的经营资格，办理一张营业执照，花去几个月的时间，《意见》特别针对准入部分，提出"深化商事制度改革，进一步落实注册资本登记制度改革，坚决推行工商营业执照、组织机构代码证、税务登记证'三证合一'，在2016年之后出台推进'三证合一'登记制度改革意见和统一社会信用代码方案，实现注册公司者'一照一码'。同时，放松经营范围登记管制，支持各地结合实际放宽新注册企业场所登记条件限制，推动'一址多照'、集群注册等住所登记改革，分行业、分业态释放住所资源"。不再像过去必须在办公楼内才能登记公司或者限制一个门牌号而只能注册一家公司，也使得"创客空间"等新鲜事物能突破旧有的法令限制。《意见》还提出运用大资料加强对市场主体的服务和监管。依托企业信用信息公示系统，实现政策集中公示、扶持申请导航、享受扶持信息公示。也就是利用互联网及大数据等科技手段，以最有效率的方式提高对企业的服务及监管。

（二）培育创业创新公共平台

创业者可能是有新的技术或新的想法，对原有的产业或营销方式提出新的点子，但创业者无法全方位地改变旧有的环境，需要其他方面的配合及助推。针对创业者的这一特色，也为创业者提供低成本、便利化、全要素、开放式的综合服务平台和发展空间的目标，《意见》要求总结过去并推广"创客空间""创业咖啡""创新工厂"等新型孵化模式，加快发展市场化、专业化、集成化、网络化的众创空间，实现创新与创业、线上与线下、孵化与投资相结合，使得创业者能在较完善的众创空间安心创业。有条件的地方可对众创空间的房租、宽带网络、公共软件等给予适当补贴。鼓励企业由传统的管控型组织转型为新型创业平台，让员工成为平台上的创业者，形成市场主导、风投参与、企业孵化的创业生态系统。

（三）加大减税降费力度，减轻企业负担

《意见》为减轻企业负担，实施更加积极的促进就业创业税收优惠政策，将企业吸纳就业税收优惠的人员范围由失业一年以上人员调整为失业半年以上人员。高校毕业生、登记失业人员等重点群体创办个体工商户、个人独资企业的，可依法享受税收减免政策。抓紧推广中关村国家自主创新示范区税收试点政策，并且具体指出将职工教育经费税前扣除试点政策、企业转增股本分期缴纳个人所得税试点政策、股权奖励分期缴纳个人所得税试点政策推广至全国范围。全面清理涉企行政事业性收费、政府性基金、具有强制垄断性的经营服务性收费、行业协会商会涉企收费等违规行为，落实涉企收费清单管理制度和创业负担举报回馈机制。希望能具体减轻企业负担，提高创业者的积极性。

（四）支持创业担保贷款发展及拓宽创业投融资渠道

创业者往往有极好的技术能力或极强的策划能力，却欠缺"第一桶金"，《意见》提出，将小额担保贷款调整为创业担保贷款，针对有创业要求、具备一定创业条件但缺乏创业资金的就业重点群体和困难人员，提高其金融服务可获得性，明确支持对象、标准和条件，贷款最高额度由针对不同群体的 5 万元、8 万元、10 万元不等统一调整为 10 万元。鼓励金融机构参照贷款基础利率，结合风险分担情况，合理确定贷款利率水平，对个人发放的创业担保贷款，在贷款基础利率的基础上上浮 3 个百分点以内的，由财政给予贴息。

有些中小企业的创业者，手上有较好的项目内容，但欠缺有力的资金支持，为此，在《意见》中，针对投融资方面提出"运用财税政策，支持风险投资、创业投资、天使投资等发展。运用市场机制，引导社会资金和金融资本支持创业活动，壮大创业投资规模。按照政府引导、市场化运作、专业化管理的原则，加快设立国家中小企业发展基金和国家新兴产业创业投资引导基金，带动社会资本共同加大对中小企业创业创新的投入，促进初创期科技型中小企业成长，支持新兴产业领域早中期、初创期企业发展。鼓励地方设立创业投资引导等基金。发挥多层次资本市场作用，加快创业板等资本市场改革，强化中小企业股份转让系统融资、交易等功能，规范发展服务小微企业的区域性股权市场。开展股权众筹融资试点工作，推动多渠道股权融资，积极探索和规范发展互联网金融，发展新型金融机构和融资服务机构，促进大众创业"。从资金方面解决创业者想进一步发展的后顾之忧。

在《意见》的前言就提及，"就业事关经济发展和民生改善大局。党中央、国务院高度重视，坚持把稳定和扩大就业作为宏观调控的重要目标，大力实施就业优先战略，积极深化行政审批制度和商事制度改革，推动大众创业、万众创新，创业带动就业倍增效应进一步释放，就业局势总体稳定……面对就业压力加大的形势，必须着力培育大众创业、万众创新的新引擎，实施更加积极的就业政策，把创业和就业结合起来，以创业创新带动就业……"

所以，应该很清醒地认识到：创业与就业是两个相关联但却有着不同内涵的两个概念，每个青年人都需要就业，但"创业"并不是所有人都能够走的一条路，青年人要想创业成功，需要主观、客观等各方面的条件。

三、国家税务奖励政策

虽然国务院在 2015 年提出"大众创业、万众创新"的经济新方针，但是，早于两年前就陆续推出了 73 项税收优惠，覆盖企业整个生命周期。衔接大众创业、万众创新，作为发展新经济的动力之源，也是富民之道、公平之计、强国之策。截至 2017 年 7 月，国务院针对创业就业主要环节和关键领域陆续推出了 83 项税收优惠措施，可以分为数个不同企业时期的创新创业优惠，本书整理了国家税务总局的相关材料（国家税务总局，2017），具体如下。

（一）企业初创期税收优惠

企业初创期，除了普惠式的税收优惠，重点行业的小微企业购置固定资产，特殊群体（高校毕业生、失业人员、退役士兵、军转干部、随军家属、残疾人、回国服务的在外留学人员、长期来华定居专家等）创业或者吸纳特殊群体就业还能享受特殊的税收优惠。同时，国家还对扶持企业成长的科技企业孵化器、国家大学科技园等创新创业平台、创投企业、金融机构、企业和个人等给予税收优惠，帮助企业聚集资金。具体包括：

1. 小微企业税收优惠

（1）个人增值税起征点政策。

（2）企业或非企业性单位销售额未超限免征增值税。

（3）增值税小规模纳税人销售额未超限免征增值税。

（4）小型微利企业减免企业所得税。

（5）重点行业小型微利企业固定资产加速折旧。

（6）企业免征政府性基金。

2. 重点群体创业就业税收优惠

（1）重点群体创业税收扣减。

（2）吸纳重点群体就业税收扣减。

（3）退役士兵创业税收扣减。

（4）吸纳退役士兵就业企业税收扣减。

（5）随军家属创业免征增值税。

（6）随军家属创业免征个人所得税。

（7）安置随军家属就业的企业免征增值税。

（8）军队转业干部创业免征增值税。

（9）自主择业的军队转业干部免征个人所得税。

（10）安置军队转业干部就业的企业免征增值税。

（11）残疾人创业免征增值税。

（12）安置残疾人就业的单位和个体户增值税即征即退。

（13）特殊教育学校举办的企业安置残疾人就业增值税即征即退。

（14）残疾人就业减征个人所得税。

（15）安置残疾人就业的企业残疾人工资加计扣除。

（16）安置残疾人就业的单位减免城镇土地使用税。

（17）长期来华定居专家进口自用小汽车免征车辆购置税。

（18）回国服务的在外留学人员购买自用国产小汽车免征车辆购置税。

3. 创业就业平台税收优惠

（1）科技企业孵化器（含众创空间）免征增值税。

（2）符合非营利组织条件的孵化器的收入免征企业所得税。

（3）科技企业孵化器免征房产税。

（4）科技企业孵化器免征城镇土地使用税。

（5）国家大学科技园免征增值税。

（6）符合非营利组织条件的大学科技园的收入免征企业所得税。

（7）国家大学科技园免征房产税。

（8）国家大学科技园免征城镇土地使用税。

4. 对提供资金、非货币性资产投资助力的创投企业、金融机构等给予税收优惠

（1）创投企业投资未上市的中小高新技术企业按比例抵扣应纳税所得额。

（2）有限合伙制创业投资企业法人合伙人投资未上市的中小高新技术企业按比例抵扣应纳税所得额。

（3）公司制创投企业投资初创科技型企业按比例抵扣应纳税所得额。

（4）有限合伙制创业投资企业法人合伙人投资初创科技型企业按比例抵扣应纳税所得额。

（5）有限合伙制创业投资企业个人合伙人投资初创科技型企业按比例抵扣应纳税所得额。

（6）天使投资人投资初创科技型企业按比例抵扣应纳税所得额。

（7）以非货币性资产对外投资确认的非货币性资产转让所得分期缴纳企业所得税。

（8）以非货币性资产对外投资确认的非货币性资产转让所得分期缴纳个人所得税。

（9）金融企业发放涉农和中小企业贷款按比例计提的贷款扣失准备金企业所得税税前扣除。

（10）金融机构与小型微型企业签订借款合同免征印花税。

（二）企业成长期税收优惠

为营造良好的科技创新税收环境，促进企业快速健康成长，国家出台了一系列税收优惠政策促进企业不断转型升级。对研发费用实施所得税加计扣除政策。对企业固定资产实行加速折旧，尤其是生物药品制造业、软件和信息技术服务业等六个行业、四个领域重点行业的企业用于研发活动的仪器设备不超过100万元的，可以一次性税前扣除。企业购买用于科学研究、科技开发和教学的设备享受进口环节增值税、消费税免税和国内增值税退税等税收优惠。帮助

企业和科研机构留住创新人才，鼓励创新人才为企业提供充分的智力保障和支持。具体包括：

1. 研发费用加计扣除政策

（1）研发费用加计扣除。

（2）提高科技型中小企业研发费用加计扣除比例。

2. 固定资产加速折旧政策

（1）固定资产加速折旧或一次性扣除。

（2）重点行业固定资产加速折旧。

3. 购买符合条件设备税收优惠

（1）重大技术装备进口免征增值税。

（2）内资研发机构和外资研发中心采购国产设备增值税退税。

（3）科学研究机构、技术开发机构、学校等单位进口符合条件的商品享受免征进口环节增值税、消费税。

4. 科技成果转化税收优惠

（1）技术转让、技术开发和与之相关的技术咨询、技术服务免征增值税。

（2）技术转让所得减免企业所得税。

5. 科研机构创新人才税收优惠

（1）科研机构、高等学校股权奖励延期缴纳个人所得税。

（2）高新技术企业技术人员股权奖励分期缴纳个人所得税。

（3）中小高新技术企业个人股东分期缴纳个人所得税。

（4）获得非上市公司股票期权、股权期权、限制性股票和股权奖励递延缴纳个人所得税。

（5）获得上市公司股票期权、限制性股票和股权奖励适当延长纳税期限。

（6）企业以及个人以技术成果投资入股递延缴纳个人所得税。

（7）由国家级、省部级以及国际组织对科技人员颁发的科技奖金免征个人所得税。

（三）企业成熟期税收优惠政策

发展壮大有成长性的企业，对其同样给予税收优惠，国家充分补给"营养",助力企业枝繁叶茂、独木成林。目前,税收优惠政策覆盖科技创新活动的各个环节领域,帮助抢占科技制高点的创新型企业加快追赶的步伐。对高新技术企业减按15%的税率征收企业所得税,并不断扩大高新技术企业认定范围。对处于服务外包示范城市和国家服务贸易创新发展试点城市地区的技术先进型服务企业,减按15%的税率征收企业所得税。对软件和集成电路企业,可给予"两免三减半"等企业所得税优惠,尤其是国家规划布局内的重点企业,可减按10%的税率征收企业所得税。对自行开发生产的计算机软件产品、集成电路重大项目的企业还给予增值税期末留抵税额退税的优惠。具体包括:

1. 高新技术企业税收优惠

(1)高新技术企业减按15%的税率征收企业所得税。

(2)高新技术企业职工教育经费税前扣除。

(3)技术先进型服务企业享受低税率企业所得税。

(4)技术先进型服务企业职工教育经费税前扣除。

2. 软件企业税收优惠

(1)软件产业增值税超税负即征即退。

(2)新办软件企业定期减免企业所得税。

(3)国家规划布局内重点软件企业减按10%的税率征收企业所得税。

(4)软件企业取得即征即退增值税款用于软件产品研发和扩大再生产的企业所得税优惠。

(5)软件企业职工培训费用应纳税所得额扣除。

(6)企业外购的软件缩短折旧或摊销年限。

3. 动漫企业税收优惠

动漫企业增值税超税负即征即退。

4. 集成电路企业税收优惠

(1)集成电路重大项目增值税留抵税额退税。

(2)集成电路线宽小于0.8微米(含)的集成电路生产企业定期减免企业所得税。

(3)线宽小于0.25微米的集成电路生产企业减按15%的税率征收企业所得税。

(4)投资额超过80亿元的集成电路生产企业减按15%的税率征收企业所

得税。

（5）线宽小于0.25微米的集成电路生产企业定期减免企业所得税。

（6）投资额超过80亿元的集成电路生产企业定期减免企业所得税。

（7）新办集成电路设计企业定期减免企业所得税。

（8）国家规划布局内的集成电路设计企业减按10%的税率征收企业所得税。

（9）集成电路设计企业计算应纳税所得额时扣除职工培训费用。

（10）集成电路生产企业生产设备缩短折旧年限。

（11）集成电路封装、测试企业定期减免企业所得税。

（12）集成电路关键专用材料生产企业、集成电路专用设备生产企业定期减免企业所得税。

（13）集成电路企业退还的增值税期末留抵税额在城市维护建设税、教育费附加和地方教育附加的计税依据中扣除。

5. 研制大型客机、大型客机发动机项目和生产销售新支线飞机企业税收优惠

研制大型客机、大型客机发动机项目和生产销售新支线飞机增值税期末留抵退税。

四、工商登记法规

在中国境内申请的公司注册，依循相关法规及政府政策指示办理。工商登记是政府在对申请人进入市场的条件进行审查的基础上，通过注册登记确认申请者从事市场经营活动的资格，使其获得实际营业权的各项活动的总称。2013年3月10日，十二届全国人大一次会议审议的国务院机构改革和职能转变方案提出，要改革工商登记制度，将"先证后照"改为"先照后证"，将注册资本实缴登记制改为认缴登记制，并放宽工商登记其他条件。

（一）公司登记类别

依据中国法律规定和企业设立登记的程序不同，分为下面几种企业：

1. 有限责任公司

有限责任公司又称有限公司，指股东仅以自己的出资额为限对公司债务负责，而不能将公司责任无限上纲地扩充，仅止于法律规范的责任范围。由多人投资的有限责任公司，根据《中华人民共和国公司法》第 20 条第 1 款所指的"由 2 个以上 50 个以下股东共同出资设立"的有限责任公司即属此类。又根据出资者的组成可将其分为：①国有独资型有限责任公司；②自然人独资型有限责任公司；③法人独资型有限责任公司；④混合资本型有限责任公司。

事实上，在中国所规范的有限责任公司与欧美略有不同，许多国家公司法对有限公司的股东人数都有严格规定。例如，英国、法国等国规定，有限责任公司的股东人数应在 2～50 人之间，如果超过 50 人，必须向法院申请特许或转为股份有限公司。同时，有限公司的资本并不必分为等额股份，也不公开发行股票，股东持有的公司股票可以在公司内部股东之间自由转让，若向公司以外的人转让，须经过公司股东的同意。由于股东少，因此，公司设立手续非常简便，而且公司也无须向社会公开公司营业状况，增强了公司的竞争能力。

由于责任有限公司不能公开募集股份，也不能发行股票，公司生产经营过程中所需资金只能由其他合法方式融资取得，有限责任公司相对股份有限公司而言，设立条件和程序较为简单、灵活，适合一些创业团队申请设立。

2. 股份有限公司

当企业成熟到一定程度之后，将公司设定为股权有限公司是必要的，股份公司是指由两个或以上个体持有公司股票份额的企业组织形式。在股份公司的形式下，股份是企业组织（公司、合伙制企业）的所有权凭证。股份公司可以通过公开、非公开的方式发行股票，利用灵活的经营方式创造营利并将其作为股东报酬；而股东也可以通过出售持有的股票，将代表自己对公司所有权的利益转让给其他人。

由于股份有限公司的商业形态为全球普遍，因此，各跨国商业联盟，如世界贸易组织（World Trade Organization，WTO）、亚太经合组织（Asia-Pacific Economic Cooperation，APEC）等，也针对现代各国公司法对股份有限公司的规范，尽可能地协调至组织形式界定一致化。在国家法及商业法的讨论中，股份有限公司由于其法律定义和组织形式的特点，往往和"法人组织""有限责任"属于同义词，因此，股份公司基本上是以股份有限公司的形式存在。

目前，海峡两岸暨香港、澳门的股权有限公司规范就存有些许差异，本书关注于中国内地的教学使用，故引用了《中华人民共和国公司法》（2013年修订）相关部分条文，如下：

第2条　本法所称公司是指依照本法在中国境内设立的有限责任公司和股份有限公司。

第3条　公司是企业法人，有独立的法人财产，享有法人财产权。公司以其全部财产对公司的债务承担责任。

有限责任公司的股东以其认缴的出资额为限对公司承担责任，股份有限公司的股东以其认购的股份为限对公司承担责任。

第8条　依照本法设立的有限责任公司，必须在公司名称中标明"有限责任公司"或者"有限公司"字样。依照本法设立的股份有限公司，必须在公司名称中标明"股份有限公司"或者"股份公司"字样。

第76条　设立股份有限公司，应当具备下列条件：

（一）发起人符合法定人数；

（二）有符合公司章程规定的全体发起人认购的股本总额或者募集的实收股本总额；

（三）股份发行、筹办事项符合法律规定；

（四）发起人制订公司章程，采用募集方式设立的经创立大会通过；

（五）有公司名称，建立符合股份有限公司要求的组织机构；

（六）有公司住所。

第78条　设立股份有限公司，应当有2人以上200人以下为发起人，其中须有半数以上的发起人在中国境内有住所。

第80条　股份有限公司采取发起设立方式设立的，注册资本为在公司登记机关登记的全体发起人认购的股本总额。在发起人认购的股份缴足前，不得向他人募集股份。

股份有限公司采取募集方式设立的，注册资本为在公司登记机关登记的实收股本总额。

第84条　以募集设立方式设立股份有限公司的，发起人认购的股份不得少于公司股份总数的35%。

3. 集体所有制企业

如同前文所言，中国正将共产主义结合现代化社会思维，仍然保留早期社会主义时的生产模式，因此，集体所有制企业正是延续当时的商业名称。集体所有制企业，简称"集体企业"，是指以生产数据的劳动群众集体所有制为基础，实行共同劳动，在分配形式上以按劳分配为主，部分企业实行按劳分配和按资分配相结合的集体经济组织。

集体所有制和全民所有制一样，是我国公有制经济的重要组成部分。集体所有制企业是以营利为目的，从事生产经营活动的经济组织。我国的集体所有制企业一般可以分为城镇集体所有制企业和乡村集体所有制企业。城镇集体所有制企业的设立必须经省人民政府规定的部门审批；乡村集体所有制企业由乡政府同意报乡镇企业局审批。具体情况请参阅《中华人民共和国城镇集体所有制企业条例》和《乡村集体所有制企业条例》。

根据国务院令第 88 号发布的《中华人民共和国城镇集体所有制企业条例》（1991 年 9 月 9 日），针对集体所有制企业有以下规定：

第 15 条　集体所有制企业的合并、分立、停业、迁移或者主要登记事项的变更，必须符合国家的有关规定，由企业提出申请，报经原审批部门批准，依法向原登记机关办理变更登记。

第 16 条　集体所有制企业的合并和分立，应当遵照自愿平等的原则，由有关各方依法签订协议，处理好债权债务、其他财产关系和遗留问题，妥善安置企业人员。

合并、分立前的集体所有制企业的权利和义务，由合并、分立后的法人享有和承担。

第 17 条　集体所有制企业有下列原因之一的，应当予以终止：
①企业无法继续经营而申请解散，经原审批部门批准。
②依法被撤销。
③依法宣告破产。
④其他原因。

第 18 条　集体所有制企业终止，应当依照国家有关规定清算企业财产。
企业财产按下列程序清偿各种债务和费用：
①清算工作所需各项费用。

②所欠职工工资和劳动保险费用。
③所欠税款。
④所欠银行和信用合作社贷款以及其他债务。
不足清偿同一顺序的清偿要求的，按照比例分配。

第19条　集体所有制企业财产清算后的剩余财产，按照下列办法处理：
①有国家、本企业外的单位和个人以及本企业职工个人投资入股的，应当依照其投资入股金额占企业总资产的比例，从企业剩余财产中按相同的比例偿还。
②其余财产，由企业上级管理机构作为该企业职工待业和养老救济、就业安置和职业培训等费用，专款专用，不得挪作他用。

第20条　集体所有制企业终止，必须依照《中华人民共和国企业法人登记管理条例》的规定办理注销登记并公告。

4. 全民所有制企业

依据中国现行法律规定，全民所有制企业实行所有权和经营权相分离的经营管理制度，企业依据所有权主体的授权，对其占有的国有财产行使经营权，并以此为基础取得法人资格。由于我国的企业法人制度与有限责任制度相衔接，因而国家只以投资额为限对企业承担责任，企业只以其经营管理的财产为限对其债务承担责任。

全民所有制企业是指企业财产属于全民所有的，依法自主经营、自负盈亏、独立核算的商品生产和经营单位。全民所有制企业又称为国有企业，但广义的国有企业还包括国家控股的股份有限公司、有限责任公司和国有独资公司，全民所有制企业只是国有企业的一种。

5. 合伙企业

所谓合伙企业，意指两人或多人所组成的企业组织关系，但此公司不具法人资格，合伙人之间必须同意获利与损失的分摊方式，共同负起承担该企业债务之义务。因此，常见的合伙企业多由医生、律师、会计师、建筑师等专业人士组成，不容许以有限公司的方式经营，所以都是以合伙的方式执业的，合伙人之间有共同承担负债的风险。合伙人通过合伙协议书，确认合伙人付出资本、劳务贡献、收取薪酬额、借资利率、利润及亏损的分配比率等条款。

根据中国现行的《中华人民共和国合伙企业法》（2006年8月27日），在英美法系和中国内地均将合伙企业区分为普通合伙企业和有限合伙企业。前者承担无限责任；后者承担有限责任。由于普通合伙人对企业债务承担无限责任，所以，企业的经营决策要经过所有普通合伙人的一致同意，而不论其实际出资占比的多寡。这两类合伙企业的比较如表4-1所示：

表4-1 中国现行合伙企业的规范比较

企业类型	普通合伙企业	有限合伙企业
人数	2人或以上	2人以上、50人以下合伙人设立；法律另有规定的除外
责任	全体合伙人对合伙企业债务承担无限连带责任	有限合伙中的普通合伙人对合伙企业债务承担无限连带责任，有限合伙人以其认缴的出资额为限对合伙企业债务承担责任
出资方式	可以用货币、实物、知识产权、土地使用权或者其他财产权利出资，也可以用劳务出资	不得以劳务出资
权利义务	合伙人对执行合伙事务享有同等的权利	普通合伙人执行合伙事务，有限合伙人不执行合伙事务，不得对外代表有限合伙企业
竞业禁止	合伙人不得自营或者同他人合作经营与本合伙企业相竞争的业务	合伙人可以自营或者同他人合作经营与本有限合伙企业相竞争的业务，合伙协议另有约定的除外

参考资料：MBA智库网，本书调整后重新撰写。

6. 个人独资企业

在1993年之前，中国企业的立法是采取所有制作为划分标准。例如，全民所有制的工业企业法、集体所有制条例等。1993年之后，所有制立法思维受到改革开放的影响，调整为以企业的投资形式与责任作为划分标准，由此制定了《中华人民共和国公司法》，至1997年又制定了《中华人民共和国合伙企业法》。

个人独资企业的投资主体要求为自然人，且为具有权利能力、行为能力要件的自然人。在投资形式上，以单一主体为限，这才能称为独资，若有两个投资人，则不能称为独资。个人独资企业的财产必定归属于投资人个人所有，若个人独资企业另有投资人投资相关财产，法律上的见解为与个人财产并无实质上的区别。个人独资企业的收益为个人全部取得，但若有风险与债务时，自然也均应由其个人承担，亦就是所谓无限责任，在企业财产不足以清偿时，以其个人其他财产进行清偿。

7. 个体工商户

个体工商户是从事工商业经营的自然人或家庭，自然人或以个人为单位，或以家庭为单位从事工商业经营，均为个体工商户。但在 1993 年之前，国家机关干部、企事业单位职工不能申请从事个体工商业经营。因此，当时国家鼓励城镇待业青年、社会闲散人员和农村村民，根据 1993 年之前的法律及政策，申请从事个体工商业经营。

在遵守国家的法律前提之下，个体工商户享有从事个体工商业经营的民事权利能力和民事行为能力。在依法核准登记的范围内，个体工商户对其经营的资产和合法收益享有所有权。个体工商户可以在银行开设账户，向银行申请贷款，有权申请商标专用权，有权签订劳动合同及请帮工、带学徒，还享有起字号、刻印章的权利。当然，个体工商户从事经营活动必须照章纳税，服从工商行政单位管理，若从事违法经营，必须承担民事责任和其他法律责任。

（二）管辖范围

当前在中国申请工商登记的管辖范围是非常容易区分的，基本上可分为两个级别。如果符合下列规范的工商内容，则属于直辖市、省或自治区政府直接管辖；若无，则以地方市、县或区政府作为管辖者。

由直辖市、省或自治区政府直接管辖，符合下列要件之一：

（1）省、自治区、直辖市人民政府国有资产监督管理机构履行出资人职责的公司以及该公司投资设立的控股 50% 以上的公司。

（2）注册资本 3000 万元（含）人民币以上的有限责任公司。

（3）国家工商行政管理总局授权登记的其他公司。

（4）专业资产评估公司、会计师事务所、审计公司、典当公司、中小企业信用担保公司、从事旧机动车经纪业务的经纪公司、期货经纪公司、因私出入境中介公司、境外就业中介公司、人才中介服务公司、征信公司、商标代理公司。

（5）西客站地区、首都机场地区、天安门地区、机动车交易市场、古玩城市场内设立的公司。

除了上述登记范围以外，其他企业登记均属于区、县、市级的工商局登记管辖。补充：工商企业登记管理条例（1982年7月7日国务院常务会议通过）。

第1条　为加强对工商企业的管理，保障合法经营，取缔非法活动，维护社会主义经济秩序，促进社会主义建设，特制定本条例。

第2条　下列工业、交通运输业、建筑业、商业、外贸业、饮食业、服务业、旅游业、手工业、修理业的生产、经营单位（以下统称"工商企业"），都应当依照本条例的规定办理登记：

①国营工商企业。

②合作社营和其他集体所有制的工商企业。

③联营、合营的工商企业。

④铁道、民航、邮电通信部门及其他公用事业单位所属的工商企业。

⑤省、自治区、直辖市人民政府认为有必要办理登记的其他工商企业。

第3条　工商企业登记主管机关，在中央是国家工商行政管理局，在地方是省、自治区、直辖市和市、县工商行政管理局。工商企业除全国性公司外，一律在所在市、县工商行政管理局办理登记。

第4条　申请登记的工商企业，应当是直接从事生产经营并实行独立核算的单位。工商企业所属的非独立核算的分支机构，由该工商企业统一申请登记。

第5条　工商企业应当登记的主要事项：企业名称、地址、负责人姓名、筹建或者开业日期、经济性质、生产经营范围、生产经营方式、资金总额、职工人数或者从业人数。

第6条　工商企业只准登记和使用一个名称。在同一市、县境内，不得使用已登记的同行业工商企业的名称。

第7条　开办工商企业，需要进行基本建设的，应于建设项目批准后30日内，向市、县工商行政管理局申请筹建登记。工商企业建成后，应于投产或者开业前30日内，向市、县工商行政管理局申请开业登记。

第8条　开办工商企业，不需要进行基本建设的，不办理筹建登记，直接申请开业登记。申请开业登记，应于开办企业批准后 30 日内，向市、县工商行政管理局办理。

第 9 条　工商企业申请筹建或者开业登记时，应当根据国家规定开办工商企业审批程序及有关规定，分别不同情况，提交下列文件副本：
①开办企业申请报告及主管部门批准文件。
②县以上计划部门或者人民政府批准文件。
③其他有关文件。
外贸企业，联营、合营工商企业，合作社营及其他集体所有制工商企业，申请筹建或者开业登记，除提交前款规定的文件副本外，还应当提交企业章程。

第 10 条　市、县工商行政管理局，对工商企业筹建或者开业的申请登记，经过审查认为符合本条例规定，应当核准登记，发给筹建许可证或者营业执照。工商企业凭借筹建许可证或者营业执照，到银行开立账户，进行筹建或者生产经营活动。
未经核准登记的工商企业，一律不准筹建或者开业，不得刻制公章、签订合同、注册商标、刊登广告，银行不予开立账户。

第 11 条　工商企业改变企业名称、经济性质、生产经营范围、生产经营方式，应当按照有关规定于批准后 30 日内，向市、县工商行政管理局办理变更登记。其他登记事项如有变更，应当在年终向市、县工商行政管理局书面报告。

第 12 条　工商企业歇业时，应当按照有关规定经批准后 30 日内，向市、县工商行政管理局办理注销手续，吊销营业执照。工商企业停产或者停业要一年以上的，视同歇业，应当办理注销手续，吊销营业执照。

第 13 条　工商企业合并、分立、转业或者迁移时，应当按照有关规定于批准后 30 日内，分别不同情况，办理开业登记、变更登记或者歇业注销手续。

第 14 条　工商企业在办理登记时，应当缴纳登记费。登记费金额由国家工商行政管理局规定。

第 15 条　各级工商行政管理局对于工商企业的申请登记，经审查符合本条例有关规定，应予及时办理，不得无故拖延。

第 16 条　工商行政管理局应对工商企业的登记数据和其他有关数据建立企业登记档案，按照专业档案进行管理。

第 17 条　工商企业必须按照国家的政策、法令和核定的登记事项从事生产经营。各级工商行政管理局有权对所管辖地区内的工商企业进行监督检查，工商企业应当提供检查所需要的文件、账册、报表及其他有关数据。

第 18 条　工商企业违反本条例规定有下列情形之一的，工商行政管理局应当根据不同情况，给予批评教育；情节严重的，给予警告、罚款、通知银行冻结其存款或者撤销其银行账户、勒令停办或者停业、吊销筹建许可证者营业执照的处分：

①未经登记擅自筹建或者开业的。

②违反核定登记事项进行生产经营不接受劝告或者不按照规定期限改正的。

③登记中隐瞒真实情况、弄虚作假的。

④伪造、涂改、转让筹建许可证或者营业执照的。

工商企业利用营业执照为合法形式从事非法经营的，其非法所得应予没收。

第 19 条　中外合资经营企业及外国企业常驻中国代表机构的登记管理办法，按照有关规定执行。

在中华人民共和国境内的外国企业的登记管理办法，参照有关规定执行。

第 20 条　个体经营户的登记管理办法，按照有关规定执行。

第 21 条　本条例的施行细则，由国家工商行政管理局制定。

第 22 条　本条例自公布之日起施行。1962 年 12 月 30 日国务院发布的《工商企业登记管理试行办法》同时废止。

（三）申请工商登记流程

针对在中国内地的工商申请流程，笔者将其整理为以下简单的表格描述，通过表格的每一步内容，让创业者对中国内地当前的工商登记流程规定，并能够快速地理解及应用。见表 4-2。

表 4-2 中国现行申请工商登记流程整理

流　程	所　需　材　料
查名	全体投资人的身份证或营业执照复印件
整理资料	1. 公司董事长或执行董事签署的《公司设立登记申请书》 2. 公司申请登记的委托书 3. 股东会决议 4. 董事会决议 5. 监事会决议 6. 章程 7. 股东或者发起人的法人资格证明或自然人身份证明 8. 董事、监事、经理、董事长或者董事的任职证明 9. 董事、监事、经理的身份证复印件 10. 验资报告 11. 住所使用证明（租房协议、产权证） 12. 公司的经营范围中，属于法律法规规定必须报经审批的项目，需提交部门的批准文件
验资	
报工商局审批	
核发营业执照	办理税务登记证流程 提出登记申请，提供营业执照和有关证件 领取税务登记表，并如实填写有关内容
报送税务登记表	审查税务登记表及提供有关文件及证件
案头核审	
审批	打印税务登记表
领取税务登记表	1. 《企业法人营业执照》原件、复印件各一份 2. 《组织机构统一代码证》原件、复印件各一份 3. 《验资报告》原件、复印件各一份 4. 企业章程或协议书或可行性研究报告或合同书原件、复印件各一份 5. 法定代表人、财务负责人和办税人员的居民身份证原件、复印件各一份 6. 经营地的房产权或使用权或租赁证明（加贴印花税）原件、复印件各一份

参考资料：MBA 智库网，本书调整后重新撰写。

五、知识产权法规

当今经营企业,无论是新创的小型企业,还是成熟的大企业,对于知识产权的关注及应用都是重要的。知识产权具有两种属性,一种是私有、专用的属性,另一种是公有、公益属性。私有、专用是给予权利人一定时间的排他性(excludability),权利人在这期间也得努力实践,从而获取最多的经济利益。相对地,非权利人为了使用或商业需求,可能采取授权许可、绕过或采取其他商业战略。而公有、公益的性质,是当权利过了专用期之后。例如,专利权、著作权是属于全人类共享,而商标权能持续专用的设计,则是避免消费者在消费市场内的混淆,本质上也是公益性质的设计。

本书仅就创业阶段时,对于知识产权中的专利权、商标权、著作权及商业秘密,进行基本的介绍及应用概述,若需要深入了解法律制度及内涵,还需要另外补充阅读专论书籍。

(一) 专利权

最早的专利制度初见于 15 世纪的威尼斯共和国,是贸易商与政府海关之间的专门进口特许权,贸易商获得进口的垄断权,政府获得高额税金。但随着制度的发展,专利权到了 17 世纪之后,成为鼓励科技发明的重要制度,为奖励发明人而给予一定期间的专售权,但过后该知识或技术也将成为全民共享的公共财产。

当前,从 19 世纪的《巴黎公约》(*Paris Convention*)之后,基本上建立一个完整的工业财产权规范架构,会员国逐步将专利权的主要内容分为权利内容的授予、实施及保护,同时,要求各会员国之间相互承认、认证、协同保护等,其终极目标在于促进工业现代化的发展。今天全球各国专利权基本以《巴黎公约》及《专利合作条约》(*Patent Cooperation Treaty*, PTC)为范本,通过法律机制给予发明人一定期间内的垄断权利,发明人要完整及诚信地公开创造发明的成果作为交换,垄断期限过后使公众共享其创造发明的知识,也能让知识及科技研发不会重复浪费,可以直接以这个先前发明为基础,继续突破及专精。这种专利制度也有利于科技与经济提升,造就今天科技昌明的环境。

如果要专论专利权的各项机制与法律条文,恐怕需要一本专书的分量描述撰写。本书仅针对创业者、关注创业者的基本专利权进行介绍，相关必要知识如下：

1. 先申请主义

根据《巴黎公约》之后的规范惯例，不论发明先后，同一发明有两人以上提出专利申请案者，先申请者先准予专利。因此，对于研发过程中的保密、申请时机等，新创公司不能轻视相关规定。

2. 审查主义

各国均需要对本国及外国申请专利者，积极且主动地对专利申请案做实质的技术审查。

3. 公众复审主义

申请专利权后，当各国公布专利权的正式公文出台后，若他人针对新专利有侵害自身权利的质疑时，可提供相关文件向专利机关提出质疑。一般而言，这个公众复审的期间多定为3个月内。若超过各国规范的公众复审时期，新的专利权有侵害旧权利时，则由法院针对双方事证进行审理。

4. 专利权条件

首先，单纯的概念并无法获得专利权的保护，必须是能用于实践的设备、器械等，才符合专利权的申请要件。而专利权取得的适格要件，包括下列三项，产业实用性、新颖性、创造性。

（1）实用性（utility）。该技术或发明必须达到发明专利、新型专利或新式样专利目的所述之功效。

（2）新颖性（novelty）。该技术或发明在提出专利申请前，并无任何相同之发明公开在先。在外国已公开的专利和技术，在本国申请专利必须遵从优先权（right of priority）的规范办理。

（3）创造性（creativity）。该技术或发明相对于既存技术而言，即申请专利之案件是否对熟悉技术之人而言属显而易知。

5. 优先权

优先权（right of priority）原则在于修正国际技术"新颖性"原则，由于专利法的"先申请主义"及"属地主义"的基本原则，在第一国已申请专利权之后，无论许可专利权与否，权利人到第二国申请时得主张优先权，将申请日往前调整至第一国的申请日。虽然可能会减少在第二国的专利权保护期限，但这是符合第二国的"新颖性"原则，也能杜绝有心人士抢占申请专利的可能性。

6. 申请日与保护期限

专利权人向各国相关部门提出申请，包括提出专利申请书、说明书、必要图式及宣誓书，经由程序审查，确定其申请书的程序是否符合规定，再行分类，自国内现有专利数据库中检索相关前案及数据，进行实质审查，比对审核该案是否符合实用性、新颖性、创造性等，经审查认为未违反专利法规定，才授予专利，并作审定公告，暂准发生专利权的效力。公告3个月确定后，自确定公告之日起给予专利权并发证书。

一般而言，发明专利权是自申请日算起20年。但新样式或新设计不会跟发明专利有一样的保护期限，这部分各国规范多数在10～20年之间。但笔者强调，专利权的期限是自申请日起计算，且攸关专利实质审查有被拒绝、再审的可能性。因此，撰写申请书、技术描述、权利要求（claims）的内容时，笔者建议，创业者除了自己本身高度参与撰写外，还要委托风评良好的专利申请服务机构，能够加强对新创企业的权利维护。

7. 不得申请专利的领域

根据巴黎公约至世界贸易组织对知识财产的规范，多数国家的法律中设有禁止申请专利的条文，这些条文大致上的最大公约整理如下：

（1）生物的新品种，应有品种保护法规加以规范。

（2）人体或动物疾病的诊断、治疗或手术方法，但延伸的器械、仪器得申请专利。

（3）科学原理或数学方法。

（4）游戏及运动的规则或方法。

（5）借助于人类推理力、记忆力才能执行的方法或计划。

（6）发明妨害公共秩序、善良风俗或卫生者，部分国家没有这一限制，将其精神授予审查单位作为判断参考而已。

（二）商标权

商标权其实是起源最早的知识产权制度，在东西方古文明中的部落图腾就是具体的商标，用以区别领域及让族人识别。直至商业发展开来之后，这种图腾文化融入商号、符号、颜色。在1883年的巴黎公约之后的制度设计，将商业用途的两大标示"商标权"及"产地标示"作为国际规范架构。

讨论商标的使用时，要先注明一个基本概念。各国有法律强制公司注册

"工商登记"时的名称，但对于商标权，并没有强制注册、申请，但是若没有经过完整的商标权利设定、申请，当新创企业逐步被市场注意到的时候，很可能该商标会被有心人士先行注册，该权利反而无法被自己专用，将面临新创企业初期就"改弦更帜"的窘境。因此，就笔者个人的建议而言，在工商登记之前就应该进行完整的商标搜寻及设计。

当商标权被搬上国际舞台进行讨论之后，其功能商标法是被用来预防他人使用相似的标志而造成消费者混淆，但它无法预防他人在不同商标下，制造或销售相似的产品或服务。因此，本书归纳申请商标权的基本好处：

（1）可以使大众意识到登记者对该商标的拥有权。
（2）对他人违反商标使用提出相关诉讼。
（3）有助于得到国际商标权利的承认。
（4）可以保护商标免于受进口商品的侵害。

与前文的专利权相同，本书无法将商标权的各项机制与法律条文逐一解析，仅针对创业者、对创业的商标权基础作简要介绍，相关知识如下：

1. 申请主义为主，审查防弊为辅

一个经过设计的标识，能彰显自己企业的独特标识构造，若与他人已取得的商标权标识相同或近似，可能会造成消费市场的混淆，所以，审查单位会以此为基础加以驳回。因此，商标法对于商标权，是采用注册主义。就一个标识，先申请注册而获准的人，取得商标权，没有注册或后申请注册的人，不能取得商标权。设计好的标识，若与他人已取得商标权的标识相同或近似，就不能使用，否则会构成侵害他人商标权。

另外，只有通过各国商标专责机关的审查程序，确认这些商标除了没有与已取得商标权的标识相同或近似，也没有各国国内依照法律、国情所禁止的符号内容，才能通过该商标权的申请。确认商标权注册后取得的权利范围，就这个权利范围许可的文字、图形、颜色、联合组成或音符进行广告宣传，这些积累的质量在消费者心目中才会转化成为商品或服务的识别程度，最终成为优良品牌。

2. 公众复审主义，杜绝恶意抢注

商标法原则上是采用注册主义，通过注册先取得商标权，若没有被注册的商标权，基本禁止他人使用。但如果有人纯属巧合或恶意，采用相同或近似于他人已经使用但未注册取得商标权的标识，并去申请商标注册，基于先注册先取得商标权之原则，提出商标注册的人可以取得商标权，而先前已经善意使用的人，可以继续原使用的商品或服务。如果先使用者仍用该标识作为商标，商标权人不得禁止善意先使用者再使用，但可以要求先使用者在同一商标上，附加适当的区别标示，让相关消费者得以区分是来自不同的商品或服务。

不过，相对地，假设有人基于恶意。例如，契约、地缘、业务往来、竞业关系或其他因素，知晓新创公司使用的商标未注册，因而进一步抢先注册取得商标权，故意使用相同或近似的标识去申请商标注册，恶意抢注的产业行为，各国多设有禁止或可声议条文，主管机关可以拒绝该权利的申请注册，若主管单位不知道有此项恶意而准其商标注册，受到侵害的权利人还是可以依法申请评定，要求撤销这种商标抢注的内容。

3. 商标权的内涵

一般而言，商标用以识别某商品、服务或与其相关具体个人或企业的显著传统标志，包括：①图形。②文字。③颜色组合。④立体图像。⑤以上内容的联合形式。

近年，有些国家增加了新的可商标化内容：①声音。②气味。

4. 申请日与保护期限

一般而言，商标权的开始是自申请日起的十年。但是，与专利权不同的两个地方是，商标的申请多数审查程序不会太久，尤其现在借助电脑搜寻等工具帮忙，多数商标申请能在一年之内完成全部程序。另外，只要符合有实质营运的前提条件，商标权可以有无限次数的延长权利期，持续保留商标权并维护它，企业目标是百年老店、千年老店，都不是难事。

（三）著作权

在本书第五章将探讨创业制造的议题，其中，会提到所谓标准作业流程（standard operating procedures，SOP），这些很可能是新创企业自创的工作模式，虽然无法申请专利、商标，但其内容是创业团队的心血结晶，通过完整的归档与管理，能产生无价的企业知识资本。这些企业知识资本是以著作权的方式来管理及保护的，但这也常被创业者忽略。若看制造业龙头富士康的案例，每条生产线上的分工岗位均有一本完整的工作手册。

目前，逐渐有新创企业开始意识到此议题的重要，但能落实的做法却常不知如何建立。本书提供几点参考观点，在推动新创企业的著作权创立与管理上，可作为参考依据。

1. 主张创作保护主义，强调归档及整理

根据 1886 年的《伯尔尼公约》（全名为《保护文学和艺术作品伯尔尼公约》，Berne Convention for the Protection of Literary and Artistic Works）及之后各版本修正内容，多数国家采取创作保护主义，即著作人完成著作时就自然取得权利。如果是在不同地方完成相同的著作内容，若两个人均能证明毫无抄袭或复制，两个人拥有的著作权均可成立。这也表示，新创公司对于每位员工在岗位上创立的工作指引、工作手册或其他著作物，关键在分类整理及归档保存。最常见的就是企业员工每日创作内容，因为没有著作权管理的积极意识，最后没有保留在企业内，因此，员工离职后其创作内容就会消失，被其他企业利用，或是成为企业资源回收站的废纸。

2. 主张著作申请主义，奖励积累与出版

少部分国家采用较为严谨的做法，任何著作权的主张以有提出申请出版物为准。当然，这也包括前述在创作保护主义之下出版品确实比非出版品更有明确的权利目标，因此，能累积足够的企业内著作内容，同时接续上述归档及整理。要让员工更积极地完成著作，除了与行政管理结合之外，更重要的是设置奖励机制作为诱因。在创作完成就自动受著作权保护的原则之下，员工每日完成的文件、简报或图文件等，都受著作权法保护，而这些创作除了要上传及归档，成为企业的知识产权资产外，也是要让同事自己或其他同事可以充分利用，降低重起炉灶的行政成本。

3. 著作权管理，注重行政程序及传承

从创业之初，新企业内部采用的公告文书、财务表格、业务整理或项目简报等，各单位要逐步建立一套统一格式，提供给现有员工及未来新进员工采用，若未来有更好的版本出现时，也要全体一致采用新版本的格式。所以，从创业初期就应该有知识管理的观念，建立公司数据存取与修改的权责，降低员工用自己的 U 盘携出公司文件的可能性。通过云计算增强企业对文件管理的能力，包括可以快速检索取用，可以相互参考他人成果，更要避免员工离职携出文件。知识系统使用的监视、管理制度也很重要，它可以避免整个知识管理系统的智能成果被不法下载、泄漏或使用，从而造成企业重大损失。

（四）商业秘密

事实上，我们中国老祖宗就很习惯使用商业秘密之法，到处可见所谓

"不传之密""独门配方""祖传技术"等，以现在的商业竞争中通过方法、技术、制程、配方、程序、设计或其他用于生产、销售或经营的信息，都能称为商业秘密。然而，若被企业称作商业秘密者，也必须有一些基本的要求，包括：

（1）非一般涉及该类信息之人所知者。

（2）因其秘密性而具有实际或潜在之经济价值者。

（3）所有人已采取合理之保密措施者。

基本上，商业秘密可以区分为技术秘密及商业信息两种，前者与专利权成为一种互补的权利，积极保护该技术本身，也不会通过专利权的申请将技术公之于世。例如，可口可乐的配方及调配方式属于技术性秘密。后者涉及商业经营有关的各类信息，如顾客名单、营销计划、财务报表、受雇人信息等，这类信息可能有时间性、地区性或特定目标，因此，也能算得上是著作权的另类补充。例如，《武林秘笈》是著作但不会出版发行，还是练武大侠极力保护的标的。

商业秘密法的立法目的，是在强调专利权与著作权两者的公开，而商业秘密强调积极保密，用来作为另一种产业秩序模式。保护商业秘密的终极目标，是将秘密本身具有的实际或潜在经济价值，在工业技术或商业经营的部分给予一个特例保护，且不需强制公开。但也特别补充，若商业秘密的本体涉及不法。例如，调制对人体有害的食品复方添加物、销毁逃漏税的单据等，均不能作为商业秘密给予保护。对于新创企业而言，如何能积极保护刚刚萌芽的商业机密，本书粗浅地建议做法如下：

（1）与所有接触该特定营业秘密的员工约定"保密协议"。

（2）就该被列为营业秘密之资料，限制阅读或接触，并禁止在公司内部广为流传，而阅读或接触该项数据的人应被告知该项数据的重要性与机密性。

（3）对于以书面形态记载的营业秘密，标明"机密"或"限阅"或其他类似的记号。

（4）对于以书面形态记载的营业秘密，严格管制影印份数。

（5）企业与被授权人或其他外部人员讨论该项营业秘密时，该被授权人或其他外部人员必须同意甚至签署保密协议，保证不对外泄露该项数据。

（6）企业制订保全计划并做好保全措施。例如，要求研发人员对其办公处所随时上锁、限制访客接近存放机密的处所等。

"合理的保密措施"当然不仅是以上内容，更重要的是建立新创企业的创业家必须有此意识，为保护商业秘密最重要的文件，企业应就所有营业秘密加以整理，确定哪些信息是有价值的营业秘密，并采取必要措施以保护该项秘密，则可以使员工明确认知其秘密性，未来在相关诉讼上亦可作有利之认定。

◎ 本章总结

很多尚在大学或刚刚毕业不久的创业者，都为创业初期的琐事忙得晕头转向，无暇顾及创业的法律问题、适法讨论，更没有所谓的假期。但是，法律是国家颁布的社会标准，行业内若有领先龙头企业，更等着这些新创企业触法，然后，用国家法律系统就能清除掉后进的挑战者。本书仅就为何需要了解法律、工商登记法律、优惠政策、知识产权相关议题进行说明，欠缺各行业内的规范法律、税务法律。

以下简要总结新创企业时有关的法律注意事项，尤其作为企业负责人时必须要特别注意：

（1）经营公司必须先向有关机关登记，如果未进行工商登记而先行营业，一旦有任何事件的发生，除了公司法规的责罚之外，还有民事责任、刑事责任的无限赔偿要求。因此，创业的第一件事情就是根据政府规定进行注册。

（2）有关最低资本额的限制须符合各国各地区的法规，部分国家保留有最低资本额的要求，中国也有这项规定。

（3）有关行业内的各项法规。例如，饮食行业要符合食品安全的规范、医疗行业要满足政府对医疗院所设置的标准等。同时，财务的编列、所得盈余交税、人员要符合政府要求的福利规定。

（4）有关知识产权的基本要求，虽然积极创造与保护是很多新创企业难以达到的，但至少要做到减少侵权事件的发生，包括专利权、商标权及著作权的侵害。事实上，新创公司最普遍的侵权事件就是使用非授权的商业软件。创业者千万别以为大家都这样，不会出事情，若被员工或竞争者检举，后果是不堪设想的。

（5）劳资合同上的规范也是本章没有提到的，事实上在公司实际运作中，公司与受雇员工常常会衍生出的薪资、知识产权、营业秘密、竞业禁止等相关纠纷，但从实际上来说，若是资方单方面地约束受雇员工，且并未提供对价的补偿，在有纷争诉诸仲裁时，主管机关会认为竞业禁止约款是一种违反宪法上受雇者工作权的约定，应视为无效。

◎ 重要名词

1. 世界经济论坛（world economic forum，WEF）
2. 大众创业、万众创新（encourage people to do business creatively and drive innovation）
3. 公司法（company act）
4. 股份有限公司（limited liability company，LLC）
5. 世界贸易组织（world trade organization，WTO）
6. 亚太经合组织（asia-pacific economic cooperation，APEC）
7. 合伙企业（partnership）
8. 知识产权（intellectual property rights，IPR）
9. 排他性（excludability）
10. 专利权（patent）
11. 《巴黎公约》（Paris Convention）
12. 专利合作条约（patent cooperation treaty，PTC）
13. 商标权（trademark）
14. 著作权（copyright）
15. 《伯尔尼公约》（Berne Convention）
16. 商业秘密（business secret）

◎ 问题讨论

1. 创业者在创业初期需要留意哪些法律上的问题？有哪些可咨询的渠道？
2. 创业者如何从当前法律中寻找可能的奖励机制、政府奖助项目的机会？
3. 知识产权是依靠法律系统维权，创业者如何通过知识产权系统维护创业过程中的权益？
4. 如果遇到一些创业上的法律纠纷，如何寻找可信任的诉讼代理人？

参考文献

[1] 莱恩. 创业头条：16位硅谷科技新贵的成功法则［M］. 孙莹莹，译. 杭州：浙江人民出版社，2015.

［2］刘江彬.智慧财产管理总论［M］.台北：华泰文化，2004.

［3］张平．知识产权法［M］．北京：北京大学出版社，2015.

［4］周延鹏．知识产权——全球营销获利圣经［M］．北京：知识产权出版社，2015.

［5］章忠信．著作权法的第一堂课［M］．台北：书泉出版，2006.

［6］刘江彬，陈桂恒．中国大陆营业秘密保护机制及执法研究：实务观点［M］．台北：华泰文化，2014.

第二部分 创业技能

第五章　创业期制造管理

硅谷个案：Oculus VR

1992 年出生的视频游戏界大神帕尔默·拉奇（Palmer Luckey）成功地做了一件曾经许多人都失败过的事情，他通过研究和改进过去淘汰的虚拟现实硬件，并且在虚拟现实界先驱人物马克·伯拉斯（Mark Bolas）和他的学生的帮助下，突破过去大家在技术上的障碍，集大家所有开放源代码的创新成果，最终在 2012 年 4 月完成了第六代自制虚拟现实设备原型机，并将其命名为 Rift（裂痕）。拉奇能够成功地研发出这台 Rift 原型机，得益于他目前所处时代开放源代码技术的不断进步，以及他在虚拟现实技术论坛中许多人的帮助。

2012 年 4 月，游戏编程界传奇人物约翰·卡马克（John Carmack）借用拉奇的 Rift 原型机成功演示游戏《毁灭战士 3》，不仅仅向众人展示了什么是游戏的美感，更多的是通过原型机给大家带了刺激的体验。这个消息吸引了当时任流媒体游戏公司 Gaikai 首席产品官布兰登·艾瑞布（Brendan Iribe）的关注，通过与拉奇见面和观看演示后，他对演示十分满意，最后他拿出十多万美元作为种子基金投资拉奇这个作品，Oculus VR 公司由此诞生。

2012 年 8 月，拉奇发起众筹模式，在 Kickstarter 上召集软件开发者出谋划策。尽管当时美国安全法规中表明在众筹项目中买卖股权不合法，捐资者无法得到股份，但 2013 年美国政府放宽了对众筹项目的法规要求。拉奇深知虚拟现实爱好者对原型机有强烈的需求，所以，众筹项目规定每位超过 300 美元的捐资者可以获得一台 Rift 原型机，并且可以利用它进行该项目软件的开发。在本次众筹中，其资金在一个月的时间内达到 240 万美元，这使得 Oculus VR 成为一家创业公司。

拉奇清楚地知道自己不适合做管理，于是他的投资人艾瑞布成为公司的 CEO。不久后，卡马克跳槽到 Oculus VR 公司当首席技术官。拉奇则继续担任虚拟现实技术的代言人。这次众筹不仅没有稀释公司股权，还让拉奇和其公司成为视频游戏界的超级明星。风投资本家后来也不断向 Oculus VR 公司进行融资，Facebooook 创始人马克·扎克伯格（Mark Zuckerberg）最后以总值 20 亿美元收购 Oculus VR 公司。扎克伯格认为，这个设备并非只能用来玩电子游戏，它也可以用在指导或教育方面。Facebook 邀请第三方来制作内容，使 Oculus VR 公司拥有更足够的资金去实现更大的目标。

公司成立后，立即面临索尼公司等大企业在虚拟现实头戴装置方面的竞争，谷歌希望将计算机展示插入到现实世界而非完全采用虚拟世界的场景，亚马逊则希望能够实现虚拟购物商城的应用。拉奇注意到在这股虚拟现实技术的风潮上曾有过许多失败，但他认为技术方面他们已经做好了准备，他相信他们拥有虚拟现实产业最棒的团队，并且坚信在接下来的数十年里，他们公司面向大众的消费品将会领先其他产品。他希望他可以实现全球所有人都拥有一台虚拟现实头戴设备的理想，并为之不断努力着。

拉奇的创业更多地可以用一个词来形容，就是"幸运"。他幸运地出生在一个开放源代码技术不断进步的时代，可以在过去众多失败的产品中总结经验，寻找新的突破。他幸运地得到投资资金和众筹资金，幸运地赶上美国放宽众筹项目的政策。对于创业者来说，一个好的创业环境不仅可以减少创业的阻碍，还可以为公司带来足够多的资金和技术支持，但更重要的是创业者所做的事情是大家所认可并且支持的项目。良好的外部创业环境、适合的创业时机、有深远价值的创业项目都是拉奇虚拟现实技术成功的重要因素。

（个案来源：《创业头条：16 位硅谷科技新贵的成功法则》，第三篇，由中山大学南方学院政商研究院 2015 级刘玲玲重新编写）

如同 Oculus 的创立过程一样，许多新创公司都得度过短期的产品试制、服务前测期，这段过程看似短暂，却也决定了后续正式营业的格局。如同怀胎十月，在胎教、养胎营养等方面十分重要，这个创业的制造期正是创业的怀胎时期，认真讲胎教、注重营养，对这间婴儿公司一定有正面的帮助。

一、原型设计

在当前的创业环境中，制造形态的新创公司比例也不在少数，尤其是以生物技术、材料工程、电子电机等专业作为发展方向的创业公司。而制造一种新商品、新设备用来取代旧的，尤其是以崭新形态问世的商品，如何让消费者能够认识，又如何在开发时期就发现后续市场营销的潜在问题，原型设计是一个重要的问题。

对于工程师而言，开发新商品无疑是一件让其非常热衷的事情，然而，市场接受与否还要看消费者是否买单。所以，原型机（prototype）的开发是关键。原型机是按照研发者设计的所有功能、尺寸、材料真实地制造出来的。可能外观上跟最后贩卖时的样子差异很大，但在不同程度的测试上，原型机有着不可抹灭的研发价值。一般而言，原型机测试有重要的六大功能（霍格里森，2013），包括：

1. 排除可能的失败因素

发明大王爱迪生曾说："经过一连串的成功实验，我终于知道有一千种材料不能制作灯泡。"真正的创新是有失败风险的，而最大限度地排除那些可能导致失败的因素的方法就是提高创新的成功率。

2. 收集更准确的要求

由于无法将最终商品推至市面，担心直接大批生产的商品不符合市场需求。因此，制作一台或少量原型机提供给试用者，不仅能获得真实的意见回馈，也能让试用者知道在图纸上无法传递的真实感觉。

3. 知道技术上的问题

通过试生产可以大致预测生产线的设计方向，同时也能从生产原型机的过程中发现可能潜在的或之前无法预测的技术问题，进而在设计上加以解决，让未来在正式生产线的运作上，可以减少系统性问题的发生。

4. 解决潜在冲突发生

通过实际的原型机制作，让可能有不同意见的设计师、工程师能真正地面对问题进行深入讨论，意见不同在制造业中是无法避免的。但如果组织管理者能够就事论事、秉公处理，利用原型机让各种不同意见被充分讨论，最终达成共识、化解分歧，这才是技术管理者所需要扮演的重要角色。

5. 提供风险投资参考

近20年来，几次金融危机的发生导致风险投资在投资初创企业时变得更加保守谨慎，即使是在规模较大及经验丰富的风险投资内部中，也面临高层希望提高获利的压力。通过已经开发完成的原型机来验证商品可信度，能降低投资风险，以增加获得投资者资金的可能性。

6. 有助于申请专利权

1880年以前，在美国申请的专利需要提交发明原型或模型，作为专利审查的必要条件之一。然而，今天美国专利局则采用书面审查制度，因为现在很多的发明专利是一种方法、软件、程序等，不需要将实体的样本送交审查，若有实体产品的发明，附上原型机是最好且最安全的方式。

在讨论完制作原型机的理由后，在制作原型机的基础规则上，知名仪器管理顾问公司——国家仪器在 2014 年一篇撰文"制作原型机的八个法则（Eight Rules for Prototyping）"中，解释创业或新项目在制作原型机的重要原则，下文八项原型机法则，笔者加以中文翻译及润色如下所述：

1. 概念是便宜的，实践是无价的

当前互联网的世界是高速发展的，随时都可能有个新创的点子蹦出，然而，没有被实践的任何创新概念都是"零"，因为能够实践的概念才有可能具有价值。本书硅谷个案中，共享经济的 Airbnb 就是将一个小创意落实，能够把这个概念变成如今市值 200 亿美元以上的新创公司。

2. 百里始于足下，设计创于纸上

现在人们大量使用计算机作为设计工具，因此，很多设计都是通过计算机工具所完成的。但是，传统的会议讨论、纸笔作图更能让创意火花迸发出来，先通过纸本绘图、标注记号开展几次初期讨论，之后再通过计算机协助精密制图，在纸本设计中可以加入很多原始的想法及设计概念，有时设计手稿能传递的信息量远远大于冰冷的计算机档案。

3. 唯有持续坚持，才能看到成果

先要了解自己的创意是可行的，然后努力把原型做出来，有些原型机是具有实体，而有些则是商业方式、营运网站等非实体原型机，若没有做出初步的原型来，便不能证明它是可行的。其次，制作原型的过程也能让他人看到创业者的工作态度，这对于需要融资的新创公司很重要，有好的工作态度才能让投资人信任，进而思考如何投资。

4. 非做单一设计，兼容多种选项

原型机既然是用作测试、讨论的，很多设计都要保留弹性空间，最好是采用模块化（modularity）的设计，这种方式能够快速迎合工程师、市场及投资人的需求，找到最可能的平衡点或设计模式。当市场最终决定了最适模块出现后，关于后续的设计扩充性、性能表现、包装、营销口号等都是简单的事情了。

5. 最终原型生产，再利用原设计

在理想的状况下，原型机就是大批量生产的机器。但这是不可能的，原型机被制造后有很多被修改的地方，上面会贴着各种卷标、签字笔记号，一次又一次地修改之后才到批量生产。很多原型机上的设计灵感、原始性能其实还有可再被利用的机会，不要急着销毁这些原型机，或许未来的工程师能从这些原型机中获得了不起的突破设计。

6. 细部分解材料，有助于成本控制

原型设计在早期阶段会耗用很高的成本，然而，在多次试验及实机测试中，人们能够发现一些材料可以替换，用更低的成本做到原本设计的功效。成本优化分析对于新创事业是非常重要的，尤其是能够将成本通过模块化设计，更能加强竞争优势。但要特别留意，成本控制与质量维持上必须先专注于满足第一批使用的消费者，然后再来谈优化成本和兼顾质量。

7. 对抗传统思考，突破成为亮点

原型设计时，很容易受到已有传统商品的左右，而不能设计出能够让消费者耳目一新的商品。因此，保持当初创业的愿景，将创新的亮点融入原型机的设计之中，能够创造出最吸引人的原始构想。

8. 保持原始设计，确保顺利展示

回到最原始的设计目的，就是要顺利获得投资人的目光，因此，好的原型机能够让风险投资者注意到，并且想要进一步获得更多的信息，创业者才能实现获得资金顺利创业的理想。大多数投资经理人的眼光只有 60 秒的注意期，因此，在这短短一分钟内，原型机的操作要掳获投资者的目光，顺利进入到下一步的洽谈。

二、少量试制

在原型机阶段已经获得实证的功能、满足市场要求之后，在大量生产之前，会有小规模的少量试制阶段。这个阶段重点在于"承先启后"，承先是指针对原型机阶段的研发进入实际生产，设计到贴近消费者使用的阶段，其表现功能与成本计算都要在少量试制中获得验证。启后则是针对未来可能的大量生产制作标准流程（standard operation procedure，SOP），尤其是复杂且精密的消费性电子商品，往往工序会有上百道之多，可能产生的作业分工人员也会有数十位到上百位之多，因此，少量试制若能完成生产手册，对后面的大批量生产将会有很大的帮助。

从原型机、原型样品的研发中，强调的是功能设计与成本规划。而到少量试制的阶段是以生产可行性为思考点，因此，会由具有生产经验的团队接手，专业委托试制、前测厂商就会有足够的研发能力、效率、质量完成少量试制，当然，也可能是创业者自行进入试制阶段；但这一部分需要的资金压力就会出现，多数到此阶段已经是获得稳定的投资机构支持，方能在此阶段顺利完成。

少量试制不容易由什么特殊理论来看，本书结合原型机与少量试制，用两个成功的个案故事来说明之。

> **华南创业个案：让康柏吃惊的富士康**

成立于 1974 年的富士康（Foxconn），从小型的塑料模具制造工厂起家一直到成为全球知名代工厂，当富士康这个品牌出现在全球消费市场中时，有多少消费者会认识到这家完全没有消费品牌的公司。消费者能识别的品牌中，包含 Apple，Dell，HP，Compaq，IBM 等，这些世界知名的个人计算机品牌中，由富士康代工的产品数不胜数，但多数消费者可能不知道这些五花八门的品牌，其实都是由同一家工厂生产的。

为什么这些大型知名品牌不自己制造商品？这是因为在 20 世纪 80 年代兴起的全球分工模式中，欧美日等国家的设计完成之后，就会寻找亚洲国家作为代工生产，这样才能保持产品的价格优势。在亚洲这些代工为主的国家中，又以中国为最大生产国，也因此有学者将 1990 年之后的中国称为"世界工厂"（弗里德曼，2008）。

1987 年，富士康赴美国设立分公司的第三年，创办人郭台铭亲自带队拼业绩，当时为了拿到康柏（Compaq）的订单，郭台铭每天像个销售员一样，亲自拿着样品到康柏采购处交涉，但美国企业对没有合作经验的外国企业十分谨慎，没有百分之百的质量保证，不会轻易将订单交给委托厂商制作。为了让康柏采购处有百分之百的信心，郭台铭在康柏总部旁兴建成型机厂，只要康柏的工程师有新设计出来，最快当天就能让工程师的设计图纸变成模型。这种惊人的加工速度和质量保证，在当时没有任何一家代工厂可以与之相比，这个来自亚洲的代工厂把康柏高层完全震惊到，双方的合作就这样开启了，且一直到后来康柏被惠普并购之后，富士康连同惠普的代工也几乎一次拿下来。

[**个案来源**：《三千亿传奇——郭台铭的鸿海帝国》（2002），**由中山大学南方学院政商研究院葛孟尧老师编写**]

> **华南创业个案：自组智能手机不是梦**
> **——深圳柴火创客空间**

2011 年，一位年轻的小伙子潘昊在深圳创立了"柴火创客空间"，寓意是众人拾柴火焰高，为创新制作者（maker）提供自由开放的协作环境，鼓励跨界的交流，促进创意的实现即产品化。潘昊引进美国硅谷发迹的创客市集模式，并且与美国业者共同成立创投公司，建立将中国创客走入国际化的经营策略。除了时常带队到硅谷参观学习，也可能飞往印度、东南亚等国以拓展海外市场，把全球对于硬件创新的需求导入深圳地区，也把深圳周边的制造实力带到全球市场。

潘昊最早在2008年的时候成立"硅递科技股份有限公司"，当时接了一些少量制作的订单，很多订单平均不到100元人民币，因此，他需要更弹性、灵活的供应上游企业，间接地，他必须学习美国人的创业车库供应链思维。现在柴火创客空间内提供基本的原型开发设备。例如，3D打印机、激光切割机、电子开发设备、机械加工设备等，并组织创客聚会和各种级别的工作作坊，只要不是太罕见的零件，基本设计都能在一两个小时内备料完毕，对很多搞创新设计的年轻人来说，这里无疑是一个天堂。柴火创客空间最大的亮相时间，应该是2015年1月4日国务院总理李克强来深圳访问期间，李克强总理特别到访柴火创客空间，并加入柴火的荣誉会员之列，让全国人民都能看到深圳的这间创新创业基地。

鉴于中国国情不同于欧美，很多欧美创业者基地就在自家车库，中国的车库创业家似乎是一种空谈。而柴火创客空间就是模拟车库创业的情境。一位深圳的业界人士表示："没人能保证他们参与的项目每个都成功，但谁知道他们会不会遇到下一个苹果？"在硬件创新、百花齐放的年代，潘昊的柴火创客空间，正酝酿着一场中国深圳硬件制造的新革命，让创新者、创业家在制作原型机、少量试制的过程中，变得非常容易且低成本。

（个案来源：柴火创客空间官方网站和多篇互联网新闻汇整，由中山大学南方学院政商研究院葛孟尧老师编写）

三、委托制造

顺利通过原型机与少量试制的阶段，真正要准备进入量产阶段，创业者得创造一个真实的工厂，而这也是最艰辛的决策过程。因为生产设备的置办不仅费用惊人，而且涉及很复杂的当地法律、文化因素等，让建立一个工厂变成赌注极高的一场博弈。因此，委托制造（commissioned manufacturing）自然成为创业初期常见的商业模式，也就是将生产制造的功能委托由第三方进行，而且这种模式不仅是创业初期如此，当今很多成熟的大型企业也都寻求这种商业模式，包括前述个案所提到的知名计算机品牌都是采用这种模式。

讨论委托制造，以下几个基本的专有名词就不得不介绍了。分别是 OEM，ODM，OBM 及 EMS，它们的名称及解释意义如下：

1. OEM

Original equipment manufacturer，简称 OEM，译作代工生产，也称委托制造，也有翻译为原始设备制造商，当然依照字面翻译比较不好理解。OEM 是指由采购方提供设备和技术，由制造方负责生产、人力和场地，进而采购方负责销售、品牌营造的一种商业模式。能够成为 OEM 厂商，通常要有充裕、廉价的劳动力，有提供国际市场所需的制造、组装产品的委托服务。在中国 20 世纪 80 年代开始的改革开放浪潮下，不少专业经营 OEM 厂商的企业在中国落脚。

2. ODM

Original design manufacturer，简称 ODM，译作代设计制造，也称即原厂委托设计代工，又译原始设计制造商，是指由采购方委托制造方，制造方包括从商品设计到生产一贯化作业，所产生的消费端产品并没有商标，也就是俗称的白牌商品（white brand or white-label product），由采购方贴上采购方的商标且由采购方负责销售的生产方式。

3. OBM

Original brand manufacturer，OBM，译作自有品牌生产，也译作原创品牌设计，是指生产商建立自有品牌，并以此品牌营销市场的一种做法。由设计、采购、生产到贩卖皆由单一公司独立完成，或者管理外包。这里要补充说明，一般企业不会强调自己是一家 OBM 的企业，因为自己设计、制造到品牌营销，这本来就是传统创业的常态模式，会用到 OBM 形容的企业，是原本作为 OEM 或 ODM 的代工厂，后来转型企图经营品牌后才以 OBM 企业称之。

4. EMS

Electronic manufacturing services，也称 ECM（electronic contract manufacturing），译为电子专业制造服务，相对于传统的 ODM 或 OEM 服务，其仅提供产品设计与代工生产，EMS 厂商所提供的是知识与管理的服务。例如，存货管理、后勤运输等，甚至提供产品维修服务。

之所以会探讨以上 OEM 到 EMS 的名词解释，主要是要跟创业者解释一个法则，创立一家公司是非常困难的，初期能简化的部分最好就让他简化掉。例如，建立一间工厂是很复杂的，风险也更高，因此，采用专业代工厂的委托制造服务，也不失为一个权宜之计。例如，我们现在耳熟能详的小米，就是标榜品牌服务、设计，但不自己营运制造工厂的典型案例。

华中创业个案：没工厂却比有工厂更牛的小米

北京小米科技有限责任公司，简称"小米科技"，成立于2010年4月6日，创业群以雷军作为代表人，是一家专注于智能硬件、智能家居以及软件开发的企业。标志的"MI"形，官方说明是"Mobile Internet"的缩写，同时也是米字的汉语拼音（不含声调）"mi"的大写，这代表小米是一家移动因特网公司。非官方的说法标志"MI"是指"mission impossible"，雷军意思是要完成"不可能的任务"。而近期小米官方另有一种解释，说"MI"倒过来形似中文"心"字，意为"为用户省一点心"。

2010年，当小米完成首轮4100万美元融资后，2011年推出新公司的第一个新产品"小米手机"，之后几年，小米一直以低价手机占领中国及邻近国家的市场。当手机获得一定市场认同之后，又推出小米手环、体重计，用来整合手机内安装的健康管理App程序，获得不错的市场反应。随后，小米在2016年3月推出"MIJIA米家"子品牌，米家是以家中的各类电子设备为主要市场，其产品功能定位为智能家庭，是以物联网为基础的智能硬件终端，包括耳机、运动相机、空气净化器、电饭煲、扫地机等智能硬件。此时的小米集团投资华米、青米、紫米等硬件公司，并将其作为长期合作委托生产的工厂。

[**个案来源**：《小米生态链战地笔记》（2017），由中山大学南方学院政商研究院葛孟尧老师编写]

四、创业生态思维

笔者在2014年开始进入研究创新与创业的领域，研究的第一个主题就是创新生态系统。事实上，创业何尝不是一个生态系统呢，从前述中国创业个案小米企业来看，创办人雷军强调的就是制造生态圈的紧密分工，其中，小米掌握研发与销售。如果我们将前述包括富士康、格力空调等中国企业创业初期的制造经验进行总结，也可以分析他们当时所处的环境及生态。

近年，当中国境内掀起创新创业的大浪潮后，各地高校开始一窝蜂地办起了创业教育，笔者也参与其中。然而，全球知名的创业区域周边会有丰富的创业教学资源吗？全球知名的创业地区中，例如，以色列、冰岛、芬兰以及美国的麻州128号公路（Route128）、硅谷（Silicon Valley）、奥斯汀（Austin）等地区，地区发展的历史都没有创业教育，这些地区都是充满新创企业后，才带动邻近的大学及研究机构投入到创业研究、教学中。因此，笔者倾向相信创业教育与区域创业的关联性不强，这并不是说创业教育对各位大学生没有帮助，而是要解释，创业教育可能不是走向区域创业生态系统的关键路径。

（一）为何要重视创业生态体系

当一个企业走向独占时，整个生产系统都是一家承揽，企业需要重视产业的生产结构关系吗？答案是不用，因为它说了算。但这也是经济学者多数导论经济市场产生无谓损失（deadweight loss）的成因。创业研究者伊森伯格（Daniel Isenberg）在2015年说："大企业让创业生态系统无用武之地，因为大公司只会掠夺创业家及其企业。"这也不一定是正确的，因为强夺之下的环境，不利于创新创业的轮动特性，最终也只能看着被其他强势的创新者取而代之。

当前随着信息发展更为畅通，市场内的各种状态及信息很难被完全屏蔽，甚至各国政府也支持产业信息的公开。因此，有很多大企业对新创企业采取防御行动，来对抗相关市场内的创业者，甚至希望用行业标准、法规或其他手段压制创业者。换个角度想，自然生态内不也正是如此吗？成年的公狮子会把非亲生小公狮子咬死，大树会遮住阳光让小树长得慢。但是，如果这种抑制作用过于强烈，反而会让物种的生存受到威胁，因此，如果大企业打击新创企业，新创企业要用更灵活的方式求得生存，在这样充满活力的创业生态系统中，新创企业的创业者要有两点心理准备：

（1）对创业家来说，成熟的大企业不仅是未来的竞争对手，更是重要的客户和市场通路。

（2）大企业会训练出中高阶主管，这些人才可能会在组织竞争中离开，而那些新创企业就是这些业界人才最好的去处。

在创业初期，创业者最需要注意影响生产与制造的三个重要因素，分别是人才质量、官僚作风及初期资金。因此，回到创业生态系统中，创业者最需要的思维是：

(1) 寻找人才。在同行业内挖墙脚容易引起不必要的纠纷，甚至会有竞业禁职的违法可能，因此，到相关却不同行业的地方去找人才吧，俗语说"兔子不吃窝边草"，道理就在于此。

(2) 避免官僚。创业聚落（cluster）容易产生真正的原因，是官僚与产业之间的密切发展。例如，在20世纪70年代末兴起的新竹科学园区，就是官僚反向思考后给予许多优惠政策，从而激发一批高科技企业形成聚落。相同的聚落在国际到处可见，波士顿、硅谷、以色列、深圳等，都是以反官僚限制高科技的思维，让新创事业得以聚集的聚落。

(3) 初期资金。笔者将这部分放在下一段作详细说明。

(二) 金钱在生态环境中的意义

创业资金往往是创业者创业初期最头痛的事情。常见政策研究聚焦讨论银行在创业中扮演的角色，但事实上，多数银行与创业之间的关联并不大。况且新创业企业初期没有雄厚的资产、稳定的收入，实在难以成为银行借贷的优良对象。也正因为如此，天使投资与风险投资变得比银行重要得多。部分天使投资及风险投资由银行转投资，让银行承担的风险与责任受到一定控制，在这种投资模式中的银行，最著名的应该就是日本软件银行了。当然，银行对于新创企业的投资也不是完全绝缘的。当企业的发展越接近成熟时，尤其是企业资金接近上市前的资金布局时，就需要稳健的银行与券商协助财务的支持，此时各国的金融系统也没有人会表示反对。

另外，笔者听闻不少专家建议让天使投资与风险投资免税，而事实上各国对这类投资人免税的情况是少见的，原因有两个：一是多数新创投资人中有少数投资人可以获得暴利，但多数投资人却是赔光投资额，况且计算下来的真实获利，不一定会是巨额的所得，就算是巨额也有很多避税的方式；二是这些暴利多数以股票形式存在，并没有像现金收益返还这样的问题。所以，大多数喊着创投减税可以刺激创业的专家，其实没把创投资金流动的问题想清楚。当然，早期英国的研究显示，对创业投资人减税有利于增加投资者的投资意愿，1994年提出的"创业投资计划（enterprise investment scheme）"，直接影响了英国及其他许多国家对于投资者的税务减免政策（黄意植、杨翔莉、邱锦田等译，2017）。有趣的是，全球知名的创业聚落加州、麻州及以色列，对于创投者的课税与一般人相同，并没有减免税赋的措施。

让创业系统内的资金能正常流通，不需要用减免税赋来讨好投资者，而是要让市场、创业者及资金拥有人活络起来，投资创业的资金也不需要严格管制，因为激励创业者真实的动机是技术。笔者认为，创业的资金环境像是水，技术环境像是核苷酸，两者相加才会产生生命，水的条件自然就好，如同老子学说中"无为而治"。事实上，在资金投资上刻意减税、免税无法被证明有助于创业，反而针对新创企业的技术创新实施优惠政策，才有助于创业活动的展开，这是本书下段的核心。

（三）创业者的创新有无解决问题

生态圈中很难有单一物种，因为只有多样物种间的交互关系才能让这个生态圈平衡。在创业生态圈中的创业者只是角色之一，这个角色能否在这生态圈成功地壮大，其实有很多的影响因素。但笔者认为最重要的核心在于有没有解决问题，这也就回归到本书第一章所谈的创业家精神，即"愿意认真解决问题"，其中，解决问题是最重要的核心要素。为了解决问题，创业者必须通过创新思维来研发技术或商业模式。

因此，围绕在创业者旁边的关键角色，除了之前提到的资金提供者，天使投资、风险投资及银行，还有一个不能忽视的关键团体：研究者。前面提到的，包括以色列、加州、麻州及中国台湾地区的新竹在内的创业聚落，周边都有强大的研究机构作为技术知识的后盾。在此，要特别提到的是美国的生物科技创业重镇麻州波士顿，先前有很多文献指出该地区发展如此成功的因素。20世纪70年代至80年代间，许多成功的银行家及学界领袖，促进了研发生物制药领域、投资与市场的结合，才成就出非常惊人的成果。从这个角度来看，在今天的创业生态系统中，产学资三个角色反而可以视为一个子生态，而其中衍生出来的非政府组织就是很重要的润滑剂及催化剂（葛孟尧，2011）。

这些非营利组织还有一项特别重要的工作，就是协助年轻的发明者、创业家解决问题，进而引导他们愿意认真创业。美国的考夫曼基金会（Kauffman Foundation）、法国的巴斯德研究院（Pasteur Institute）、中国的中国科学院及中国台湾地区的工业研究院，都是以技术研发为背景的非营利组织。当然，有很多的大学、教授研究室及独立发明人可以作为技术的温室，让创业者拥有创业最核心的关键资源——解决问题的能力。

(四) 新创公司重质而不重量

这是笔者对于"大众创业、万众创新"相关政策的一些个人看法。激励全国人民勇于创业、创新是无可厚非的，但如果鼓动全国人民都去创业，人人都去做企业老板，那么谁来做员工呢？这恐怕会是另一种经济灾难的开始。

因此，各国政府在激励青年创业的政策和措施上，会增加一些控制品质的条件。例如，大学生创业的项目中要求指导教授注明意见，必须是科研领域的硕博士才能申请立项等，这些都是质量的管制，但笔者认为，这种管制效果如何，还缺乏深入的实证研究。另一种说法是从大学衍生新创公司的研究中得出的，认为鼓励创业能带动新公司征人招工，有利于总体经济发展、降低失业率。然而，外国大学在衍生新公司的实证中，是指已有一定基础的技术、研究人员、师生团队进行公司化的过程，而非是指全民创业浪潮下的创业者，两者在创业成功概率的计算上完全不一样。大学生创业的失败率高达九成以上，而且这些失败的创业者多数会回到职场就业，因此，用全民创业的方法来降低失业率，这条思路无论是思考或实证都是行不通的。

先前有研究指出，如果经济结构过于倾向小型企业的发展，反而会与经济成长呈现负相关，也就是说，如果要总体经济增长，大型企业与新创企业的成长之间必须有个调和机制。据美国近几年的经济数据显示，经济数据变好的一年，就业人数增加、创业人数及新创企业数变小。因此，当全国性的经济政策真的想以鼓励创业的形式来刺激总体经济，在这个系统中的创业质量会远重于数量。在战略管理中早有模拟生态的思维，所谓"K战略"与"r战略"正是如此，K战略是指对下一代采取少而精的繁衍战略，生态系统中越高级的生物越是如此，而相对较为低等的生物都是采取大量繁衍的"r战略"（Hirshleifer, 1977）。创新可以用r策略的方式，来实现万众创新，但是，创业得用"K战略"慎重思考，重质而不重量。

笔者近几年除了讨论创业的"生态系统"，更多心力则是放在创新生态系统的研究上，因为不少学界人士批评这个词汇已经是老生常谈，所以，无法明确定义和深入研究。但笔者认为所谓的生态思维，如同中国太极拳的精神一般，重视形意而不重招式，不去追求数量统计、主观访谈，而是客观地、公正地站在旁观者的角度进行质性、量化多面向的分析，我们所处的现实生活中，哪一处不是我们所说的"生态系统"呢？在一个特定环境里的非生物因子。

例如，空气、水及土壤等，加上与生物之间的相互作用，并在一定时期内处于相对稳定的动态平衡状态，这种系统就被称为生态系统或生态系。

总结前文的内容，创业生态系统的思维中有三个重要的要素，分别是：

（1）创业资本流。包括愿意投资创业的天使、风险投资及银行，资金和相关基础设施，包括有形、无形资产的融资制度。

（2）创业技术流。这个要素的获得需要工程师、开发人员、设计师、销售人员等，以创新思维挑战已有的问题及市场缺口。

（3）创业市场流。愿意接受新创企业的存在，同时让企业逐步成长，这是企业不断推陈出新的基础，可以获得较高报酬和更多资源，让公司不断发展创新。

生态系统就是多个独立存在个体共同居住的栖息地，而所有独立存在的个体能够生活得更好、更长久、更幸福的前提是这个栖息地的生态系统是健康的。还有一个有趣的思考点，如果创业生态圈可以被研究，那么创业生态就可以被复制、模仿，按照这个思路，北京中关村可以变成硅谷、上海张江可以变成波士顿128公路。对于这点，笔者的意见是，高程度的模仿及学习可能会有帮助，但是要弄成一模一样反而会失去其自主性，因为在生态圈还有个很难描述的存在——气压，笔者认为这与社会内的创业氛围类似，值得投入多一些研究。

华北成功案例：北京中关村的车库咖啡

在美国创业故事中，经常会提到"车库"这个地方，但是，在中国的房屋建筑中却鲜有车库这样的设计。中关村，这里原是北京购买3C、通讯及互联网设备的销售地，有不少IT科技公司的北京办公室设置于此，因此，几位天使投资人聚集在北京中关村，找了一个约700平方米的地方，放了三十多张桌子，建了个吧台，挂起了个招牌"车库咖啡"，但这个位于二楼的"车库"，并不能真正地停车。这些创办人兼天使投资人衷心期待，在未来的某一天，在"车库"里喝咖啡的人也能创造出中国的苹果计算机或是中国的谷歌。

车库咖啡成立于2011年4月，商业注册名为"北京创业之路咖啡有限公司"，车库咖啡并非"喝咖啡，聊是非"，而是以"创业、融资、商业交流"为主题的咖啡厅，里面的咖啡只是商业的催化剂而已。在车库咖啡里的都是想创业、想投资或找合作团队的人，他们在车库咖啡点一杯咖啡，可以坐上一整天，等于说用消费一杯咖啡的费用就可以享用一天开放式的办公环境。目前，车库咖啡每年营业天数除去从除夕到大年初四这五天，共360天，一天24小时。平均每日超过上百人次的创业者在车库咖啡会面，共同寻找创造财富的机会。

在开张营业半年之后，2011年12月，北京中关村管理委员会授予车库咖啡"创新型孵化器"牌匾，并把它纳入中关村创业服务支持体系之中。创业代表人可以在车库咖啡平台和各类官方创业服务支持政策实现无缝对接，创业团队也可以向车库咖啡提交申请，由车库帮助创业者注册公司，若创业团队获得了车库咖啡内的投资顾问认证，就可以拿到合作银行的无抵押贷款，虽然金额不大，但对于初期的新创公司已经是非常受用了。2016年4月，车库咖啡开业5周年，公司规模已经近百名员工，同时宣布车库咖啡将会走出北京，在海南省海口市龙华区复兴城创新创业园区内开设第一家分店，当海口的分店开业后，立即涌入十多家当地网络创业团队入驻等待孵化。

2016年5月底，车库咖啡携人民币2亿元专项基金，在福建厦门的海沧地区开设了第二家分店，计划打造一个大数据和创业、创新的众创空间。而在中关村内，仿效车库咖啡的其他咖啡店、创投平台也越来越多，包括车库咖啡及其跟随者"车库们"能否持续交出一张张靓丽的孵化成绩单，是否真的能带动中国式的创业，我们等着时间给予读者答案。

（个案来源：车库咖啡官方网站及相关互联网新闻内容，由中山大学南方学院政商研究院葛孟尧老师编写）

五、进入工业4.0的创业

进入高速互联网时代，很多思维都必须被重新构建和塑造，本书每章的硅谷个案中几乎都与互联网的创业有关，本章个案则是集合互联网、众筹及硬件制造。本章的最后一节，以"工业4.0"为主题，来说明当今创业者对当今制造问题的基本认识，并延伸一些必须了解的制造业趋势。

工业4.0（Industry 4.0）这个概念，较为具体地出现在2011年德国汉诺瓦工业博览会上，且被强调这不是第四次工业革命，而是德国制造业结合科技发展的一种生产方式。2012年10月，由罗伯特博世有限公司的Siegfried Dais及利奥波第那科学院的孔翰宁组成的工业4.0工作小组，向德国联邦政府提出了工业4.0的实施建议。在2013年4月8日的汉诺瓦工业博览会中，工业4.0

工作小组提交了最终报告。由于容易被误解为第四次工业革命，部分文献采用"生产力4.0"的说法。接着，在2013年德国联邦教研部和联邦经济技术部将工业4.0纳入《高技术战略2020》的十大未来项目，该项目投资金额预计达2亿欧元以上。工业4.0项目集中在提升制造业的计算机化、数字化和智能化方面。

> 补充理论：第四次工业革命

第一次工业革命是指18世纪中叶发明了蒸汽机，机器生产代替手工劳动后，人类将多余的体力用于科学发明的技术革命。

第二次工业革命是指19世纪末期发明了电力系统，让蒸汽动力变成电动马达、照明等，从而使人类的制造能力、行动能力大幅度提升的时期。

第三次工业革命是指20世界中叶发明了半导体，衍生后续的个人计算机、网络的普及，让人类社会工业的水平超越前几个世纪的总和的重大变革。

第四次工业革命目前还没有明确的界定，有学者把德国的工业4.0作为第四次工业革命，也有学者采用2014年所发表的人工智能（Schwab，2017）作为第四次工业革命，无论如何界定第四次工业革命，21世纪初期的这场技术革命，包括植入技术、数字化身份、物联网、3D打印、无人驾驶、人工智能、机器人、区块链、大数据、智能城市等，都值得有志创业者了解与思考。

工业4.0的发展目标与以前不同，它着重在将现有的与工业相关的技术、销售及产品体验整合起来，形成一个从原料到制造再到商品的完整体系，尤其在商业流程及价值流程中提升客户和商户之间的依存度，包括提供完善的售后服务、智能型整合系统及物联网社会等。当德国提出这个工业4.0的概念之后，美国国内也提出一个名为"智能型制造领导联盟（Smart Manufacturing Leadership Coalition，SMLC）"的组织，该组织的目标是致力于制造业的未来，领导联盟成员由制造业公司、供货商、技术公司、制造商集团、大学、政府机构和实验室所组成，形成一个大型的非营利性组织，以振兴长年积弱不振的美国制造业。

在太平洋的另一边，中国政府也推出了"中国制造2025"的概念，用以回应德国的工业4.0及美国的SMLC。原则上其概念内容和工业4.0及SMLC相似，但有很多内容是在产业政策的指导下实现的，包括制造产业的质量提升与数量增加，这些内容于本书后面会略作描述。针对工业4.0的浪潮，本书摘录与整理了一些与当今制造业相关的资料，以供读者参考。

（一）大资料

大资料（big data），又称大数据、巨量资料。传统意义上是指一般例行性的业务产生的重复数据。例如，销售数据、医疗数据或车辆行进路线等传统数据，但是，传统数据并没有相同格式、储存方式。直到近几年，通过高度的自动化数据系统，这些销售、医疗或路线的数据都被完整地、格式相通地保留下来。进一步能通过数据处理应用软件处理分析，形成一套系统的、能归纳的、能有效预测的逻辑。这套逻辑不仅可以用在察看商业趋势、判定研究质量、避免疾病扩散、打击犯罪或测定实时交通路况等方面，更可用在搜捕恐怖分子及预防袭击活动方面。例如，本书第四章的案例 Palantir 就是采用了大数据分析的方式。

传统的个人计算机几乎无法使用大数据进行分析，必须在计算机内建立专用的数据库管理系统。这些系统包括数十、数百台甚至数千台服务器，以及专门设计用作分析与辨识规则的统计软件，这些加起来就是大资料最核心的部分。大数据的用处取决于持有数据组的机构，以及其平常用来处理分析数据的软件之能力，对某些企业而言，这些长年积累的数百万的数据量，可能让他们无法整理和解读。然而，有些企业却能从一些简单的数据量中，找到具有价值的共通规则并加以应用。因此，创业者在商业、经济及其他领域中成功的关键在于，将做出的决策基于大数据的分析，而并非基于经验和直觉。

大数据时代的来临虽然带来无数的机遇，但是，与此同时个人和机构的隐私也大有可能受到冲击。即便大数据包括各种个人信息，但现有保护隐私的法律或政策还无法解决新出现的问题。有人提出，在巨量资料时代，个人是否拥有"被遗忘权"，被遗忘权是指个人有权利要求数据商不保留自己的某些信息。但是，巨量数据时代的信息多被某些因特网巨头所控制，且数据商收集任何数据未必都获得其用户的许可，所以数据商对其对数据的控制权是不具有合法性的。

（二）SCADA

接连大数据时代的是数据采集与监控系统 SCADA（supervisory control and

data acquisition），它是一个可以自动收集有用的数据，同时监控及控制各收集设备的集中式系统。系统中大部分的控制是用远程终端控制系统（remote terminal unit，RTU）或，可编程逻辑控制器（programmable logic controller，PLC）操控，主系统一般只作系统监控。当越来越多的数据透过条形码、自动辨识、射频等装备产生时，SCADA 系统也变得越来越普遍。例如，结账时用支付宝扫码付款，结合终端设备对商品的辨识系统，久而久之就能累积成个人、地区、时节及全国人民消费习惯的大数据库。而进一步结合网络远程控制的商业应用，就可以挖掘潜在的商业价值。然而，SCADA 的隐患与大资料的相同，当所有 SCADA 系统都连接到互联网时，也会带来可接入性（accessibility）改变及其隐藏性威胁，其中，就包含隐私权是否能获得充足的保障。

（三）物联网

物联网的英文名称为 internet of things，缩写为 IoT，意为任何东西都能连接的网络。物联网是以互联网、传统电信网等信息媒体作为媒介，让所有普通对象实现互联互通的网络，其具体的功能就可以延伸到自动控制、感应、监测或其他新商业模式之上。当一个人身上有一个信号控制设备时，其周围的装置将可能达到 1000～5000 个。一个成熟的物联网区域有近兆个物体空间，不仅在物联网上可以查出它们的具体位置，而且可以接着通过物联网中心的计算机对机器、装置、人员进行集中管理、控制。例如，其在商业上的使用有对家庭装置、汽车遥控，以及搜寻位置、防止物品被盗等，以及自动化操控系统，同时，透过收集这些数据，最后可以整合成大资料，通过分析这些资料，可以减少车祸、更新都市、预测灾害、防治犯罪、控制流行病等，从而对社会的改变做出重大贡献。

在中国，对于物联网已进行小区域的试验。例如，上海浦东国际机场的防入侵系统，就是采用物联网的传感器产品进行铺设，从地面、栅栏到低空探测一共铺设了超过 3 万多个传感节点，该系统可以防止人员的翻越、偷渡、恐怖袭击等攻击性入侵。而上海世博会期间，会展区域向中科院无锡高新微纳传感网工程技术研发中心采购了一系列微纳传感器产品，用以监控各展场的人流、物流及保全措施。还有，济南园博园园区所有的功能性照明都采用了 ZigBee 无线技术，实现了无线路灯控制。笔者觉得最成功的试验区，应该是上海的洋山深水港区，一部分港区采用物联网的工作模式，包括装卸货柜、调度、管理等全靠物联网的系统，试验港区只需要一个人工作：看好电脑的服务器主机。

（四）机器对机器

机器对机器（machine to machine）缩写为 M2M，意思为机器装置之间在无须人为干预的情形下，通过互联网自行完成任务的一个模式或系统。这个概念与德国提出的工业 4.0、美国的 SMLC 较为相近，也就是在生产与制造上可以完全倚重机器，而且是更精确、高效能、低污染的自动化生产模式。这样的 M2M 模式，可以将生产效率提升至传统制造的数倍之多，而且，具有自我修正与调控的智能模式。举例来说，一个装置上有监控温度计，它将所侦测到的数据直接传送到后台电脑上的操控软件，该软件根据该资料将所需采取的行动，以指令的方式传回到该装置上，可以修正温度对于生产过程的影响，达到最佳制程效率。

或许另一种说法会是更加能解释 M2M 的工作模式，即科幻电影中的机器人军队。但那毕竟是科幻电影，若将 M2M 的技术加以商业设计，可能会涉及油气矿业探钻、精致农业、军队国防、政府服务、智能型城市、智能制造等方方面面，机器对机器的应用将会有更多形态的发明，在生活方面也将给予人们极大的改变。近来，媒体所讨论的电动车自动驾驶也是相同概念。例如，福特汽车与 AT&T 合作，将内嵌无线模块的福克斯汽车电动版与一个前台应用程序链接，可以让车主观看及控制车子的电池状况、计划旅程、寻找充电站以及预先打开车内空调等。

（五）中国制造 2025

中国制造 2025（made in China 2025）是由国务院总理李克强在 2015 年所提出的，是中国实施制造强国战略第一个十年的行动纲领，根据计划内容，预计到 2025 年，中国将实现从"制造大国"变身为"制造强国"的目标。这个政策是有其历史背景的，因为早在清朝乾隆盛世时期，中国已是全球最大的制造国，保守估计中国的 GDP 占全球的 30%～40%，但是，随着西方国家的工业革命开始，1850 年后的中国制造业水平急转直下，直到 1949 年中华人民共和国成立时，中国的 GDP 仅占全球的 3% 不到。之后，改革开放给中国带来能追上发达国家的机会，2010 年中国再次成为制造业第一大国。

然而，虽然中国目前是全球化之中的制造业大国，并被西方经济发达的国家称为"世界工厂"，但本质上这个大型工厂尚有很多问题。例如，部分依赖外国的设备和人员，代工和仿制的工厂性质使得"中国质量"成为多部好莱坞电影消遣的桥段。近年来，中国各地针对此现象大力改革，包括自主研发、自主创新等，强化中国制造业从上到下的自主化体系，致力打造成为具有创新经验、完整产业结构、质量逐步提升的产业体系，这其中就包括中共中央与地方政府都下达强化基础材料、基础零部件、基础工艺和产业技术基础的硬命令。目前，中国有超过200种工业产品的产量和出口量都居世界第一，其中有数十种产品的出口占到全世界出口总量的70%以上。

目前，中国国内除了在努力提高制造质量之外，尚有土地、劳力、环保成本的问题需要解决，虽然中国目前正收获到改革开放以来经济迅速发展的果实，但也不能安逸享受，而要居安思危。因此，2015年所制定的《中国制造2025》，就是基于多种外在因素所制定，主要基于以下三点考虑：

（1）应对全球新一轮科技革命和产业变革所需。
（2）金融危机后，各国制造业的发展都出现了一些新的动向。
（3）中国的制造业在许多非常重要的领域已经具备全球竞争力基础的口碑整合考虑。

◎ 本章总结

在本章撰写的过程中，笔者回想起授课时，学生们会询问一个最基本的问题，现在的创业都是做销售、代理或是加盟，创业者中投身制造业的比例应该很低吧？事实上，从国内外的成功创业个案来看，它们都有一段创业的制造期，比如阿里巴巴集团，B2B及B2C的购物平台初期，另一个重要集团腾讯，创办人马化腾在相同时期制造了一个通讯软件，这些都是创业初期的制造阶段。因此，无论是对制造业或服务业的创业而言，"制造"一个具有优势的资源、系统都是重要的，因此，本章被列为第二部分的首章。

本章建议创业者在针对创业初期的生产方式，要按部就班地从少量生产到大批量稳定的品质生产过渡。因此，原型设计的管理是创业者要学的第一堂课程，制作一个可以测试的原型机，充分取得各类实验的数据，能为日后的品质管控做巨大的贡献。若以服务为主创业，原型机的概念就是将服务先进行小群体的试验，比如，一些封闭的小区或学校，就是服务型创业的最佳原型机。少量测试或试营运也是十分重要的，可以透过少量试制完成创业初期的制度、系统建立，与前述原型机的作用相同。而当今也流行一种找代工厂委托制造的生产模式，这虽然让创业者可以致力于研发及销售，但是与委托厂的合作关系及相关管理机制是很重要的，这也是本书的重点，希望对各位创业者能有所帮助。

在当今创业思维中，创业者更加重视所谓的生态系统观点，也就是强调一个系统内的循环与均衡观点，因此，我们可以积极地吸取以色列、128号公路、硅谷等的创业聚落经验，它们都是很完整的创业生态圈，而我们也不必全盘复制或模仿这些聚落，而是吸收它们成功的经验，然后消化并组建为一个或多个中国特色的创业聚落，这才是符合创业生态系统的理论逻辑。紧接上述基本思路，本书也希望各位读者与有志创业者，能对下列名词有一些理解，最好是多方阅读。

（1）工业4.0（industry 4.0）。
（2）大资料（big data）。
（3）数据采集与监控系统（supervisory control and data acquisition, SCADA）。
（4）物联网（internet of things, IoT）。
（5）机器对机器（machine to machine, M2M）。
（6）中国制造2025（made in China 2025）。

◎ 重要名词

1. 原型机（prototype）
2. 模块化（modularity）
3. 制作标准流程（standard operating procedures, SOP）
4. 委托制造（commissioned manufacturing）
5. 代工生产（original equipment manufacturer, OEM）
6. 代设计制造（original design manufacturer, ODM）
7. 自有品牌生产（original brand manufacturer, OBM）
8. 电子专业制造服务（electronic manufacturing services, EMS）
9. 创业聚落（entrepreneur cluster）
10. 工业4.0（industry 4.0）

11. 智能型制造领导联盟（smart manufacturing leadership coalition，SMLC）
12. 大资料（big data）
13. 数据采集与监控系统（supervisory control and data acquisition，SCADA）
14. 物联网（internet of things，IoT）
15. 机器对机器（machine to machine，M2M）
16. 中国制造2025（made in china 2025）

◎ 问题讨论

1. 充满互联网思维的今天，创业者对于制作是否能够忽略？或者，互联网下的制作概念又是什么？

2. 所谓OEM是将制造生产请专业代工厂执行，有何利弊？如何避免代工厂成为自己的竞争者？

3. 从工业4.0的精神看待自动化设备的时代，对创业者的影响或挑战为何？

4. 如何能最快速地获得制造上的支持力量？学校内是否有孵化器或技术办公室？

参考文献

[1] 莱恩. 创业头条：16位硅谷科技新贵的成功法则［M］. 孙莹莹，译. 杭州：浙江人民出版社，2015.

[2] 霍格里森. 产品设计的原型与模型［M］. 杨久颖，译. 台北：旗标出版社，2013.

[3] HANKS J，DOBBERSTEIN T. Eight rules for prototyping［EB/OL］. National instrments. 2014. http://www.ni.com/newsletter/50579/en/.

[4] 弗里德曼. 世界是平的：21世纪简史［M］. 何帆，肖莹莹，郝正非，译. 长沙：湖南科技出版社，2008.

[5] 张戌谊，张殿文，卢智芳，等. 三千亿传奇——郭台铭的鸿海帝国［M］. 台北：天下杂志，2002.

[6] 小米生态链谷仓学院. 小米生态链战地笔记［M］. 北京：中信出版社，2017.

[7] 黄意植，杨翔莉，邱锦田，等．创新创业激励计划参考指南——募资与外国市场进入［M］．台北：台湾实验研究院科技政策研究与信息中心，2016．

[8] HIRSHLEIFER J. Economics from a biological viewpoint［J］. Organizational economics，1977：319-371.

[9] 斯帕特．工业4.0实践手册［M］．周军，译．北京：北京理工大学出版社，2015．

[10] KLAUS, SCHWAB. The fourth industrial revolution［M］. Crown business，2017.

[11] 巴拉巴西．爆发：大数据时代预见未来的新思维［M］．北京：北京联合出版有限公司，2017．

[12] 王华忠．监控与数据采集（SCADA）系统及其应用［M］．2版．北京：电子工业出版社，2012．

[13] 克兰兹．物联网时代：新商业世界的行动解决方案［M］．北京：中信出版社，2017．

[14] 明德尔．智能机器的未来：人机协作对人类的工作、生活以及知识技能的影响［M］．胡小锐，译．北京：中信出版社，2017．

[15] 国家制造强国建设战略咨询委员会．中国制造2025蓝皮书［M］．北京：电子工业出版社，2017．

第六章　创业期营销管理

硅谷个案：Snapchat

Snapchat 社交网站的创办人伊万·斯皮格尔（Evan Spiegel），与另一社交网站脸书创办人马克·扎克伯格（Mark Zuckerberg）有着相似的家庭背景、相似的经历，他开创了一家具有阅读即焚功能的社交网站。斯皮格尔是一个充满智慧、理性的年轻人，虽然他的年龄只有 20 多岁，却能拥有 50 多岁的睿智与远见。

当扎克伯格提出 30 亿美元收购价 Snapchat 时，斯皮格尔相信与其卖掉 Snapchat，不如把目标放在颠覆现有媒体体系上，于是，他断然拒绝了扎克伯格的收购。而扎克伯格在脸书上也推出了照片分享移动应用 Poke，它具备定期自动销毁照片的功能，该应用在 2012 年 12 月 21 日上线时成为下载榜榜首，这对于斯皮格尔的 Snapchat 来说，无疑是个巨大的挑战。但是，Snapchat 在三天后赢回了下载率第一名，而 Poke 却跌出排行榜 30 名之外。

回顾斯皮格尔的创业历程。2010 年，他在大学时期和好友墨菲开发了 Future Freshman 软件，因为用户量过少而走向失败。但 Kappa Sigma 兄弟会的一位成员布朗走进斯皮格尔宿舍，提起他后悔发给某人的一张照片，从而导致不可预想后果时，这事件却给他们带来了创作的灵感。最后，公司成立时墨菲担任技术总监，布朗担任营销总监，斯皮格尔担任 CEO。斯皮格尔把在课堂上学到的东西运用在他开发的 App 软件上，但推出第一个版本的 Snapchat 用户下载量仅 127 名，这使得大家感到十分失望，这时斯皮格尔也开始想要重新找一个营销总监。

一个月后，因为布朗提出要获得公司约 30% 的股权，但斯皮格尔和墨菲并不认为他应该具有那么多的股权，所以最后两人修改这款软件的管理员密码，从此断绝了与布朗的联系。后来应用也更名为 Snapchat。他们意识到，尽管现在这款 App 增加了截屏提示功能，却很可能重复之前 Future freshman 功能完备却无人使用的历史，所以两人还是把创业的事暂且搁置，斯皮格尔继续念大学四年级，墨菲则从事编程工作。

2011年的秋天，加利福尼亚州橘郡高中校方禁用Facebook，也就是意味着poke功能也无法使用。所以，学生们在iPad上安装Snapchat，课间传递照片字条的证据都被自动销毁，因此，用户量大增。与此同时，服务器维护费大增，斯皮格尔只好用爷爷给的钱以及墨菲的一半薪水支付维护费。当月开销逼近5000美元时，两人急需外援。此时，光速创投合伙人杰里米刘借助域名查询"Whois"网站域名所有者找到斯皮格尔，并且雪中送炭，为他们的新创公司投资48.5万美元，从而使公司市值推估达到425万美元。

借助第一笔投资，Snapchat公司规模不断扩张。2012年，大部分开发工作都是公司总部在斯皮格尔父亲家中时完成的，在放松的环境里他们夜以继日地工作，员工的效率也因此十分高，才促使Snapchat能快速成长。Snapchat可能是颠覆整个社交媒体的新产品，从而引领转瞬即逝或暂时性社交媒体这个行业体系的分支。2014年，Snapchat与美国联邦监管机构达成协议，要更好地规范这个消费市场。这年的用户上传量已经与Facebook和Instagram加在一起的每日上传量不相上下，尽管Snapchat有着惊人的用户增长、公司估值、独立发展等成果，但营业收入的缺失还是目前最大的问题。

亚洲市场盈利模式与Snapchat盈利模式并不相符，加上Snapchat是借助"隐私受保护"来赢得用户，这使得许多广告难以操作，影响广告收入，但Snapchat能够保证用户参与这一点是所有数字广告都不具备的。Snapchat在这样的环境下，不仅要快速增长、创造利润，还要促使该公司不断适应和调整用户的需求。而怀疑者和竞争者对此的攻击一直存在，Snapchat也许会成功也许会失败，但在2016年之前我们应该得到一个答案。

（个案来源：《创业头条：16位硅谷科技新贵的成功法则》，第十篇，由中山大学南方学院政商研究院2015级刘玲玲重新编写）

本章内容将聚焦于刚创业的市场营销规划，带领读者了解创业应有的流程步骤与注意事项，如市场区隔、锁定目标市场与差异化发展，并评估分析企业竞争优劣势，以提高创业者成功概率。

一、营销的意义

营销（marketing）是一种通过双方交易过程的"价值互换"，取得各自利益所需的商业行为（科特勒、凯勒，2016）。然而，当今市场环境复杂，买卖双方很少是单一直线关系，而是还有相同品、替代品与其他可选择消费。因此，对企业经营者而言，当今营销的困难度更大。企业能持续生存的关键在于能否持续获利，透过营销活动的具体成效，将自身的产品或服务销售出去，这是当前新创企业的首要任务。

为使产品能达到高度的市场占有率，企业要在了解商品本身在市场中的优势的同时，可通过企业与顾客两个不同的战略维度导向，打造最合适的营销模式，达到企业获利之目标。现在的营销以互联网为主导是不可否认的，因为当前具有消费决策权的人都人手一部智能手机，因此，本章开始就从目标群体（target audience，TA）开始谈起。当今营销的重点是精准对目标群体提供不同的价值要求，这种要求可能是品牌无形体的满足，也可能是实体功能的效果。一个刚刚创立的新公司，不能空想未来或过度兴奋，而应该认真思考营销的具体步骤，本书提供几点思考方向。

（一）如何界定当前目标群体

定义目标群体看似很简单，做小吃的就是平民百姓，做高档餐厅的就是有钱人。然而，在现在互联网的背景下，这份定义目标群体的工作才是营销成功最重要的基石。不同属性的群体也有着不同的偏好，一种产品很难满足所有消费者，因此，必须明确界定一群目标群体。界定目标群体的方式有很多，比如，利用性别、年龄、收入、居住地、教育程度、工作属性等进行区分。当然复合式的区隔条件也是当前常用的方式。例如，已婚男性、未婚但有男友的女性等方式。目前，很多营销工具会通过互联网的社交网站，更直接地锁定目标群体的生活信息。例如，深夜常在运动公园运动，下午常在街道中移动。只有能够清楚地界定你的目标群体，才能够有效地选择接触他们的通路。

（二）认真看待所谓的回头率

好产品或服务必须要符合目标群体的基本需求，但是，满足他们的消费欲望还不够，因为他们心里会思考还要不要再来、有没有其他同性质的商店。因此，产品与服务对消费者具有足够的价值，最好的价值验证就是被重复消费，对于顾客愿意重复消费的比率问题，可以看出这些顾客愿意花时间、金钱回头消费，并且观察回访、回购的频率，这对于后续的新商品、周边商品开发，会有很大的帮助。因此，善待、善用这些忠实的老顾客、常响应朋友圈者、发表正面意见者等,比漫无头绪地找广大消费者做测试、填问卷,更有实质的营销效果。

(三) 最好的指标是广告效益

当目标群体越来越明确,顾客回头率也不错时,接下来就要将营销的重点放在广告的设计上。因为广告的目的在于吸引更多顾客,让非目标群体、非回头客都能够进入到新创企业的顾客群中,并且投放广告与获利效益可以做出短期与长期评估指标。笔者发现,有时大量的广告不一定能创造真实的绩效。例如,各位都能知道的"脑白金"保健品,在当时投放大量广告,让每个人都能知道这个商品,但真正买过、吃过的人却很少。因此,认真做好广告投放的投资回报率(return on investment,ROI),持续观测广告能否带动更多的目标群体、盈收,是营销的第三个重要步骤。

(四) 放大自己的服务总能量

当目标群体、重复购买率、广告成效都能依序达到,第四个步骤就是维持自己的服务水平,因为很多创业者到了扩张时期,为了追求企业的快速成长或是广告,已经给自己带来无法服务的局面,而降低原有的服务质量,这时就需要灵活的判断能力来维持质量。

通过互联网的营销思维,新创企业不会仅仅运用一种营销活动,而是根据顾客的实时需求进行调整,当需求的内容改变时,营销导向的企业则会立即进行调整。因此,高效率的营销导向才能真正地满足当前顾客的需求,进而对新创企业产生顾客忠诚(customer loyalty),并且持续进行一个正向营销循环(Schlesinger & Heskett, 1991):

(1) 购买产品。
(2) 购买更多产品。
(3) 不会去购买竞争者的产品。
(4) 愿意接受新产品。
(5) 会将产品介绍给亲朋好友。

营销强调的是了解并满足顾客的需求,构建顾客满意度与忠诚度,进而让新创企业能够长期盈利并存活下去。

二、传统营销的重点

传统的营销管理是将市场营销的可控制变量,视为至今最重要的营销基础理论,即 4P 理论。

(一) 营销 4P 理论

4P 最早出现在 1953 年,由尼尔博登教授(Neil Borden)在美国市场营销学会就职演说中,首先创造"市场营销组合(marketing mix)"这一术语,将先"营销变量"或"营销要素"的影响分别讨论,此时提出来的营销组合有十二个之多。而麦卡锡(McCarthy)在 1960 年出版的《基础营销》(*Basic Marketing*)一书中将可控制因素分为四类,即产品(product)、价格(price)、渠道(place)、推广(promotion)。

今天,我们所熟知的 4P 理论,是 1967 年美国西北大学的科特勒教授(P. Kotler)在他的重要学术著作《营销管理:分析、规划与控制》重新撰写的 4P 核心营销组合方法,即:

(1) 产品。产品策略主要研究新产品开发、产品生命周期、品牌策略等,是价格策略、促销策略和分销策略的基础。

(2) 价格。价格策略又称定价策略,主要研究产品的定价、调价等,本书将价格的战略放在研发一章加以说明。

(3) 渠道。在中国常称渠道。它代表企业机构在将自身产品送抵最终消费者之前,所制定的与各类分销商之间的贸易关系、成本分摊和利益分配方式的综合体系。

(4) 推广。推广是将组织与产品讯息传播给目标市场的活动,它主要的焦点在于沟通。通过推广,企业试图让消费者知晓、了解、喜爱或购买产品,进而影响产品的知名度、形象、销售量,乃至于企业的生长与生存。

这里补充说明,因为英文"promotion"常被译为促销,因此,业界常用的"降价促销"及"买几送几"被认为是促销(promotion)。事实上,科特勒教授在 1967 年《营销管理:分析、规划与控制》一书中明确指出,促销是建立在非价格因素上的,因此降价、赠送实际上属于营销策略中的价格(price)因素。

(二) 后 4P 理论

科特勒教授在 1967 年将 4P 理论发表后，后来的著作基本上都只是在此基础上添油加醋，其中有一些是可以参考的。例如，科特勒本人在 20 世纪 80 年代的新著作中，加上两个外在变项，分别是政治权力（politics power）和公共关系（public relationship），称为营销 6P。1981 年，布姆斯（Booms）和比特纳（Bitner）认为当前经济以服务业为主，传统的 4P 要加上服务性的议题，因此，服务业营销 7P 则加上人员（people）、流程（process）、环境（physical evidence）。

1. 人员（people）

所有的人都直接或间接地被卷入某种服务的消费过程中，这是 7P 营销组合一个很重要的观点。知识工作者、白领雇员、管理人员以及其他消费者将额外的价值增加到了既有的社会总产品或服务的供给中，这部分价值往往是非常显著的。

2. 流程（process）

服务通过一定的程序、机制以及活动得以实现的过程（亦即消费者管理流程），是市场营销战略的一个关键要素。

3. 环境（physical evidence）

环境包括服务供给得以顺利传送的服务环境、有形商品承载和表达服务的能力、当前消费者无形的消费体验，以及向潜在顾客传递消费满足感的能力。

到了 20 世纪 90 年代，市场更加重视消费者的体验与经验，因此，劳特朋（R. F. Lauterborn）在 1991 年提出营销的 4C 分类原则。这是一种建立在消费者导向的新 4P 模型，目的是更好地适应在空白市场营销中大众营销的需要。包括：

1. 顾客（customer）

企业必须首先了解和研究顾客，根据顾客的需求来提供产品。同时，企业提供的不仅仅是产品和服务，更重要的是由此产生的客户价值（customer value）。

2. 成本（cost）

不单是企业的生产成本，或者说 4P 中的价格，还包括顾客的购买成本，同时，也意味着产品定价的理想情况，应该是既低于顾客的心理价格，亦能够让企业有所盈利。此外，这中间的顾客购买成本不仅包括其货币支出，还包括其为此耗费的时间、体力和精力消耗，以及购买风险。

3. 沟通（communication）

企业应通过面向顾客进行积极的双向沟通，建立共同利益关系。而不再是企业单向的促销和劝导，是在双方的沟通中找到能同时实现目标的方式。

4. 便利（convenience）

此处指购买的方便性（convenience to buy）。例如，在传统的营销渠道中新的观念更重视服务环节在销售过程中，强调为顾客提供方便性，让顾客既购买到商品也购买到方便性。

但在更早之前，1973年的日本营销学学者清水公一（Koichi Shimizu）也提出相似的4C理论，包括商品（commodity）、成本（cost）、交流（communication）、流通渠道（channel）。而1979年，日本清水公一提出了更加复杂化的7C罗盘模型（7Cs Compass Model），称其将营销需要的各面相都能兼顾。笔者认为，7C模型后3C可以再延伸4个NEWS罗盘，表示这至少有近十六个需要讨论的变项，虽然能更全面地讨论对市场营销的本质，但在实际营销战略的拟定上将更加不确定。

三、新创事业的营销战略

前述营销4P理论跟相关的后营销4P的知识说明后，希望对读者建立营销学的基础有帮助。事实上，前述营销基本常识真的只是基础，还有很多营销学的知识可以对创业初期的规划有帮助。本书筛选并整理一些基本营销概念，希望对创业者的初期规划有益。

（一）STP理论

1956年，由温德尔史密斯（Wended Smith）提出一个市场细分（market segmentation）的概念，但他没有成熟地将目标与定位的概念完成。到了1967年，科特勒在《营销管理：分析、规划与控制》一书中引用了这个概念，同时进一步发展和完善温德尔史密斯的理论并最终形成成熟的STP理论，他认为营销有三个基本步骤，包括细分市场（segmentation）、目标市场（targeting）和市场定位（positioning）。通过STP理论的架构，能指导企业在一定的市场细分的基础上，确定自己的目标市场，最后把产品或服务定位在目标市场中的确定位置上。其三个步骤具体解释如下：

1. 市场细分（market segmentation）

市场细分是指根据顾客需求上的差异把某个产品或服务的市场逐一细分的过程。市场细分是指营销者通过市场调研，依据消费者的需要和欲望、购买行为和购买习惯等方面的差异，把某一产品的市场整体划分为若干消费者群的市场分类过程。每一个消费者群就是一个细分市场，每一个细分市场都是具有类似需求倾向的消费者构成的群体。市场细分的程序包括：调查阶段、分析阶段、细分阶段及细分消费者市场。常见的市场细分使用单位如下：

（1）地理细分（geographic segmentation）：国家、地区、城市、农村、气候、地形。

（2）人口细分（demographic segmentation）：年龄、性别、职业、收入、教育、家庭人口、家庭类型、家庭生命周期、国籍、民族、宗教、社会阶层。

（3）心理细分（psychographic segmentation）：社会阶层、生活方式、个性。

（4）行为细分（behavior segmentation）：时机、追求利益、用户地位、产品使用率、忠诚程度、购买准备阶段、态度。

要提醒各位创业者，落实细分市场不是根据产品品种、产品系列来进行的，而是根据消费者在消费时的感受划分的，是以市场细分的理论基础，即消费者的需求、动机、购买行为的多元性和差异性来划分的。市场细分对企业的生产、营销起着极其重要的作用。

2. 市场目标（market targeting）

目标市场，是指企业从细分后的市场中选择出来的决定进入的细分市场，也是对企业最有利的市场组成部分。通过市场细分，有利于明确目标市场，通过市场营销策略的应用，有利于满足目标市场的需要，同时，新创企业也可以准备满足其需要的一个或几个子市场。任何企业都没有足够的人力资源和资金满足整个市场或追求过分大的目标，只有扬长避短，找到有利于发挥本企业现有的人、财、物优势的目标市场，才不至于在庞大的市场上瞎撞乱碰。选择市场目标常见的战略有下列三种：

（1）无差别性市场战略。所谓无差别市场战略，就是企业把整个市场作为自己的目标市场，只考虑市场需求的共性，而不考虑其差异，运用一种产品、一种价格、一种推销方法，吸引尽可能多的消费者。采用无差别市场战略，产品在内在质量和外在形体上必须有独特风格，才能得到多数消费者的认可，从而保持相对的稳定性。最成功的案例就是可口可乐，因为任何地方、任何时间、任何包装，可口可乐都是冰凉美味的饮料。但这种战略要留意单一化的潜在缺失，因为虽然产品单一，容易保证质量，能大批量生产，降低生产和销售成本，但如果同类企业也采用这种战略时，必然要形成激烈竞争。

（2）差别性市场战略。所谓差别性市场战略，就是把整个市场细分为若干个子市场，针对不同子市场设计不同的产品，制定不同的营销战略，用以满足各种不同差异的消费需求。例如，汽车公司会推出小型车、中型车、大型车及跑车，以各类不同车型来满足当前不同开车者的需求，而且这是多数车厂都会采用的共同产品布局。针对不同的子市场的特点，制定不同的市场营销组合战略，这种战略的优点是能满足不同消费者的不同要求，有利于扩大销售、占领市场、提高企业声誉。但相对产生的缺点是产品差异化、促销方式差异化，会提高管理难度，也直接提高生产和销售的成本。若为新创公司，很难有足够的财力支持差别性市场战略，只有资源雄厚的成熟企业才采用这种战略。

（3）集中性市场战略。所谓集中性市场战略就是在细分后的市场上，并非全数细分市场都尽力满足，而是选择两个或少数几个细分市场作为目标，加以实行专业化生产和销售。在少数市场领域发挥优势，提高市场占有率。采用此战略的企业是在对目标市场累积了一些销售经验后，这是成熟的中小企业可以采用的战略。采用集中性市场战略，可以集中优势资源，发展有利的产品营销，有效地降低成本，提高企业和产品的知名度。如果目标市场的消费者需求和爱好发生变化，企业就可能因应变不及时而陷入困境。同时，若有成熟的企业利用更丰富的资源强行进入目标市场，中小企业就要受到严重影响。因此，许多中小企业为分散风险，仍选择一定数量的细分市场为自己的目标市场。

选择适合自身企业的目标市场战略是一个复杂多变的工作，企业内部条件和外部环境在不断发展变化，创业者要积极去了解市场内的需求与科技发展，掌握和分析市场变化趋势与技术发展的条件，灵活地适应市场态势的发展，争取最大利益。

3. **市场定位**（market positioning）

所谓市场定位就是企业根据目标市场上同类产品竞争状况，针对顾客对该类产品某些特征或属性的重视程度，为本企业产品塑造强有力的、与众不同的鲜明个性，并将其形象生动地传递给顾客，求得顾客认同。市场定位的实质是使本企业与其他企业严格区分开来，使顾客明显感觉和认识到这种差别，从而在顾客心目中占有特殊的位置。而市场定位就是在营销过程中把其产品或服务确定在目标市场中的一定位置上，即确定自己产品或服务在目标市场上的竞争地位，也叫"竞争性定位"。

定位是指企业针对潜在顾客的心理进行营销设计，创立产品、品牌或企业在目标顾客心目中的某种形象或某种个性特征，保留深刻的印象和独特的位置，从而取得竞争优势。需要补充的地方是，市场定位所指的产品差异化与传统的产品差异化，概念上是有本质区别的，它不是从生产者角度出发单纯追求产品变异，而是在对市场分析和细分化的基础上，寻求建立某种产品特色，因而它是现代市场营销观念的体现。

创业者要理解与实践 STP 理论，将营销视为一种工具，当前任何企业都无法永远满足市场的所有需求，而新创企业要视其为机会，根据不同需求、购买力等因素把市场分为由相似需求构成的消费群，即市场细分。企业可以根据自身战略和产品情况，在当前的市场中选取有一定规模和发展前景，也符合公司当前发展需求的现有资源，作为目标市场。随后，需要将产品定位在目标消费者所偏好的位置上，并通过营销活动向目标消费者传达定位信息。

（二）SWOT 分析

SWOT 分析（SWOT Analysis）是一种企业竞争态势分析方法，是市场营销的基础分析方法之一，常译为强弱危机综合分析法、优劣分析法、TOWS 分析法或道斯矩阵，最早由 1964 年知名企管顾问 A. Humphrey 提出，20 世纪 80 年代初被管理学教授韦里克（Heinz Weihrich）收录在书中，从此变成全球知名的分析方法，是目前最常见用于企业战略制定、竞争分析等管理领域的方法。所谓 SWOT，分别代表企业内部的优势（strengths）、劣势（weaknesses）、外在市场环境的机会（opportunities）和威胁（threats），用以制定企业发展战略前对企业进行深入全面的分析以及竞争优势的定位。

从某种层面上来说，SWOT 分析是一种在"实验室设想的市场实际反应"，因此，撰写 SWOT 是在最理想的状态下，得通过一个角色多元的专业团队，团队最好有财务、市场营销、经理级主管、技术工程师和项目管理师，当然这对于新创企业来说是困难的，因此，建议创业者得向多方进行咨询，笔者常见创业者的 SWOT 分析中露出经验不足的问题，而企划书使用这个分析就容易变得相当危险。针对企业内部的环境与竞争者直接造成的压力，决定将其列入优势还是劣势，其中，优势与劣势乃指本身内部条件的运用，包括设备、人力、制度、仪器等；通过评估企业内部的优势、劣势，衡量企业及产品是否具有超越其竞争对手能力的竞争优势。内部情境的部分切记，要提自身企业与竞争者、替代品的议题，而不要去对外在环境进行评论。

机会与威胁则是指企业面对的外部条件，包括政治（political）、经济（economic）、社会（social）与科技（technological），简称为 PEST 分析模型，站在现有潜在用户的角度上，而不是站在企业的角度上来分析。环境机会就是对公司行为富有吸引力的领域，在这一领域中，该公司将拥有竞争优势。环境威胁是指环境中不利的发展趋势所形成的挑战，如果不采取果断的战略行为，这种不利趋势将导致公司的竞争地位下降。进行 SWOT 分析除了可以增进企业或自己了解本身的优势与有利机会外，也可进一步迫使企业或自己注意到本身的劣势与所面对的威胁，让企业在"知己知彼"并掌握大环境趋势变化下，督促企业或自己在现有的基础上，正视本身的劣势与面临的潜在危机，并加以改进与完善，以强化企业或个人之竞争优势。

进行 SWOT 分析之后，还要持续思考企业当前的因应方式，因此，可以借由 USED 分析进行对策思考，其 USED 如同中国传统兵书所言"用、停、成、御"四个基本概念。USED 分别包括四个方向：

（1）如何善用（use）每个优势。
（2）如何停止（stop）每个劣势。
（3）如何成就（exploit）每个机会。
（4）如何抵御（defend）每个威胁。见表 6-1。

表 6-1　以网络书店的发展进行 SWOT 分析

优势（strengths）	劣势（weaknesses）
网络书店的方便性大于传统书店 不受传统店面束缚，营销方式多元 搜寻栏让你容易找书	无法像实体店面这样供人翻阅 无法立即知道成品是否有瑕疵 根据法律保障，新书出货旧书退货

续上表

机会（opportunities）	威胁（threats）
当前国内网络使用人口激增 支付工具完善且安全 国民文化水平提高、阅读习惯多样 新兴作家成长速度很高	电子书科技冲击传统书籍 诈骗集团冒用事件频传 观众爱看影视作品而忽略书籍

当前，SWOT分析应该是创业规划中最常见的工具，但也是笔者看到学生及创业者最常用错的工具，常见的错误有两种：第一种是在整体目标尚未明确和获得共识前就进行SWOT分析。整体的企业或计划案目标都尚未被确认时，SWOT团队成员可能都各想各的，导致SWOT分析也七零八落，最后分析出的结果也无法落实，因为最主要的目标可能有三个或五个，甚至不停地改变，如此将造成多头马车的状况。第二种错误是将SWOT分析当作可行的策略，并且过度倚重SWOT的现有状态去预估未来。

要提醒各位创业者，SWOT分析针对的只是当下的企业内外在的情境，并非整体目标未被提出的状况，团队成员每个人理解的状况仅在他们脑中，没有经过分享与确认，容易造成误解。另外，SWOT分析让多数人在优势、劣势与威胁方面都能做到客观陈述，但没有对未来做出认真的思考。尤其在机会的部分，可以试着将机会想成"理想情况（auspicious conditions）"，会有助于新企业制定下一步战略。

（三）波特的五力分析

麦可波特（Michael E. Porter），这位二十六岁就获得哈佛终身教职的教授，在1980年提出产业竞争的"五力分析模型（Five Forces Model）"。模型中包括购买者的议价能力、供货商的议价能力、潜在进入者的威胁、来自替代品的威胁与产业内的竞争。

以此模型衡量一个产业、市场吸引力高低程度，也能作为一个企业提高竞争优势的战略作为，或分析当前环境、市场结构及竞争者行为，也可以了解产业概况、市场环境、目标客户、进入市场的障碍度与切入利基。创业者最好能善用政府部门及各产业公会的统计资料及产业报告，认真分析当前产业结构、上下游产业价值链、产品生命周期、成本结构及附加价值、未来产业发展趋势等要素，进而拟定适合当前新创期的竞争战略。波特所讲的五力可以绘制成图 6-1：

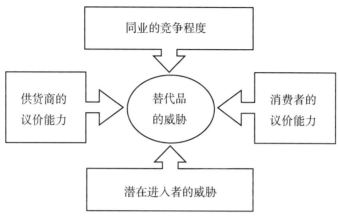

图 6-1　麦可波特提出的五力分析

资料来源：波特（1980，1985），本书绘制。

针对上图的五种影响力来源，波特在 1980 年及 1985 年的两本著作中有充分的补充，具体内容如下：

1. 供货商的议价能力

当供货商提供的产品或服务替代率低，为买方所必需，供货商就掌握了议价优势。其中，后续管理学解释的重要影响议题，可以归纳为：

（1）供货商相对于厂商的转换成本。
（2）投入原料的差异化程度。
（3）现存的替代原料。
（4）供货商集中度。
（5）供货商垂直整合（forward integrate）的程度或可能性。
（6）原料价格占产品售价的比例。

2. 购买者的议价能力

当产品或服务供应多元，或购买量大时，购买者就具有议价优势。其中，后续管理学解释的重要影响议题可以归纳为：

（1）买方集中度。
（2）谈判杠杆。
（3）买方购买数量。

(4) 买方相对于厂商的转换成本（switching costs）。

(5) 买方获取信息的能力。

(6) 买方垂直整合（backward integrate）的程度或可能性。

(7) 现存替代品。

(8) 消费者价格敏感度（buyer price sensitivity）。

(9) 总消费金额（price of total purchase）。

3. 潜在进入者的威胁

当产业具有吸引人的利润，或是市场正在成长、市场与潜在进入者的企业产品有所互补，就有可能加入产业竞争，当有新进入者时，其会增加新的产能，侵蚀既有厂商的市场。其中，后续管理学解释的重要影响议题可以归纳为：

(1) 进入障碍。

(2) 规模经济。

(3) 品牌权益。

(4) 转换成本。

(5) 强大的资本需求。

(6) 掌控通路能力。

(7) 绝对成本优势。

(8) 学习曲线。

(9) 相关政策。

4. 替代品的威胁

原属不同产业可能提供互为替代的产品或服务，或是科技创新、需求变化时会对原有产业形成威胁。其中，后续管理学解释的重要影响议题可以归纳为：

(1) 消费者对替代品的偏好倾向。

(2) 替代品相对的价格效用比。

(3) 消费者的转换成本。

(4) 消费者认知的品牌差异。

5. 同业的竞争程度

当产业进入障碍低、市场趋于饱和、竞争者的产品或服务类似、用户转换成本低时，都会增加同业的竞争程度。其中，后续管理学解释的重要影响议题，可以归纳为：

(1) 现有竞争者的数目。
(2) 产业成长率。
(3) 产业存在超额产能的情况。
(4) 退出障碍。
(5) 竞争者的多样性。
(6) 信息的复杂度和不对称。
(7) 品牌权益。
(8) 每单位附加价值摊提到的固定资产。
(9) 大量广告的需求。

近年来,随着迈克尔波特教授主持的顾问公司破产,人们对五力分析的质疑或批评也随之增多。笔者认为,在互联网盛行的年代看五力分析,自然有可取之处及需修正补充之处,五力分析着重于对外部竞争力的分析及比较,对自己组织内的认识有时是忽略的;同时,五力分析理论也忽视了这五种竞争力随时间和环境的变化,缺乏对于技术与时间交互影响的掌握。所以,新兴企业应了解所处产业的发展现况、前景、优势、威胁,以便积极应对。

(四) 市场信息分析

市场内的重要信息可协助创业者找出较佳的市场营销战略,定义出明确的目标市场,找出潜在的客户及商机。因此,新创企业应该对竞争者的市场占有率、销售量、优劣势与绩效有所了解,拟定可行的战略策略,因此,新创企业还要进一步探讨新技术发明、潜在竞争者可能带来的威胁。市场信息分析常见三种内容:

1. 搜集顾客的信息

一般而言,无论借由次级材料或是初级方式搜集相关顾客的信息,消费者的"5W"都具有相当重要的参考意义,"5W"包括"谁是企业顾客"(who)、"他们需要什么"(what)、"他们何时会购买"(when)、"他们会在哪里购买"(where)、"他们为什么会购买"(why)。另外,还有一个信息是"消费者愿意支付多少钱来购买"(how much)。与在本章开始之处相同,消费者的"5W"及"1H"问题,也是一种理清消费者对于企业商品或服务的重要工具,常用的问题如下:

(1) 目标客群具有哪些特质。例如,年龄层、职业、人格特质。

（2）消费者数量是逐年增加，还是逐年减少。

（3）消费者会购买什么产品或服务。例如，消费者重视什么产品（服务）属性，是外观设计、功能质量还是售价。

（4）消费者购买产品或服务的频率。例如，消费者隔多久时间购买一次产品，是每年、每季、每月，还是每天，消费者会在什么时间购买。

（5）消费者会在哪里购买，而每次购买的数量是多少。

（6）消费者购买的目的及动机为何。

（7）消费者愿意支付多少钱购买产品或服务。其所支付的金额占总收入的比例是多少。

针对以上一些问题，企业可运用适当的调查方法获得相关的信息，借此了解消费者需求及消费者购买行为。当企业对消费者有更深入的了解时，就可以评估创业的可行性。

2. 搜集竞争对手的信息

孙子兵法有云"知己知彼，百战不殆"，因此，只了解目标客群的消费信息是不够的，新创企业还需要了解现有的成熟企业、同时创业者等竞争对手。因为消费者在购买产品或服务时，他们极有可能同时考虑其他的产品或服务，因此，在波特的五力分析中，特别重视这种现有竞争者、潜在竞争者及潜在替代品的力量。新创企业可以运用基本调查方法，并借由下列问题的答案，来了解竞争对手：

（1）竞争对手提供什么样的产品或服务，他们的质量如何。

（2）竞争对手提供什么样的额外服务。

（3）竞争对手提供的产品或服务的价格是多少。

（4）竞争对手用什么方式推销产品或服务，是用广告、人员销售，还是使用其他的促销活动。

（5）竞争对手如何配销他们的产品或服务，通过零售商，还是通过网络。

（6）竞争对手的资金是否充裕，管理人才的素质如何，设备是否先进。

（7）竞争对手过去的绩效如何，是成长、持平，还是衰退。

当企业在新创之际，可以借由了解竞争对手的做法，学习到竞争对手的优点，当然也可以改正竞争对手的缺点及不足之处，进而规划或改善企业的营运方式。同时，学习的对象不一定是竞争对手，也可以仿效其他非同行成功企业的做法。

3. 竞争商品的直接比较

多数新创企业的初期商品单一，因此，最直接的做法就是将当前推出的商品与现有的同质产品直接进行比较。同时，对这些比较的构面也可以进行取舍、营销重点及核心价值的建立。例如，既有产品的外包装很费工、费成本，走高单价的华丽路线，创业者就可以思考另一种取向，以低成本、环保为特色吸引消费者。见表6-2。一般而言，创业计划书附上竞争商品的比较分析表，会让投资人认为该商品已经有较充足的上市前准备。

表6-2　业界常见的小型房车竞争品比较

比较项目	T牌V款	T牌Y款	M牌C款	H牌F款	F牌F款
外　　型	4D	5D	5D	5D	4D／5D
长　　度	4.41	4.115	4.390	3.955	3.969
排气量	1496	1496	1499	1497	1498
马力/扭力	107/14.3	107/14.4	112/15	120/14.8	112/14.3
安全气囊	2	2	2	4	6
刹　　车	前碟后鼓	四轮碟式	前碟后鼓	前碟后鼓	前碟后鼓
循迹防滑	无	无	无	有	有
儿童安全椅扣	无	无	无	无	有
配色数	四色	八色	五色	六色	六色
售　　价*	54～63	62～66	60～62	66～69	65

＊售价单位为新台币万元，制表者为黄绍博（2016）。

有时，高单价的商品更重视这种竞争品的比较，笔者除了在创业企划书中会看到竞争商品分析表，在业界会看到以竞争商品分析作为宣传的，就是房子、车子和3C产品。以汽车作为商品为例，因为消费的频率很低，因此，业务自然采用这种"我好，你不好"的营销战略，虽然有时在制作表格上有潜在的"隐恶扬善"，但也因此加剧同业间的恶性竞争。笔者认为，还是由公正第三方针对市场安全、创业者基于投资说明、政府基于市场信息揭露等理由，进行竞品分析比较妥当一些。

以上述表格为例，其为商业周刊邀请黄绍博为消费者进行安全性介绍。其中，皆为各公司的书面材料加以整理，让消费者做一个综合参考，因为消费者还会征询朋友、车友以及保养厂质量等意见，所以，并没有严格的批判和比较。笔者遇到过一位汽车业务，除了有一份完整的竞争品比较表格之外，还有一叠其他品牌的车祸损坏照片，仿佛在说该家车厂没有车祸记录。他的用意虽然表明是该车安全性能很高，但反而破坏笔者当日的"赏车心情"，最后当然没有跟他买车。因此，这类竞品分析的营销技巧，要细细揣摩市场的气氛、消费者的心态。

四、当前常用的营销战略

当前，除了传统的营销管理理论之外，近年来也多了一些新的营销观点，虽然还不能称作理论、学派，但这些观点对创业者也能有所帮助。笔者就针对故事营销、饥饿营销、事件营销及体验营销这四个近期概念进行说明。

（一）故事营销

最近在营销界流行的方法之一，就是"故事营销"或"内容营销"，两者的概念相似，因此，笔者就来解释故事营销在新创企业的原理及应用。故事营销的重点不是在于故事本身的内容，而是在于故事能否与消费者建立关系，这个关系是信任，讲那些宗教领袖、开国元首的故事就是要你信任他；这个关系是感情，很多传统行业都是以传统故事召唤消费者；这个关系是种潮流，很多新形态服务就是利用这类故事。

事实上，中国人应该能算是故事营销的开山始祖，只是用法多在政治性的目的。例如，《史记》里记录的夏商周祖先都有个很玄幻的诞生故事，汉高祖刘邦起义斩杀大蛇，都是让你在政治上信服此乃天命所降。而蜀汉开国皇帝刘备、明朝高祖朱元璋都是身上有一堆故事的人，但这些故事背后多是一个目的：请相信他是真龙天子。当今，故事营销是要以故事打动消费者的内心，以故事串联消费者与商品间的联结关系。因此，一个好的故事营销，不在于这个故事本身的真实性与内容，而是这个故事如何能让消费者"快速听懂、记住关键与愿意传递"。

但笔者要先说明，虽然真实性不一定是最重要的，但如果是恶意欺骗的故事就一定不是好点子。例如，乔布斯的车库创业故事，被他的创业伙伴之一史蒂芬沃兹尼克（Stephen G. Wozniak）说成是过分渲染的，虽然当时创业团队确实有在乔布斯家中车库创业，然而，最重要的核心设计还是在沃兹尼克的办公室，也就是在 HP 的工程师实验室中完成的（麦金尼斯，2017），乔布斯所讲述的车库创业故事，一则是强调美国创业梦的常用基因，二则要规避别人质疑他盗用 HP 的部分技术。当然，部分艺人代言商品所说的亲身使用，也是一种故事，但多数会让消费者觉得不真实，那就不是故事营销的本质了。

如何编写一个营销用的故事？首先是建立一个与产品有关系的故事，其次是在故事中融入品牌、传递内容、设定结果。广告界知名的奥美广告公司在内部训练文件中指出，一个好的故事营销用在广告投放时相当有用，而这个好故事应该具有四个基本特性：

（1）精彩的开场戏。设计一个可以瞬间吸引观众注意的开场，观众不会有耐心等待故事在中间变有趣，好的电影都会试图在一开始制造悬念和冲突。

（2）个性鲜明的角色。故事中的角色要有强烈的个性，让我们得以识别他们。同时，角色设定不应该是一些高高在上的人物，要使角色和普通人之间有共通点，让我们觉得自己和角色的生命有所联结。

（3）令角色挣扎的情节。冲突和矛盾才能扣人心弦，牵动观众情感。

（4）解决方法。最好能提供一个有意义的结局，不然就如同真实生活一样无解。

不过，故事营销还有一些基本的局限性，首先，这些营销的故事需要有明确的图像、代表人物作为故事，若很难图像化，或是故事代表人物无法实现的服务或产品，就难以利用真实或编撰的故事进行营销。其次，故事营销也要避免艰深的学术名词、专业语汇，因为这些不容易让消费者短时间从故事中理解。让广告内容的故事取代广告，体验服务的感受会超越营销，通过学会故事营销的相关技巧，对于新创企业的帮助会相当显著。本书归纳故事营销常用的三种故事类型：

1. 创办人故事

最常被设计的故事营销就是创办者的故事。国外苹果电脑的乔布斯（Steve Jobs）、微软比尔·盖茨（Bill Gates）、麦当劳快餐雷·克洛克（Ray Kroc）等人的故事都被作为创造的品牌故事，最容易打动这个品牌的支持者。

2. 产品成分和功能

将产品成分或特定功能塑造成一种故事诉说。例如，知名保养品牌 SK–II 编写的发现有效成分的故事：年迈的酿酒婆婆双手犹如少女般白嫩细滑，原因是每日触摸的酒醋内，有天然酵素可以美白和紧致肌肤。

3. 使用者故事

利用使用者亲身诉说的故事作为营销内容，但不是用知名艺人代言，而是用一些非知名人士讲述亲身体验，这也是广告界最常用的方式。

（二）饥饿营销

很多人认为饥饿营销是小米创办人雷军所发明的，事实上不是。在近代营销研究中，就已经定义出饥饿营销的含义，所谓饥饿营销是指商品提供者有意调低产量，以期望达到调控供求关系、制造供不应求的假象，维持商品较高售价和利润率的目的。根据定义，其内涵事实上就是传统营销学所谈的限制性营销（restriction promotion），所有的"限制性营销"都是企业企图控制价格和需求量，用以营造市场内买到者开心，而未购得者有愿意排队或等待（科特勒，1997）。

先将饥饿营销正名为限制性营销，而后讨论这种限制性营销的实际市场操作机制。根据柯特勒教授的论述，限制性营销主要在操控消费者的心理，随限制性资源的选择而产生差异，以限制数量与特定时间的饥饿营销解释，饥饿营销主要是利用人类在经济利益上损失回避（loss aversion）本能的，这种本能是指面对可能出现损失风险时，并非所有人均会采取购买行动，可能会有不少人选择避开（avoidance），让自己不去注意或把损失转移到"机会成本"，如排队的时间上。所以，要成功操作饥饿营销的关键，是让消费者的决策被制约在没买会损失的认知下，让消费者"紧张"还要"更紧张"。

通过对消费者行为的研究，消费者的购买动机常常来自于焦虑、恐惧。例如，洛阳纸贵，也是因为人们怕没念过《三都赋》，第二天被同侪士绅嘲笑。利用消费者的焦虑、恐惧恰好被设计成可以减缓焦虑的营销方式，让消费者通过购买商品而减轻紧张感。所以，饥饿营销的成功关键在于必须能先让消费者感觉到紧张、担心，但又能在完成购买后消除紧张、担心。这个机制也常用于限量版商品、有编号的纪念品、小型偶像会等，转换到创业的初期，尝试水温时期的限量试吃、试营运也可以参考这种做法。稀少要求（scarcity appeal）在营销中是经常被使用到的，是指当消费者接触到限量、限时、限地或限制身份的促销机制，消费者在预期未来可能的损失下，更会提升购买意愿，对企业而言，则更可以在短期内有效提升销售量。

从营销管理的消极层面说，企业及其营销人员均清楚利用降价的方式促销,可以带来短期的营业收入,但长期下去会负面地造成品牌价值折损与消费者预期便宜的态度。因此,具有此种意识的营销人员会避免上述问题,反向操作商品的价格与数量,而且从积极正面的角度分析,若能抓住限制性营销的议题性,则可能带来意想不到的好处。例如,街头路人的询问、消费者间传言、新闻媒体报道或美食节目专访等。限制性营销其实是刺激人类原始生活中的"贮积"本能,是一种进化中对风险的应付策略,然而随着社会化的发展,消费者有选择替代方案的适应能力,即就匮乏的资源产生寻求替代资源的能力。

限制性营销的成功并非仅在活动前与活动中,在限制性营销之后,不论买到与未买到的消费者都会产生不同的偏差性知觉,此时营销人员要更仔细观察后续的营销活动,如果消费者传出"不公平""特权消费"的声音,这时消费者又掉入另一种饥饿营销可能的陷阱中。所以,要让限制性营销活动获得成功,除了品牌或产品本身带来的吸引力外,还要配合消费者社交性活动,增加他们涉入的概率,才能造成口耳相传、供不应求的"饥饿感",进而达到营销目的。

华南创业个案:你排到喜茶了吗

在 2017 年年初,在广东省多个大城市中,大家最常问的一句话是"你排到喜茶了吗?",仿佛身在广东就一定要喝到一杯喜茶。如果你不知道喜茶是什么,朋友反而会笑你太落伍了!喜茶这个品牌刚开始叫作皇茶(royaltea),意思是高贵身份的茶品,采用高端价位的方式经营,但由于手摇饮品的相互竞争太大,市场很难杀出重围,所以后来更名为喜茶,同时采用一种很少人使用的营销战略:让多数人以为买不到。

目前,"喜茶"是江门市一家皇茶餐饮公司旗下的品牌,所有门店都只直营,不对外进行加盟,其官方网站称该品牌以白领阶层、年轻族群为主流群体,以休闲、饮品为主打产品,致力于打造全新的饮品形态,将传统奶茶与健康茶文化融为一体。但喜茶的发展模式很有趣,一般创业个案都是先火红再融资,而喜茶是先在 2016 年 8 月由 IDG 资本和投资人何伯权共同投资 1 亿元 A 轮融资,用来快速扩张直营门市。

接着就是 2017 年 3 月开始,上海、广州、深圳三座城市的直营店开始有人大排长队等待购买,人们常排上两三个小时而只能限量购买四杯奶茶。在微信朋友圈最早出现这三座城市的朋友排长队买"喜茶",或是一张饮品的特写照；接着就是网络上传出的"征排队工截屏图""抵制购买宣言""拥护喜茶"等网络信息。但不可否认，除非你不用微信或其他社交工具，不然你一定也会在浏览新闻资讯的时候，被喜茶铺天盖地的公关新闻稿给刷屏了。

（个案来源：喜茶官方网站及多篇互联网新闻的片段信息，由中山大学南方学院政商研究院葛孟尧老师编写）

（三）事件营销

事件营销（event marketing）的模式与故事营销类似，不同之处在于故事为主动创造的内容，而事件多数为厂商被动创造的。但不限于单纯被动，有时企业也能利用自身资源来创造事件，最出名的应该算是"双11光棍节"事件吧。事件营销的本质应该与企业品牌形象进行联结，让消费者知道企业及其商品服务所连接到的事件的本质。对于有些有负面性、难以彰显价值的商品而言，就可以利用事件的操作来表达服务及商品的重要性，举例来说：

A. 一般商业保险的商品总是一直缴费，平时并不会用到其他的服务，而是当有意外受伤、死亡才用上保险的理赔服务，这些保险公司也好不意思一直炫耀自己多会理赔、客户死伤多少，这并不是很好的宣传内容。因此，这类商业保险公司特别喜爱举办一些与健康促进相关的活动。例如，登山、健走、马拉松竞赛等。

B. 医院的服务是患者的病越重，能看的科目及内容越多，但不能往这种方向营销，因此，医院常用的营销模式是发表医学新知识，彰显该医院的医生学养丰富；或是医院同仁愿意下乡服务，展现仁心仁术、亲民爱民的形象。

C. 旅行社的产品大同小异，在广告上的相似程度非常高。因此，旅行社常举办一些公益性质又兼顾提升形象的活动。例如，发动员工假日去海边捡拾垃圾，一方面是做公益，另一方面增加民众想去海边戏水的服务购买欲望。

因此，经营者及创业者在掌握事件营销的技巧上，可以依照事件本身与企业的关系进行设计，包括下列几种思维：

1. 刻意营造负面事件

上述三个行业经常营造一些相关事件，而且这些事件都是正面向善的。所谓刻意营造负面事件，是一种"毒瘾"营销的消费者心理机制，借由负面事件让消费者注意到公司，但切记，这个负面事件本质上不能与商品或服务直接冲突。例如，借由创办人的绯闻来增加公司知名度。在台湾地区的电子商务界，就曾经出现过标错价格事件，虽然厂商澄清原价 59900 元新台币误标成 9900 元新台币，但结果网友疯狂下单的行为背后，让这家知名计算机品牌的新电子商场瞬间红火，是误标价格还是一次成功的事件营销，没有人公布答案。

2. 利用事件来组搭商品

例如，2008 年举办奥运期间，这是举国欢庆的重要日子，家电业者就可以顺势推出冷气、电视、智能手机等，让民众可以在家舒适地收看精彩比赛。按此逻辑，今天常见的食品外送、餐饮服务也可以利用重要的比赛事件，在家中欣赏比赛而不用为准备食物而中断。多数事件含有负面信息的。例如，地震、水灾等，在操作这类负面社会事件的营销方式上，就不宜渲染成庆典、欢乐的促销，可以用"你消费，我捐款"这种公益形象的方式进行。

3. 创造不存在的假事件

假事件（pseudo-event）也是近代营销管理所提到的理论，是指经过设计而刻意制造出来的新闻事件或广告内容。因为不经过设计，则可能是不会发生的事件。虽然假事件在新闻领域具有高度道德争议性，但在营销上并没有太大的争议冲突。例如，拍摄的广告中，男主角面对两位女主角的告白，其中，A 女主角用的是该品牌的商务款智能手机，而 B 女主角用的是同品牌娱乐款智能手机，让消费者参与选择。这个广告暂时没有答案，但随着消费者的参与讨论，议题的热度就会增加。

（四）体验营销

笔者认为体验营销应用最彻底的应该是汽车产业，因为买车一定会在试乘过各厂牌汽车之后，才会多方考虑刚刚试乘的汽车，最后判断购买哪一家的汽车。当然，以上是笔者个人臆测，没有理论根据。

相较前述营销理论的应用，"体验营销"出自 Bernd Schmitt 在 1999 年所著《体验营销》中，笔者认为体验营销是重视消费者的体验、情绪的感受，而非强调产品的特性、质量。而此时营销人员需要从消费者的角度出发，提供体验的机会，以满足消费者的经验需求，借此与消费者产生联结，达成最终顺利成交的目的。体验的类型分为五类，分别为：

（1）感官式体验。以消费者五感体验为主，借由消费者能亲自看、闻、摸、听、尝的过程，成为一种感官的体验，进而认同该商品与之联结，成为消费者。目前,多数文艺类精品或纪念品销售模式,都是采用这类感官上的体验模式。

(2)情感式体验。用以打动消费者的心,引发消费者温暖、正面情绪。这时营销人员会用上情感来源可能与故事营销相似的故事,或是用一些历史事件作为营销内涵。例如,在游西湖的过程中,讲述苏东坡修苏堤、《白蛇传》、《梁山伯与祝英台》的故事,让游客喜欢杭州这个城市。

(3)思考式体验。利用创意,使消费者自行解答体验。近期在两岸流行起来的密室逃脱、侦探游戏等就是让参与者能思考,并获得线索而得到离开房间的钥匙,同时,要求一定人数集体参加,而非单人游戏,因此,不少年轻人喜好这类新型的休闲活动。

(4)行动式体验。营销一种新的生活态度或形态,让消费者能够感受不同的行动模式。例如,宜家家居的北欧模式购物形态,让消费者在既有的动线设计中逛街,而非传统家具卖场的自由模式。

(5)关系型体验。让消费者个人与社会某一元素产生关系,进而达到消费或认同,这种模式当前也常被应用于公共政策的推动上。

Bernd Schmitt(2011)在对体验营销的补充上,强调需要从消费者的情境和需求出发,而非因为产品本身性能与价格。例如,冬天人们喜欢购买热食,而热食不一定都是汤面,因为汤面的热汤不利于在移动中品尝,这是体验的问题,而非产品本身的问题。因此,要观察消费者从购买到食用的场所,让他们有好的品尝体验。同时,建议营销规划人员,借由用心体验生活、激发创意,从中找出能使消费者感到惊奇的事物,即使是小小的元素,也能让消费者有不同的体验。同时,Schmitt 提醒营销策划人员将体验营销转移到其他国家时,需要根据各地的文化而改变。

◎ 本章总结

本书第五章谈论创业时期的一些生产制造上的问题,及第六章谈论创业时期需要的营销基础常识。这两章是非常重要的一个组合,因为企业的生产及销售如同生命的营养系统。笔者记得当年教我管理学的老师说过"产销顺畅,快乐无比",显示企业这两个重要活动,应该是可以决定企业存活的完全因素,而后续谈论的团队、研发及财物则都是用来支持生产与营销的次议题。

本章首先讲解传统营销管理的核心知识,从营销 4P 理论到其相关的补充理论，并将营销最重要的四件首要任务描述产品、制定价格、拓展通路及促销推广等相关补充，作为后续的参考。而在营销的战略分析理论之中，本章提到的 STP 分析、SWOT 分析、波特五力分析及市场信息分析，这些分析的工具都是让创业者了解"知己知彼"的重要性，别埋头苦干走路然后被对手搭乘直达车超越，因此，这些分析工具的活用都是对于创业者在面对新兴市场时，能有很好的应变能力及自我调适的效果。

而后，本书在近代重要的营销理论中选取四个解释，包括故事营销、饥饿营销、事件营销及体验营销，不是要各位创业者熟记这些近年常被创业圈引用的"招式"，而是希望去理解这些招式所代表的"心法"。例如，利用时事议题推出对自家企业有利的商品及广告，或是用限量的方式来炒热舆论话题，这些都是创业初期很重要的思考点，而千万不要拘泥于用有什么营销方法最好。笔者认为，创业初期多跟消费者直接接触，倾听消费后的市场声音是最直接的营销方式，在用于选择营销的合适手段，任何套路都会是成功的套路。

当前，多数大学生及毕业生创业都采用在互联网上做生意的模式，虽然这可以免去生产制造的管理问题，但是过于倚重营销考虑将导致容易被他人复制。这些都是本章最末提醒青年创业家的地方。笔者认为，当今在生产与营销两件事情上取得一个平衡，更容易获得创业成功的机会。但这尚无学术的实践证明，仅供各位读者参考。

◎ 重要名词

1. 营销（marketing）
2. 目标群体（target audience，TA）
3. 顾客忠诚（customer loyalty）
4. 营销 4P 理论（marketing 4P's theory）
5. 产品（product）
6. 价格（price）
7. 通路（place）
8. 推广（promotion）
9. 市场细分（market segmentation）
10. 市场目标（market targeting）
11. 市场定位（market positioning）

12. SWOT 分析（SWOT analysis）
13. 优势（strengths）
14. 劣势（weaknesses）
15. 机会（opportunities）
16. 威胁（threats）
17. 五力分析模型（five forces model）
18. 限制性营销（restriction promotion）
19. 稀少要求（scarcity appeal）
20. 事件营销（event marketing）
21. 假事件（pseudo-event）

◎ 问题讨论

1. 当前消费者以电子传媒作为信息管道，新创企业如何在互联网环境进行营销宣传？

2. 通过波特的五力分析方式，新创企业的营销管理有何注意事项？

3. 思考看看，最近一些新创的知名品牌中，他们的营销手法如何？

4. 假设是一个新创饮食公司的营销人员，你会怎样设计营销方案？如何通过事件营销和故事营销的战略思维推销产品？

参考文献

[1] 莱恩. 创业头条：16位硅谷科技新贵的成功法则[M]. 孙莹莹,译. 杭州：浙江人民出版社,2015.

[2] 科特勒,凯勒. 营销管理[M]. 15版. 何佳讯,于洪彦,牛永革,等,译. 北京：格致出版社,2016.

[3] SCHLESINGER, LEONARD A, JAMES L HESKETT. Breaking the cycle of failure in services[J]. MIT sloan management review, 1991, 3(32)：17.

[4] MCCARTHY JEROME E. Basic marketing: a managerial approach[M]. Irwin：Illinois, 1960.

[5] KOTLER, PHILIP. Managerial marketing, planning, analysis, and control[M]. NJ：Prentice Hall, 1967.

[6] KOTLER, PHILIP. Megamarketing [J]. Harvard business review, 1986 (64): 117-124.

[7] BOOMS, BERNARD H, MARY JO BITNER. Marketing strategies and organization structures for service firms [J]. Marketing of services, 1981, 3 (25): 47-52.

[8] LAUTERBORN R. From 4Ps to 4Cs [J]. Advertising age, 1991, 41 (61): 26.

[9] 清水公一. 广告理论与战略——龙媒广告选书 [M]. 胡晓云, 朱磊, 张妲, 译. 北京: 北京大学出版社, 2005.

[10] WEIHRICH, HEINZ. The TOWS matrix—A tool for situational analysis [J]. Long range planning, 1982, 2 (15): 54-66.

[11] AGUILAR FRANCIS. Scanning the business environment [M]. New York: Macmillan, 1967.

[12] 波特. 竞争优势 [M]. 李明轩, 邱如美, 译. 台北: 天下远见出版股份有限公司, 2010.

[13] KOTLER P. Marketing management: analysis, planning, implementation and control [M]. 9th ed. New Jersey: Prentice Hall, 1997.

[14] PORTER M. Competitive strategy [M]. New York: The Free Press, 1980.

[15] 麦金尼斯. 不离职创业: 善用10%的时间与金钱, 低风险圆创业梦, 赚经验也赚更多 [M]. 林丽雪, 译. 台北: 三采文化, 2017.

[16] SCHMITT B. Experiential marketing [J]. Journal of marketing management, 1999, 15 (1-3): 53-67.

[17] SCHMITT B. Experience marketing: concepts, frameworks and consumer insights [J]. Foundations and trends in marketing, 2011: 55-112.

第七章　创业期团队管理

硅谷个案：Instagram

Instagram 创始人凯文·斯特罗姆（Kevin Systrom）自幼是科技的狂热爱好者。在斯特罗姆创建 Instagram 的道路上，离不开斯坦福为其提供的众多平台、与同伴的携手共创，以及他自身对身边各种资源的竭力争取。只需要点击几个图标，就能实现图片的拍摄、编辑，并且与全世界分享——风靡全球的 Instagram 如今已经吸引了大约 8500 万用户，超过 40 亿张照片在这里得到分享，平均每 6 秒就有 6 名新用户加入其中。

斯特罗姆求学期间，曾申请斯坦福大学的精英计划——梅菲尔德研究项目（Mayfield Fellows Program），并在这个项目中表现突出。通过这个项目，斯特罗姆在埃文·威廉姆斯（Evan Williams）创建的播客公司 Odeo 获得一份实习工作，并开发了许多应用程序。大学三年级时，斯特罗姆远赴意大利佛罗伦萨学习摄影。大学四年级时，斯特罗姆在社交旅游指南网站 Nextstop 工作，成为一名典型的硅谷程序员，负责开发推荐用户关注和创建 Facebook 的图片游戏。

很快，斯特罗姆找到了想要的创意：他想分别借鉴当时最热门的地理位置分享网站 Foursquare 和社交游戏网站星佳公司（Zynga）的特质，创建一个能够将照片与地理位置签到和社交分享相结合的网站，他为这个网站命名为 Burbn（波旁酒）。在一次风投见面会上，斯特罗姆谈起这个创意，引起了基线创投（Baseline Ventures）投资人史蒂夫·安德森（Steve Anderson）的注意。2010 年冬，史蒂夫·安德森和风投公司安德森·霍洛维茨基金提供了 25 万美元资助斯特罗姆创建公司，同时要求斯特罗姆需寻找一位联合创始人。

斯特罗姆创建 Burbn 之后，经常在咖啡馆里修改产品原型，在咖啡馆里有时候会遇到斯坦福校友迈克·克里格（Mike Krieger）。克里格下载了斯特罗姆最新开发的签到应用，同时表示非常欣赏，并特别指出最吸引他的功能就是可以浏览好友们精彩的生活照片。经过几个星期的相处、合作开发程序，斯特罗姆成功说服克里格辞去聊天网站米宝（Meebo）的工作，加入 Burbn 成为联合创始人。

此后，他们致力于将 Burbn 转型为一项专注于照片发布的移动应用程序。在两周时间里，他们开发出一款名为"代号（Codename）"的照片应用。斯特罗姆在墨西哥加利福尼亚半岛的休假途中，看着身旁的墨西哥莫德罗冰镇啤酒，设计出第一款 Instagram 滤镜——也就是后来的 X-Pro II。回到旧金山，斯特罗姆和克里格很快推出新的滤镜，并将他们的产品改名为 Instagram。同时，他们将这个全新的应用程序推荐给自己的朋友们——包括很多在互联网科技行业颇具影响力的人物。借助这个巨大的平台，斯特罗姆和克里格在社交网络上刮起了分享经滤镜处理过的照片旋风。此后，Instagram 声名鹊起。

2010 年 10 月 6 日，苹果应用商店推出 Instagram，用户人数一夜激增，服务器由于访问量极大而极其不稳定。两个联合创始人拜访 Quora 网站创始人亚当·安德杰洛，拜托他把 Instagram 服务器托管到亚马逊网站上，并在这个平台进行扩展。一个月后，Instagram 拥有了 100 万名用户。在苹果公司主题演讲大会上，苹果时任 CEO 史蒂夫·乔布斯在观众面前盛赞 Instagram。他们终于成功地将 Instagram 带到了互联网技术领域最大的舞台上。

（个案来源：《创业头条：16 位硅谷科技新贵的成功法则》，第二篇，由中山大学南方学院政商研究院 2014 级郑思琪重新编写）

一个人可以创业吗？社会上充满着一个人、几位朋友或一对夫妻的微型企业，这是常态。但这类微型公司存在的问题有二，第一是是否具有扩充业务的能力，第二是企业业务的传承问题。因此，笔者直言，学习创业团队的真正目的，就是让新创企业能永续经营、扩大范围。

一、组织与团队

创业团队的最大价值，就在于能以创业者目的为前提而凝聚共识，进而形成一种非薪资的任务团体，用以保证创业理想能被实践。当然这会涉及组织成员间的统合、管理，还有成员间的长处与短处该如何取舍等问题，同时大家对于创办者的人格特质能否稳固团队间的运作，要通过认清团队成员的优缺点后，再进行现在高效能的分工。

现代化的创业活动已经与传统个人式、家族式有所不同，更多的创业团队是来自同学、同校或同企业。同时，也不再是一味追求个人英雄表现，而是更加重视以创业者为核心的团队运作，有效发挥团队运作（teamwork）产生的效益。而且，每个创业者的故事越丰富，也可能凸显这个创业者的缺陷及团队支持力。例如，阿里巴巴的马云虽然不是计算机背景，但他能领导一个计算机毕业生的团队。根据美国的实证研究，以团队形式的创业成功概率，远远高过于个人形式的独自创业。最近，针对美国波士顿地区 128 号公路周边的科技创业公司调查发现，超过 70% 的成功的创业公司都是属于团队创业的类型（Saxenian，2007）。

一个初期的创业团队，多数是未来的核心成员，少则三人多则十余位。例如，腾讯的马化腾创业传记中称初期工作团队有五人，新东方的俞敏洪当时有三位教师友人，阿里巴巴的马云则是 1999 年在杭州小公寓挤了十八位员工，国外的 Paypal 创业者彼得·泰尔则说当时核心团队有六人，苹果电脑的乔布斯在传记中则称有创业车库三人组。当然，笔者也可以举一些团队色彩不明显的案例。例如，中外远近驰名的老干妈陶华碧、全球化代工厂富士康的郭台铭等人，则是团队色彩比较不明显的个人创业成功的典型案例，这些个人创业的案例中创业者的个人色彩太过鲜明。但如果认真讨论，他们也不算是完全的个人创业，老干妈创业过程中有很多亲友、党员的支持，而郭台铭除了家人支持之外，还有各领域的忠诚干部。

从风险投资人及创业贷款的角度来看，如果一个团队中有技术、管理、财务及营销等专业人才，会让投资人感觉这是个有希望的团队，或是个单一技术硬底子的团队也不错，至少投资人看到了这个技术本位的团队，也能从旁协助引进适当的管理人才资源。相对地，若看到个人创业型的新事业成长较为缓慢，抑或是一些家庭式小工厂、传统产业等，多数投资人通常不愿意投资这样的企业。所以，他们在投资新创事业的时候，都会将团队因素列为重要的评估指标。事实上，团队成员组成的结构及互动质量，才是真正影响创业成败的因素，所以，投资人会在评估投资团队的同时，除了考虑团队成员真实的相关能力与经验外，也会对团队内的互动、沟通模式、理念等进行非正式了解，用以评估这个团队的真实性及未来可塑性。

二、初期团队的凝聚力

翻开历史，综观古今中外的帝王将相，在成功的初期都拥有凝聚众人的向心力，他们绝对不是用真金白银的套路，而是有个信念促使部下愿意跟随。这是组成经营团队最需要具备的主要能力之一，也是组成创业团队的基石（anchoring），创业者需要明确地提出愿景与经营理念，而以此理念转化为团队及员工的共同信念，形成一种共同的理想目标、政治语言及组织文化，使团队成员逐渐成为生命共同体与利益共同体的紧密组织，因此，创业者对于组成团队与奠定团队基石，就承担着非常重要的责任。

因此，参考多本创业书籍及组织行为的理论之后，本书认为一个创业者要想有凝聚经营团队核心的向心力和团队运作（teamwork）的领导力，可以从下列几个概念思考，自我问答及积极营造一个有正向能力的创业团队。

1. 如何能确保团队利益第一

这是创业者必须最先自我回答的，并且要能亲身力行。如果每位成员都是自私自利、个人主义、本位思考，就很难在有利益冲突的时候为团队牺牲或退让，团队也很难达成一致的经营共识。因为如果每位成员都将团队利益放置于个人利益前面，而且能充分认识到个人利益是建立在团队利益的基础上的，那么创业团队的合作会更加顺利，因此，团队中没有个人英雄主义，每一位成员价值都表现在其对于团队整体价值的贡献。

2. 如何坚守创业理念及原则

每个创业者都有自己的理想。例如，新希望集团总裁李永好的理念是"人人一手抓只鸡，另一手捉只鸭，肩上还能扛头猪"，因此，集团长年投身于粮食与畜牧产业（艾诚，2016）。目前，有些普世的创业理念及原则。例如，坚守消费者优先、质量至上、保障工作安全、增进员工福利、交易安全等基本经营原则，可作为组成团队的理念基础。这些理念对于团队成员若能形成内聚力，可以促进团队成员之间同甘共苦，这对于后续提到的经营成果公开、合理分享，会有很大的作用。

3. 兑现团队成员的长期承诺

由于创业初期并没有充沛的资金，很多初期创业团队成员是以半薪、供餐、供住宿等条件留住伙伴。在创业者的初期团队之中，每位团队成员均了解创业成功之前，创业者与团队都将会面临一段很长时间的挑战，创业者应重视对留下来努力的成员的承诺，当有一些成就的时候，奖金、股权等必须如期地给予这些初期团队成员。

4. 能识别成员的才能与潜能

创业者初期的资金不足，团队成员的才能也必须充分利用，一个人当两个人用、校长得兼工友的情况时有发生。因此，成员的才能、潜能是由创业者激发的，更需要创业者能识才惜才。好的创业团队，成员间的能力通常都能形成良好的互补，而这种能力互补也会有助于强化团队成员间彼此的合作，弥补当前资源能力上的不足。也就是说，考虑创业目标与当前能力的差距，来寻找所需要的配套成员。

以上四点，是笔者建议创业者在初创管理团队及监理团队意识时应考虑的问题，能产生管理团队时重要的基本心态，除非创业者的创业资源已经非常完善，可以用正常公司的治理模式来讨论。除上述四点之外，创业者在第一次创业或经营团队经验不足的情况下，可能过度理想化、过分追求绩效，对于这些成员伙伴不顾情面、严加斥责等，让多年同窗、好友的情谊随着事业成长，逐渐被问题、矛盾、认知差距、利益冲突等毁掉。笔者整理创业初期团队内常见的纷争及困扰，有以下三个方面。

1. 创业者的领导威信丧失

成熟的企业会有一套组织伦理与纪律，遇到部属、同侪因公务有争执时，能有公平的协调机制从中调和。然而，虽然创业初期的组织成员都以创业者为首脑，但团队需要有权威的主管，也需要有强力的领导人，那么大家一同创业，应该由谁来扮演协调者、主导者，最后决定由谁来拍板？若是产生严重的利害冲突或成员间意见很难有共识，由谁来仲裁决定？

其实，合伙创业就好像一段家庭婚姻关系一样，彼此间同甘共苦、相互扶持，但也一定会有意见冲突、价值观争执，如同笔者朋友所言"不吵架的婚姻就不是正常婚姻"。在创业过程中，常见成功的个案中总是说团队成员相互勉励、彼此提携，分享共同的价值观，追求共同的目标，但很少谈论如果有争执的时候该如何化解、是否有领导者来仲裁，因此，这是创业者要学习的第一课，也是最容易出现团队裂痕的地方。笔者建议创业者要成为支撑创业团队的精神力量，形成共同的愿景、共同的价值观、共同的目标及共同的承诺，稳固自身的领导威信。

2. 团队成员间的彼此猜忌

与前一段相似，但前一段是讨论团队成员与创业领导者的信任问题，本段则是讨论团队成员之间能否建立相互信任，若产生相互猜忌的问题，对于团队的打击绝对是难以承受之痛。团队成员间的互信是形成绩效的基础，但互信除了需要长期合作形成，更重要的是需要一套公正的奖惩制度来维护，让成员得以服从将令、做事尽心尽力。但在组织运作的实务上，成员间多数表现出的是自私自利，能义无反顾地将团体利益置于个人利益之前者，恐怕属于异数。

团队中常见的情况是团队成员过于执着自己的构想，极力强调自己的主张，但担心自己的缺点会在组织内凸显，没多少时间就会出现成员之间固执己见、争权夺利、逃避弱点等人性缺失，造成团队难以追求问题的最佳解决方案，尤其初期就参加创业的成员，很难接纳比自己更为优秀的新星成员加入团队。因此，创业者必须理解组织行为、成员间的心理情况。若此时盲目地信任团队成员，恐怕最后结果是被团队成员蒙骗。这个议题有趣又矛盾的地方在于，不能互信难以形成团队，但盲目互信成员，却可能要冒很大的风险，因为自己人出卖自己的情节，不只电视小说会演，真实社会中处处可见。

3. 如何建立共有共享机制

初始创业团队中的成员不懂分享机制，不愿意将股权出让给能够提升事业价值的新伙伴。有时创业者不愿放弃对企业的所有权，不愿意用股权来获取更有优势的成员或是战略联盟伙伴，这是非常不明智的行为。创业的目的不是要掌控新事业，因此，自己所拥有的股权比重高低并非关键，反而要懂得利用股权交易来增加企业的价值。拥有一间普通企业 100% 的股权，还不如拥有一家巨大成就企业 20% 的股权，因为后者的价值往往是前者的数十倍以上。但遗憾的是，懂得"舍得"哲学的创业团队似乎也不是太多。

另外，在创业初期如何适当地将股票分给创业初期的团队成员，这关系到每位成员间的公平性、归属感，因为成员间对于股权的分配是非常敏感的，但在创业初期这又是十分重要的议题，当几个人一起创业，经常会采取平均分配股权的方式，但这种平均主义也会带来许多负面影响。事实上，成员间因为能力与动机的差异，贡献程度必然不一，所以，平均分配股权会影响成员愿意真心投入的程度，当贡献与获利不成比例时，团队整体的力量就更难以发挥。

{ 华中创业个案：阿里巴巴与蔡崇信 }

在中国近代的创业人物中，马云应该是无人不知的一号人物了，但如果说到蔡崇信这个人，知道他的人就相对少很多了。翻开马云的创业史，1991 年在杭州开设海博翻译社，但当时业绩不是很理想，因此，他在创业传记中提到这段时期他得一边兼职教英文，一边兼着到附近城镇批发玩具来销售，勉强支撑翻译社的运营。直到 1995 年，马云到美国参观时发现互联网在中国潜在的机会，回国开启了"中国黄页"的远大抱负。中间几经波折到了 1999 年，马云回杭州正式设立阿里巴巴（Alibaba）B2B 商务平台，他身边除了原有团队共十八位伙伴之外，马云请来的第十九位员工就是蔡崇信。

蔡崇信，1964 年出生于台湾，13 岁时随全家移民加拿大，后来受教于美国的教育系统；1990年毕业于耶鲁大学法律学院，进入华尔街著名的商务律师事务所"苏利文与克伦威尔"（Sullivan & Cromwell）担任税务律师。因为业务关系认识马云，后来被马云说服放弃原本稳定高薪的工作，投身于杭州的一间小公寓，公寓里充满网络线路，为了省电而灯光昏暗的这间公寓就是当时阿里巴巴的总部。

蔡崇信担任财务长之后，凭借原先的人脉资源帮助阿里巴巴争取到高盛集团500万美元的投资，建立集团的财务制度，负责筹设阿里巴巴香港总部。在次年发生的全球电子商务泡沫危机中，他争取到日本软件银行孙正义2000万美元的投资资金，让阿里巴巴度过此次危机。后来，阿里巴巴在美国重新上市的时刻，马云亲口对人说："阿里巴巴可以没有马云，但不能没有蔡崇信。"目前，蔡崇信担任阿里集团的副总裁，以其拥有阿里巴巴约4.4%的股权计算，身价应该在50亿美元以上。

（个案来源：《这就是马云：马云认可的官方传记》（2015），由中山大学南方学院政商研究院葛孟尧老师重新编写）

本书此段谈论了许多创业者在组织初期应注意的事项，也以阿里巴巴的蔡崇信作为案例说明。经营团队及延揽人才是创业初期重要的事情，但也要注意到俗话所说的"亲兄弟明算账，先小人后君子"。在前述创业者四点自问、三项注意中，笔者认为凡涉及权利义务与利益分配问题，还是要先说清楚讲明白，不能感情用事，也不能回避不谈。创业团队组成虽然必须建立在许多感性的基础建设上，但创业本身应该还是一项理性的行为，甚至每一位成员都可将创业视为一种契约合作、利益结合、专业互补的投资。

三、投资人眼中的团队

另一个有趣的讨论点，是从投资人的角度分析团队的特质，是怎样的特征及重要因素会让投资人有兴趣投资。多数风险投资人在评估创业计划书时，首先重视的是材料的翔实与可信度。一般而言，可以利用组织结构图来表示团队的组织结构与职掌，通常包括创业者本人，三到七名主要核心团队成员，包括这些成员与创业者是否兼职、专业与相关材料，详述成员负责的工作内容、职责、求学经历及工作绩效，展现出一个团队可能发挥创业绩效的实力。（见图7-1）

笔者与不少投资人谈论过这个问题，现总结他们对团队的几点看法：

创业者：刘备
学历：自学
创业经验：经营草鞋店

关羽
业务单位，负责保全事业，
曾担任过楼管组长

孙权
财务主管，曾有公务员的经验
创业者的妹夫

张飞
业务单位，负责保全事业
曾经营肉铺

糜竺
庶务主管，曾在军中服役，负责照顾马匹
创业者的妹夫

图 7-1 一个成功创业组织的范例

资料来源：本书制作。

1. 关于创业者的头衔问题

创业者本人在组织中具有代表性，因此，当前公司的规模是两个人、数十人或是上百人，都有可能出现在投资人的眼前，那么创业者对自己的称呼就是给投资人的第一印象。一般而言，随着组织规模逐渐成长，创业者的头衔也会逐步改变，但千万不能出现小公司大头衔的情况，笔者见过一家四人公司，负责人的名片上写着"集团总裁"，实则是一个三十岁不到的年轻人，这个公司也不是真的集团型的大公司，四人公司的负责人，写上总经理就已经很勉强了。还有更多新创公司的负责人头衔，比如，盟主、工友、故事长等另类的头衔，这些头衔本身没有对错，就看是用在什么类型的新公司、新事业上面。例如，开设一家餐厅，负责人自称"掌柜"也挺有趣的，某线上旅行平台的负责人自称"故事长"也蛮好的。但小公司自称总裁、集团负责人则有点太过头了，不宜如此称呼。

2. 对团队薪酬及股权分配

创业投资者对于团队最关心的部分莫过于薪酬制度，因为规划与了解创业团队成员的报偿系统，除了是创业规划时的一项重要工作，还关系着这个团队是否符合各产业的规则。举例来说，高科技与互联网的新创公司常采取的报偿制度，包括分红配股、奖金、股票选择权、增资认股权、技术贡献股等，然而，后面几种奖励方式不适合传统体力类型的行业。而公司提出的员工福利是否真的能激励员工有更好的表现，或是无谓的浪费，这也关系着投资人的投资金额，而团队成员则可能更看重于薪酬以外的学习成长、表现舞台、实现理想等。

第二部分则是股权的分配问题,因为团队在设立初期就可能面临股权分配的问题,再加上随着事业的发展,团队成员可能会有离开或有新的加入者,所以股权分配必须要有弹性,要能反映各成员对于企业的贡献,当然就需要有差异化。一般创业团队会区分为创始与非创始成员、核心与非核心成员,创始与核心成员通常会拥有比较多的股权比例,但股权同时也代表长期承诺。因此,拥有较多股权者,有的时候就必须要能牺牲薪资与福利等短期利益,尤其创业初期资源较贫乏,创业成员必须要牺牲福利、红利等,来增加公司的盈收。一个好的报偿系统有助于延揽人才、留住人才、激发人力资源,而且在新事业发展早期,有形的报偿较少,大都要借助于无形的精神报偿。

3. 是否常有员工离职的情况

创业初期的员工多数有点"自己人"的味道,彼此之间除了薪资、未来利润作为权利与义务关系的联结,其间还有一些是属于情感上的联系。但是,毕竟创业者是为了企业的利益及持续发展,可能对于团队成员有一定的考核及任免制度,并理性地提出一套关于不适合任员工问题的解决方案。不过,创业管理根本上比一般企业经营更为复杂,主要原因是创业过程夹杂了许多人性面的感性议题,尤其在事业发展过程中经常发生与原来预期有落差的事情,这时候创业发展就必须依赖团队成员间的相互包容与扶持,才能渡过种种难关。

从每个成功的创业案例中,可以看到杰出的创业者,是同时扮演着企业领导人、家庭大家长及亲密革命伙伴三种角色(刘常勇,2002)。而员工中途离职则是投资人关注的一个焦点,虽然投资人不会长时间待在企业内部观察,但企业内部的好坏问题直接体现在员工的去留上。另外,还要考虑员工去留的长远影响,毕竟创业团队成员对于新事业的贡献,包括从创业构想、经营模式计划、提供专业能力、联系的经验、网络资源等,这些无形资产都可能随着初始员工的离开而消失。因此,这也是投资人会将其列为观察重点的理由之一。

4. 团队成员背景专业组合

第四点应该是天使投资人与风险投资人都会关注的,有时一个坚强的专业背景的团队反而让投资人倒胃口,原因是他们对技术的坚持太过理想化,不能产生与市场共鸣的互动。因为理想的团队背景应该包括三种专长特征人才——技术、营运及财务,而多数成功的创业团队中,这三种特色的人才组合能发挥完美的作业,如同前述阿里巴巴个案,创始团队中几乎都是有技术背景的小伙子负责,而市场营销的部分则是马云负责,最后结合蔡崇信的财务操作,奠定了今天阿里巴巴王国的基础。

事实上，从团队成员的背景资料中，尤其是从专长与学历中就能看出这个团队是否靠谱。若是东拼西凑的团队，这些成员之中很难有个脉络可以归纳，因为有点脉络关系的团队。例如，同校、同乡、同事的组合，会比较容易受到投资人的肯定，毕竟这看起来就不像杂牌军的组成模式。有脉络可寻的团队，较为容易致力于共同创造新事业的价值，而拥有一个了解创造价值的团队，才是成功创业的保证。因此，投资人的投资团队去追求目标，也唯有新事业的不断增值，才有可能使所有参与者享受到其中的利益。

对于投资人观察新创公司的团队问题，笔者提出了一些个人的想法作为参考，通过合理的薪资结构及股权分配，能有效地与投资人沟通未来公司的发展方向，团队成员的股权分配不可能是均等的，因为每一位成员的资历与能力都不相等，但需要合理、透明与公平。通常，创业家（founder）与主要贡献者会拥有比较多的股权，但只要与他们对于价值创造的贡献上能相配套，就是一种合理的股权分配。如果有一家创业公司的4位成员以平均方式各拥有25%的股权，但其中两位几乎对于新事业发展完全没有贡献，这样的创业团队其实是不健全的，也因此几乎没有一家风险投资公司愿意投资这家公司。

好的创业团队是能将经营成果合理分享给有贡献的团队成员。例如，中国台湾地区的高科技产业流行采取分红配股制度，配合一套非常公平的绩效评量制度，这对于留住高科技职员与延揽人有很大的帮助。而美国的新创公司则多采用股票选择权的方式，两者方式虽不同，但各具不同优点。组建一个高效能的创业团队并非一蹴而就，往往是在新事业发展过程中，才逐渐孕育形成完美组合的创业团队，且在这个过程中，创业成员也可能因为理念不合等原因，而在创业过程中不断地替换。

四、成长型组织设计

从本书开始，笔者就直言一个人的创业在今天是行不通的。审视现今的创业，已非单纯地追求个人英雄表现或创业家精神的行为，每一个成功创业案例都关系着能否组成创业团队，而一个团队运作（teamwork）是成功的关键因素。因此，如何设计一个组织架构能够协助成员成长，让这群人在这个组织内各掌所司、相互作用而成为一个专业的团体，不仅达成个人的理想与专业目标，更能让组织全体提升成长。这其中包括餐饮组织的区别、影响组织结构的因素，以及组织内职权的划分。

在创业第二阶段，就应该着力于组织团队的建立，将发展组织作为一种重要的工作，通过协助组织成员之间的责任与权力分配，进一步帮助团队的建立，发挥最大的团队效应。了解组织系统，可使员工达到三个目的：

（1）了解每个岗位的工作权责与其他员工的相互关系。

（2）组织结构明示命令的路径，使员工知其所属而遵循指示。

（3）组织表透露出可能的升迁管道，让成员建立自己的目标并努力达成。

从打游击型的初步创业组织，慢慢走向正规军的作战方式，构建一个稳固的组织结构，又不失游击部队的灵活性，这是对创业者与团队成员的考验。一份组织表除了能提供人事单位或创业管理者在员工甄选、训练、奖惩、考核方面使用，也可以作为薪资结构的基础评定，有明确的规范与操作方向。尽管每一个产业与企业都有不同的组织结构，但笔者认为每个组织的目的都是一致的，就是提供最佳服务以及获取营业利润，让创业走向成功。针对成长型的组织设计，本书提供几个基本思考方向：

1. 思考组织走向

所谓的组织，是指由两个或两个以上的个体所组成，为达到共同目的，在有意识的合作之下，持续运作的社会单位。组织为了协调及控制其成员的活动，于是孕育出结构。一般而言，组织在逐步成长的过程中，因业务不同而产生的组织结构也有所不同，对应着公司的规模、战略规划、职权层级划分及环境等而有所差异。最常采用的是简单型、功能型和产品型这三种组织结构。

（1）简单型结构。大多数小型公司都会采用简单型组织结构，小规模公司为了精简人事，往往一人身兼数职，创业者称为老板也就是管理者，其编制可能只有几名业务员、会计、出纳和总务，所以，整个组织表的架构看似扁平状，其实也属于初阶官僚层级。组织决策权操在创业者手里，且做决策时大都以口头相传，较不正式。但是，面对市场需求多样变化的行业，扁平化的组织就十分有利，原因是决策者能够立即获得主要信息，并能迅速地响应问题。

（2）功能型结构。当企业进入一种特殊部门得以区分，且有一些是异常重要的部门状态时，除了员工编制自然扩大，类似或相关专业的人会集合在同一个部门，学术上称为部门化（departmentalization）。例如，医疗机构的医师部门、护理部门特别重要，汽车公司的销售部门很重要，对应着汽车工厂则是制造部门很重要。其编制按照工作内容和性质来划分，此为功能型结构的典型。如此一来，一方面，方便管理控制；另一方面，员工的专长相近，更容易沟通，对组织环境也能感到较为舒适。

（3）产品型结构。当今许多企业，尤其是以服务为主的企业，是以产品销售为企业最重要的营销活动，这部分就已销售产品的不同而区分组织架构，其余支持销售的则为辅助部门。产品型结构最大的好处就是权责分明，成败责任无法推诿；但是，却也常常造成协调不当和人员设备的重叠设置，因而造成成本上的浪费。早在20世纪70年代，管理学者们就提出变形虫组织（amoeba organization）的概念，也就是指这种产品导向的组织结构，以充分的弹性、灵活特性，对市场做出快速反应，以应对瞬息万变的商机（明兹伯格，1979）。产品型结构采用内部最小经营单位，集合内部最适合的成员，只要阶段性的任务达成，成员各自回到原工作岗位，等待下一个新任务的开始，打破传统科层管理由上而下的组织形态。

2. 建立组织结构

发展团队组织的最大功能，就是发挥企业现有的人力，达成创业成功的终极目标。根据 Aldag & Stearns（1987）的研究，现在企业的组织结构有五大要素，包括工作专门化（work specialization）、组织部门化（departmentalization）、集权化程度（centralization）、控制的幅度（span of control）与协调的方式（methods of coordination）。若能将五个组织结构完美发挥，其创业团队能产生的综合效能自然不会低落。

随着新创企业的规模越来越大，组织中就会出现两种有趣的现象，一是新旧成员间的相处问题；二是随着有职场经验的员工入职，会将其他企业的行事风格带入新公司中。此时，组织中最忌讳也最常发生的就是创业团队的管理干部资浅，与新进的资深员工之间相互对立，此时就需要集权化的领导力量协助，秉持着"对事不对人"的态度，让组织内的关系结构可以更加稳固。这种主管资浅、员工资深的情况确实常发生在新创企业，这也导致组织内部的疏离感，加速不良恶习进入新公司中。创业者此时需要留意的是在组织结构中，每隔一段时间进行观察及改进，按照当前企业的产品、作业程序、服务方法和决策授权机制加以讨论及改进。当创业者也学习当个经营者时，应该要系统地、持续地改善企业的组织结构。

3. 确定工作内容

当组织结构逐步被确定之后，就要明确定义每个职务的工作内容。职务的工作内容在各种企业都不一样，就算是同类型企业，工作分配及内容也可能不太相同。一般而言，明确组织内的各职务工作内容，可以分为四个方面进行：

（1）先确定实现组织目标所需要的活动，并按专业化分工的原则进行分类，按类别设立相应的工作岗位。

（2）根据新创企业的产业特性、组织特点、外部环境及目标需要，逐一划分工作部门、设计各单位机构和结构关系。

（3）规定组织结构中各种职务及职位头衔，明确各职位责任，并授予相应的权力及建立监督考核机制。

（4）持续讨论各职务的适当性，有无需要调整。几次修正后，着手将组织内部的规章制度确定下来，建立和健全组织结构中纵横的相互关系。

4. 调整组织目标

随着企业从新创时期逐步走向成熟，创业组织会从原先满足目标市场、管理者与员工的需求，走向以满足投资人需要为主的目标，以及挂在嘴边的永续经营。为了有效地满足目标市场、团队成员、新进员工及投资人的需求，就必须设立健全的组织来执行公司政策，分配工作、资源、权力、责任，并给予工作报酬。此时创业者可以思考四个组织目标：

（1）战略目标。不是当下要做的事情，而是一个长远计划要达到的终极目标，也就是当长期目标、中期目标和短期目标都完成时，这个战略目标才有存在的可能。

（2）长期目标。根据战略目标，结合当前主客观条件所提出的基本任务，这项任务是要在今后一个相当长的时期内才能完成的。长期计划的作用是给予团队成员一个具体方向和奋斗目标，而直指通向战略目标的里程碑和航标。一般而言，长期目标常以十年作为一期规划。

（3）中期目标。把长期目标做具体的划分，由当前组织的功能或近期需设置的新组织，拟定付诸施行的具体工作方针。中期目标是长期目标的一份列表，没有这些中期目标的被实践，长期目标也是不能付诸实施的。一般来说，中期目标大多是设定三到五年作为一期。

（4）短期目标。可以具体且短期实践的计划目标，这种目标把任务落实到每一个基层单位甚至每一个成员。常将短期目标与薪酬挂钩，用来激励、鞭策成员达成目标。究竟多短为一期，要据各产业特性而定，有些销售事业常以月为单位，而一些以研究为主体的事业常以年作单位。

五、人力资源管理

据笔者个人经验,创业初期三个重要方面中并没有将人力资源管理并入其中,常常只讨论技术开发、市场销售及财务操作三种专业,因此,人力资源主管的责任常落到创业者本人身上。如果这位创业者是个有丰富社会经验的人,身兼人事主管还说得过去,但若他是一位刚毕业的大学生,或是正在念书的大学生,当这个人事主管应该具有一定的挑战性。因此,这部分知识不可忽视,是给大学生创业重点提醒之用。

(一) 基本原则

创业之后,新创的企业要往成熟企业发展,继续延揽优秀人才,以及提供让从业人员发展潜能的机会,都是创业成功的必要条件。近年来,中国国内社会经济的发展使得劳动成本日益提高,经营成本逐渐提高。一般中小型与微型企业的创业者,必须一方面致力于提升自身盈利能力,另一方面得靠高效能的管理提高生产力,若单靠压缩人事费用,往往只能适得其反。为了顺应经营环境的快速变迁,创业者对于人员管理的基本观念,可以参照下列建议:

(1) 尊重每一位员工的独立人格。
(2) 确保员工的薪资待遇及福利不会低于一般水平。
(3) 加强员工的继续教育训练,提高必要的专业知识和技能,提高生产力。
(4) 公平对待每位员工,使其适才适所,得以发挥特长。
(5) 让员工保持热情和创意,并充分运用于工作上。

(二) 人力管理政策

多数创业者仅着重人事管理。例如,人员的招募、遴选、任用、升迁、核薪和奖惩,而员工多为单向地接受上司的监督和管理,久而久之,便失去了组织内双向互动的机会。现代的创业活动,应将员工视为公司的重要资源,除了前述要点外,还要着重人力资源开发,做好管理方面的工作。

创业者学习与了解人力资源管理,其根本的目的是为了组织获得、发展及留住优良员工,并排除不适任职员及管理干部,尤其是不适任的核心团队成员。针对新创企业在人才的吸收、培育、保用三方面，以人力资源的发展战略面对新企业的成长，尤其是对社会经验较浅的年轻创业者而言，下文具有重要的参考价值。兹分述如下：

（1）重视内部顾客。将企业内的工作伙伴视为内部顾客（internal customers），如果自家企业不能提供员工愿意接受的服务质量，员工就不可能提供给客人好质量的服务。优秀的企业经营者非常明白，该如何去照顾及关怀那些努力工作的员工伙伴。

（2）协助横向学习。日本大型商社会让新人第一年在各部门轮流见习，第二年才回到原岗位任职，其目的是让员工充分了解各部门运作的工作内容。横向学习也是增进横向沟通的能力，这点值得华人创业者借鉴。

（3）重视人才素质。辨识每一位应聘者的真实能力与企图心，招募最合适的应聘者，并且选择付给人才足够的薪资。当今企业都能认识到人才是最大的资产，如果好的人才都不愿意前来工作，那么新企业日后的发展前景着实让人堪忧。

（4）提供职间训练。不断地提供员工完整的训练计划，对企业新进与既有的员工而言，应该是一个不断成长的计划，通过训练让员工成长学习，训练可以让员工不仅知道怎么做、该怎么做，更重要的是要让员工提升层次，获得知道说什么及该如何说的能力。

（5）人力资源政策。一个持久永续的人力发展战略，包括：吸收人才，进行人力规划、招募、遴选；培育人才，提供合理的薪酬及奖励；保用人才，进行培训、发展及考核等。同时，人力资源政策会随着不同时期的公司发展，不断地进行检视并评估它的适用性，做出最合适的修正及调整。

（三）人才招募渠道

当新创企业逐渐成长时，各岗位的人力需求陆续出现，除了职务扩充人力之外，还有新功能的职位空缺出现。确定岗位需求后，招募与选用的程序即可开始，招募是寻找可能的员工人选，同时，邀请他们前来应征的过程。因此，当新创企业要招聘员工时，需要考虑以下几点注意事项：

（1）需要招聘职位，这些职位应具备基本技能和特殊要求。
（2）需要招聘的员工人数。
（3）招聘员工的目标薪资。

一般而言，企业招募各职务员工的来源与途径，可分为下列七种：

（1）调任企业内部员工，这是新创企业常见的一种方式，目的是快速进入岗位工作，因此，其优点是能迅速填补空缺，且无公司文化适应上的问题，也较能满足员工期望。但对应的缺点是原部门仍须另外招募人员，或原工作需由现有人力分担。

（2）通过现有公司的员工推荐，这也是新创公司常见的用人方式，找到原本团队成员的同学、同乡或同事，这虽然有很多优点，包括可节省媒体刊登的费用、新员工较容易适应公司、由成员考核担保等，但这个模式的缺点也不能轻忽，若是单纯认识的牵线，除了像是走后门之外，更可能养成一帮"朋党"，与中国汉朝到隋朝初期的士族政治相同，有好人则组织兴旺，但若有迂腐晕君领政，士族体系则弊远大于利。

（3）刊登用人需求，包括通过报纸杂志、人力公司、网站等。从广泛接触的层面来说，报纸广告算是相对便宜的宣传媒介，而人力公司或网站的人才来源较为广泛，如果是人力资源公司推荐，则已先经过初步筛选，也可以缩短求才公司的作业时间。然而，毕竟这些人才是看到报纸杂志才来应征的，应征者的人格特质无法得知，因此，可能会浪费了面试的人事成本。

（4）通过政府机构的人力媒合制度。当前中国各省、各市都有设置协助群众就业的服务措施，其优点是成本较低，可针对特定对象进行搜寻，部分地区还可以获得政府部门的奖励金。然而，政府中介的人力常是失业、前公司倒闭、产业转型员工等，是否符合新创企业的需要，这是值得疑虑的地方。

（5）通过校园、军队招募人才。从高校毕业生、退伍军人中招募人才，其好处在于招募成本不高，可以针对特定对象进行招募，又可以提高公司的知名度，还可以避免员工有前公司的负面组织文化。但对应缺点是学生与退伍军人大多缺乏实际工作经验，且新创公司知名度较低，恐导致招募效果不佳。

（6）建立一套完善的建教合作机制，通过培养学生即未来员工的心态，建立长期而稳定的人员供应来源，同时，有学校教师作为专业知识的养成资源，又可以提高公司知名度。但这对新创企业而言有个先天的致命缺陷，就是如果用人需求急切，建教合作无法提供大量的专职员工，且建教合作本身得先付出一笔学费及生活费，对新创企业的财务来说无疑是种压力。

六、叙留人才要素

1959年,赫茨伯格(Herzberg)提出的双因素理论,重点在试图解释员工重视某些与工作绩效有关的原因,虽然当前有不少后续讨论其正确性的文献,但该理论具有两个独特的应用面。首先,该理论强调一些工作因素能产生满意感,而另外一些则只能防止产生不满意感,比如,薪资;其次,对工作的满意感和不满意感并非存在于单一的连续体中。因此,以此理论来看,留住公司的关键人才除了薪资,还要有其他的配合因素。

(一)薪资与奖酬

所谓薪资(salary)就是员工的工作所得,员工根据劳资双方的工作合同内容,向雇主定期取得的报酬。相反地,员工对企业也有应负责任的契约义务。而获得来自业者之权力的代价,可说是员工本身收入的来源,也是维持及改善家庭生活的主要凭借。薪资对业者而言,是经营的主要成本之一,攸关业者的盈亏,而且薪资亦是业者用来激励员工的主要工具,能鼓舞士气,提高工作效率。

1. 薪资

薪资是重要的激励因素,也是员工维持生活所需的基本要素,如果员工只能获得维持生活的偏低薪资,很可能会迫使员工另觅高就。但也可能公司薪资水平合理,员工虽然在组织中表现突出,但薪资制度僵化也可能导致其无法满足个人的目标,或是觉得组织将他视为廉价劳工,因而离职,抑或者在工作岗位上以怠惰工作职务等消极形式抗议。因此,薪资制度除了必须能吸引优秀人才前来应聘工作外,同时,要让既有员工安于现有职位,且愿意为组织努力奉献。

就新创企业而言,创业者在薪资制度设计上可以考虑四个层次:

(1)除了核心成员之外,多数员工常常会把类似企业的薪资福利作优劣对比,而新创企业在这方面是非常容易吃亏的,因此,除了薪资之外,也必须给予员工更多弹性及未来奖酬的真实希望。

(2)设计一个业界能接受的薪资水平,也就是相同职务的薪资高于、相当于或低于同业一般的水平。

（3）在结构中增加职务加给，根据管理职、专业职、年资及绩效表现，可以作为增加薪酬的条件。

（4）增加个别微调的空间，用来给有潜力的员工一个初步的肯定，或把已经有其他企业年资的员工吸引过来。

这四个考虑层次设计完成后，仍必须考虑采用单一薪俸制或是多重加给制。前者适用于单一项目涵盖全部的例行性给付，后者则是将薪资区分为底薪和各种加给及红利。

2. 奖金制度

以往企业盈余是属于企业主个人所有，员工仅有领取固定薪资的部分。然而，现代企业经营不比以往，企业的营运绩效也是全体员工共同努力的成果，因此，将盈余部分作为奖金发给员工，奖金制度又可称为分红制度、提成制度。以奖金作为激励主要分为短期效果和长期效果两类，短期是对管理人员完成短期目标的额外奖励，长期效果则是激励为企业长期绩效做出贡献的管理人员，长期激励计划可以弥补短期激励计划带来的短期利益行为，使管理工作人员更注重组织的长期发展。

在销售佣金制、基本工资加浮动奖金制、基本工资加津贴制、基本工资加红利制中，奖金多数是实际的现金。然而，当前对于专业技术人员的留用更加迫切，因此，除了专业技术人员的报酬比较高之外，很多高科技形态的企业除了用奖金支付、利润分享，另外加上股票认购、未来股权配送等方式激励专业技术人员。除了针对专业技术人才，企业有时会给予员工优惠的公司股权认购权，这也是一种弹性的奖励及留用方式。当然，员工需要满足一些认购权的设定要求。例如，员工任职满三年、工作绩效达到公司平均值以上等条件，才能按指定价格购买股票或未上市股票。员工股权作为一种促进生产力的激励手段，企业使用这种手段是希望员工集体生产力的提高，最终增加公司股票的价值。

3. 福利制度

企业对于员工除了薪资及奖金为实质金钱之外，对公司员工在物质上、精神上的支持内容，可以称为福利。除了按政府规定缴纳的社会福利（在中国即指俗称的"五险一金"，包括养老保险、医疗保险、失业保险、工伤保险、生育保险及住房公积金）之外，还有是依照不同行业要求的特别福利制度。例如，运输行业的强制保险、强制健康检查等，依法规要求必须办理。

因此，员工福利措施，可以分为经济性福利措施、休闲娱乐性福利措施及支持性福利措施三大类。

（1）经济性福利措施主要是员工提供薪资及奖金之外的经济安全服务，借以减轻员工负担或增加额外收入。此类福利通常包括疾病与意外伤残补助、因公死亡互助金、产品消费优待、购屋补贴、买车补贴等。

（2）休闲娱乐性福利措施是通过办理一些增加员工感情社交和娱乐活动，借以促进员工身心健康，并能加强员工对公司的认同感。这类措施一般包括各种体育活动、设置运动设施、国内外旅游、每月庆生会、歌唱比赛、摄影比赛等。

（3）支持性福利措施指公司提供各项设备或服务，支持员工日常所需要的便利服务，该福利措施可以完全免费或由员工负担部分费用。常见的有员工餐厅、宿舍、交通车、福利商品、保健医疗、健康检查、幼儿园、员工进修补助、薪资理财服务等。

4. 奖励制度

奖励制度是配合奖金制度的另一种方式，奖金是金钱物质的给予，而奖励则是非金钱物质的方式。非经济诱因的奖励即以金钱以外的精神层面奖励，包括下列各项：

（1）公开表扬称赞。对工作表现优良的员工予以公开表扬，并颁发奖状。不论是在如集会时表扬，或在内部刊物上表扬，均可起到鼓舞员工士气的作用。

（2）行政奖励。对工作绩效优良的员工给予记功、嘉奖的行政奖励，而记功、嘉奖可作为考绩、晋升等加分的依据。

（3）职位晋升。让绩效优良的员工晋升较高的职位，使其取得较高的地位与待遇，工作起来更有成就感、归属感，这也是奖励的一种。

要发挥奖励的最大效益，务必要注意金钱和非经济奖励的搭配比例，让员工获得荣誉，除了上述公开表扬、记功嘉奖的行政奖励、职位晋升外，还有一些可以让创业者参考的方式。例如，互选模范同仁、年终特别表扬、设置公司荣誉墙等。

5. 职业训练

职业训练与生涯发展的种类繁多，依据训练的时间点加以划分，可分为职前的引导性训练以及在职员工的训练。又以训练的方式划分，可区分为课堂讲授、在职训练、工作指导训练、程序化指导训练、视听补助教学及模拟训练等。本书对职业训练仅作初步分类及说明。

一般针对入职员工的职业训练分为两类：新进人员训练（orientation）及在职训练（on the job training），新进人员训练的主要目的是协助新进员工了解工作内容，使新进员工可以尽快熟悉公司的一切。引导性训练也应重视无形层面，即设法使新进员工融入企业的文化及社交中。而在职训练重点在于持续培养员工的技术能力，如果企业本身训练能力不足，也可以像部分中小型企业一样，采用职外训练（off the job training），将员工送到特定地点接受外部单位的教育训练，达到技术与技能的进步。

◎ 本章总结

本书从第五章开始，阐述了一个用在创业中的管理基本学架构，制造、销售、人事、研发及财务。诚如笔者所言，创业成功在于"制造"加"销售"，因为这两个企业活动的指标会直指盈余。然而，成功的背后绝对是要有完整且成功的"人事、研发及财务"。没有一个坚强的团队，如何能把制造、销售做到位呢？

在团队与人事的创业阶段中，创业者一方面要用有限的资源进行创业业务拓展，另一方面要做内部组织的建构及布局，这个过程夹杂了许多人性面的感性议题，创业是为了实现创业家的理想，无论这个理想是对金钱物质的追求，或是得到自我理想的实践，创业、事业发展过程中都会经常发生与原来预期有落差的结果，这时候创业发展必须依赖团队成员间的相互包容与扶持，才能渡过种种难关。"清官难断家务事"，管理人事组织本来就是一件极度困难的事情，且创业管理根本上比一般企业经营更为复杂。但是，每个成功的创业案例背后，都可以看到杰出的创业者作为企业领导人、家庭大家长及亲密伙伴三种角色的轮流出现。

等到新创企业足够成熟之后，接着的是组织设计及薪酬奖励制度的设计，此时的创业者得想着更多的气度与愿景，若创业团队成员不懂得分享，不舍得将股权出让给能够提升事业价值的新伙伴，或是创业者牢牢抓紧一个新创企业的股权，而不愿意用股权换来更关键的人才、团队，这都是非常不明智的举措。今天，中国几个互联网的龙头公司。例如，马云及马化腾，对其企业掌握的股权也不足自有企业的10%，因为自己所拥有股权比重高低并非关键，关键是要懂得利用股权交易来增加企业的价值，先懂得"舍得"，才能真正地"拥有"。

◎ 重要名词

1. 团队运作（teamwork）
2. 基石（anchoring）
3. 薪资（salary）
4. 部门化（departmentalization）
5. 变形虫组织（amoeba organization）
6. 集权化程度（centralization）
7. 内部顾客（internal customers）
8. 新进人员训练（orientation）
9. 在职训练（on the job training）
10. 职外训练（off the job training）

◎ 问题讨论

1. 硅谷个案故事 Instagram 中创办人在寻求融资的过程中，为何被建议需要增加团队伙伴？是缺少哪一类的伙伴？
2. 在创业初期缺少重金可以礼聘人才，那应该如何建立起创业初期团队？
3. 若以投资人的思考角度，会留意创业团队人才组成的哪些问题？
4. 两位应征公司的职员，一位年纪轻、资历浅，要求待遇不是很高，另一位具有实务资历，但薪资要求较高，你会选择聘任哪一位？

参考文献

［1］莱恩. 创业头条：16位硅谷科技新贵的成功法则［M］. 孙莹莹，译. 杭州：浙江人民出版社，2015.

［2］艾诚. 创业的常识［M］. 北京：中信出版社，2016.

［3］陈伟. 这就是马云：马云认可的官方传记［M］. 杭州：浙江人民出版社，2015.

［4］刘常勇. 创业管理的十二堂课［M］. 北京：中信出版社，2002.

［5］SAXENIAN, ANNALEE. The new argonauts：regional advantage in a global economy [M]. Cambridge: Harvard University Press, 2007.

[6] ALDAG, STEARNS R J. TM. management [M]. Ohio: South-Western Publishing, 1987.

第八章 创业期研发管理

硅谷个案：Spotify

20世纪90年代末，肖恩·范宁（Shawn Fanning）和肖恩·帕克（Sean Parker）开创了免费音乐下载网站Napster。Napster没有附带任何条件地为人们提供在线音乐，让人们形成一种"享受音乐不需要付费"的观念，这从根本上颠覆了整个唱片产业。后来，Napster网站因对大量音乐作品造成侵权被迫关闭，但这对音乐软件Spotify创始人丹尼尔·埃克（Daniel Ek）产生了重大启蒙，他把Napster形容为"对我影响最大的互联网体验"，那时候的他也是如今被视作"迷失的一代"中的一个。那一代人，不相信音乐需要付费购买。

转折点在2001年，史蒂夫·乔布斯（Steve Jobs）在实体唱片产业最惨淡的时期推出iTunes。乔布斯所推出的iTunes，让消费者养成了购买音乐单曲而非整张音乐专辑的习惯。但整张专辑的售卖，一直是唱片产业得以存活的命脉。所以，对于急剧衰退的唱片产业而言，苹果公司此举无疑是雪上加霜。

接下来，唱片产业迎来了第三位颠覆者——丹尼尔·埃克。音乐产业一直在等待一位如埃克一般的人：能够创造出比盗版产品更能够吸引用户的东西，同时提供一套可持续的盈利模式。埃克说："尽管人们现在比以往任何时候听的音乐都多，并且制作音乐的艺人风格也更加多元化，但整个音乐产业却每况愈下。"因此，他们决心进行音乐产业的颠覆性变革。

埃克和他的合伙人罗伦松在一个小公寓里创建了一款与社交结合的付费音乐软件，并取名为Spotify。埃克和罗伦松最初的目标是获得全球音乐版权，但却很快遭到版权商们的拒绝。此后，他们将主要目标放在欧洲授权许可上，但也花费了两年的时间。最终，埃克在与唱片公司谈判的时候，Spotify耗尽了所有的资金，还承诺预付100万美元给唱片公司，以获得音乐库的使用权。为获得合法的音乐使用权，他们几乎赌上了所有的家当，甚至整个公司。2008年，Spotify在斯堪的那维亚半岛、法国、英国和西班牙线上运营。此后又花费了三年的时间，与美国相关机构与政府部门达成了运营协议。

艰难的音乐使用权获取之路，同时加上聚合社交功能为亮点，Spotify形成了这样一种盈利模式：下载并注册Spotify，每月只需要支付10美元。用户即可与社交网络上的好友分享自己的播放列表、创建自己的专属音乐列表，并在移动设备上便利地欣赏自己的音乐藏品。Spotify具有iTunes的快速和便捷、Napster的灵活和广度。最重要的是它结合了在线电台服务潘多拉（Pandora）极具诱惑的定价模式。目前，大约25%的Spotify用户订阅了付费服务。那就意味着有1000万人对埃克的这款付费音乐产品怀有信心，并支持他开展与苹果、谷歌、亚马逊三方面的竞争。可见，在全球范围内，音乐产业或许已经找到了令其起死回生的"灵丹妙药"。

（个案来源：《创业头条：16位硅谷科技新贵的成功法则》，第四篇，由中山大学南方学院政商研究院2014级郑思琪重新编写）

每一位创业者应该都有着这样一个信念，即"Do something different"。但好点子总是不易得来，所以，本章主要讨论的是：如何才能抓住灵感，得到更多的好点子和当创业流程启动时，对于好点子从创意到实践的过程中都涉及哪些相关管理理论与实务经验。

一、如何抓住灵感

创业不能单靠蛮力、冲劲或信心，有时灵光乍现的刹那，能解决很多消费者的老问题、创造很多新乐趣……这些创业所需要的点子，经由创业者发掘出来，由创业者仔细辨认市场机会，经过不断地尝试、修正再提出新商品或服务，最终获得消费市场的肯定。当前的创业者，该如何发掘创业机会呢？笔者认为生活中的任何事物都有创业灵感的可能，如同佛祖所言："无处皆可悟道。"但这样尚不能成为学术上的讨论。

近代创业学大师彼得·德鲁克（Peter Drucker）在2009年的《创新与创业精神》（*Innovation and Entrepreneurship*）一书中说明了七种创业灵感的类型。分别为：

（一）意外的失败事件

古今中外，许许多多的科学发现、创新产物，都是从意外中诞生的，但重要的是，当这些意外事件出现的时候，创业者能否意识到这个意外背后的价值。

盘尼西林：盘尼西林是人类第一次发现能对抗顽强致病细菌的药物。它的发现却是源于一次意外，实验人员在进行细菌培养阶段，令培养基不小心被带有霉菌的样本污染，导致几小时后培养基出现完美的圆形无细菌圈。如果以培养细菌来看这个流程是失败的，但这个意外的失败却给人们带来另一个想法，霉菌为何与细菌相斥？进而开启一系列的抗生素药品研究（蔡秋帆、汤念湖、王耀宏，2014）。

蓝色小药丸：Viagra，俗称"伟哥"，它最早的名字其实叫作"西地那非片"。它本来是辉瑞制药公司的研究人员发明的治疗心脏病的新药，他们希望它能够治疗心绞痛。然而，当这种心脏病新药在英国斯旺西市的一家医院中首次进行临床试用时，并没有什么明显的疗效。但让医生们困惑的是，虽然该药对治疗心脏病的作用不大，可当药厂研究人员依照合约向患者索取样品药物时，却受到很多参与临床实验的男患者们的拒绝。原来，男患者们发现该药具有一种奇特的作用。于是，药厂决定"改弦易辙"，将这种意外而成了"壮阳药"的心脏病新药取名为"Viagra"，并于20世纪90年代末正式投向全球市场，这一"失之东隅，收之桑榆"的壮阳药给辉瑞制药公司带来了滚滚财源。

由史可鉴，创业者应该多一层心思，对于"失败"这个名词应有360度的观察，因为当多数人看到失败的表面时，常忽略了可能反转为"成功"的面向。任何一个天马行空、看似虚无的想法，如果能通过系统化的实验、市场验证，就不会是虚无、不切实际的想法，而是一个全新的消费概念。当大家执着在"失败"的表面时，成功的创业者则往往是看到了机会与希望。当意外的失败事件成为创业机会时，常常在被提出的当下，容易遭到他人否决，因为人们有一种惯性倾向，当一个非主流的想法出现时，往往会被贴上不正常、不合理的标签，从而错失了成功的创业机会。

又如，在20世纪80年代红遍海峡两岸的"小虎队"。当时，唱片公司从三个人的材料中看到的，是三个未达巨星程度的资浅艺人，会唱歌的外貌没有特别突出，会跳舞的却是歌唱较弱，而有气质外形的其他表现普通，因此，这三个人分开看是各有特色的新人，却不能成为独挑大梁的巨星。巧妙的是，通过当时的经纪人宋文善的巧手包装，利用团队组合的偶像模式操作，让观众看到三个人各自的优点，小虎队迅速成为当时当红的偶像团体。类似的故事也发生在2005年成军的韩国偶像团体Super Junior，当时新人培训中心内有多位男艺人，但各自的才艺程度达不到单独发行专辑、接拍电视的条件，于是，经纪公司采用集合大型偶像团体的模式，将这些男艺人编组为 Super Junior，以十二人团队的方式唱歌跳舞，结果掀起消费市场的一股热潮，席卷亚洲邻近的多个国家和地区。

具有参考价值的失败经验不是靠运气得来的，创业者应该仔细审视并记录每一个意外的出现，即使它乍听之下不是那么令人满意。那么，该如何把握从失败中得来的创业机会呢？比起意外的成功，意外的失败或许更为难堪，且更容易被忽略。但当你自信满满，却出乎意料地尝到失败的苦果，也代表你充满自信的思考模式有一块看不到的死角。或许当你从这块死角重新审视创业机会时，又会有完全不同的感悟。

（二）不一致的状况

不一致的状况与失败相似又有些不同，因为发生不一致的状况不能等于失败，而是出现意外。这些意外可能是另一种灵感的来源，也可能是一种新的创业契机。回到观察市场上的这类不一致状况，其实也有很多蛛丝马迹可以追寻，通常消费与预期的不一致状况区分为四种，包括经济现况、认知与现实、价值与期望、程序与逻辑的不一致。

1. 经济现况不一致

这种不一致最早出现于经济学的研究中。例如，当时由于爱尔兰的马铃薯歉收，导致市场售价上涨，零售商们都担心马铃薯因为变贵而滞销，事实上却相反，消费者对马铃薯的需求反而增加。而当时的经济学家季芬（Giffen）用"季芬财（Giffen's Goods）"解释了这种价格增加、需求也增加的特殊现象（曼昆，2014）。除此之外，美国在20世纪初期的经济大萧条期间，经济低迷，消费者应该无力消费食品以外的产品，但唯独酒精饮料却越卖越好，甚至让许多州政府从1920年起颁布的长期禁酒令越来越难执行。直到1933年立法解除全美国的禁酒令。当然，后续也有不少研究对季芬财、劣等财等进行探讨，但本书专注于创业的讨论而非经济理论，就不再细述。

2. 认知与现实不一致

认知与现实产生的冲突现象常可以带给人们非常有冲击力的想象空间。例如，一个不起眼的小店，却有非常美味的佳肴；或是一间平凡的书店，老板却有海外名校双博士学位。这种心理反差容易让人印象深刻、愿意去深入了解。创业的点子也可以应用这种差异心理，其实已经有不少的成功案例可循，笔者认为最为地道的应该是"臭豆腐"了，闻的时候很臭，吃的时候却很香。当然，这类认知与现实矛盾必须建立在效用之上，而不是创造一种没有效果的价值。例如，刚刚说的例子，如果闻起来很香，吃到嘴里却很臭，消费者是否愿意接受呢？

3. 价值与期望不一致

这种的差异往往存在于厂商低估或高估消费者的感受，厂商时常对顾客真正想购买的产品产生误解。例如，当市场内的厂商供应一项价值很高的商品，但顾客不愿意购买；反之，当厂商提供一个价值不高的低价商品，消费者却大量采购。若能从让消费者产生"价值与期望不一致"的模式中，找到一种机会让双方取得各自的需求，就能建构新的交易模式，从中赚取利润。其实"博弈"是最好举例的个案，但要说在中国开设赌场却不是个好点子，转换一下，有些在市井中设置的小玩意。例如，捞金鱼、钓螃蟹、抽礼物等，其价值是真的打捞到金鱼、螃蟹还是一种趣味及消磨时间呢？抽礼物也很难抽中大奖，但愿意花小钱的玩家是否会有一点期望值？这类小玩意普遍价值都不高，但有着浓厚的趣味概念，产品或本身奖品的期望值并不是最重要的事情，交易过程的愉快程度、乐趣成分才是最重要的内涵。

4. 程序与逻辑不一致

这一点是人们通过工作经验或实际深入观察才能体会的，很多工作在实际操作的程序中，与合理的逻辑不够一致，因此，人们尝试将这些程序进行改善，希望能够让商业流程更顺利，并且能获得不错的利润。例如，外科医师可以感受到手术作业的问题，进而找出不完美、不和谐的流程，并且改善流程或发明有用的装置设备。每个行业都有尚待改进的服务流程与事项，若能有效倾听各行各业第一线人员的声音，并将之整合，找出优化的解决方案，便能挖掘出相当有用的创业机会。

（三）程序上的被需要

此节所谈的程序需要，与前两项创业机会不同，它并非来自于内在的不一致，而是在外在的合作上需要的内容。德鲁克（1994）认为，这种被需要创新的程序，通常会有下列因素：①拥有一个独立的程序；②有一个较弱或欠缺的环节；③对目标的定义可以清楚界定；④有解决方案的标准；⑤应该还有更好的方式。有经验的创业者会快速发现程序的缺失，从现有的程序中找到较弱的环节进一步设计，将此机会视为创业的好机会。具备上述五种基本条件的成功创业个案，其实也非常多。

以往大家都没汽车的时候，对于车辆开久了之后如何报废并没有很多想法。随着国内经济实力的提升，开始出现有人新车开一阵子之后又想要换新车的现象，因此，所谓二手车市场有如雨后春笋般产生。然而，二手车市场存在买卖双方信息不对等的问题，于是，开始有一些二手车市场融入认证、质量保证等商业服务保障，也有搭上互联网的交易方式，更有原车厂自己兼做二手车的营销部门，主打车厂会针对回收车辆进行原厂耗损零件更新，质量绝对跟新车一样。这些程序在过去不被重视，是因为消费市场不存在、技术不成熟或尚未出现创新者，但今天中国消费能力提升，这些程序自然地就会被需要、被创造出来。

同样，现在许多社会精细分工的结果令这些商业程序陆续浮现。例如，懒得出门买食物可以用手机叫外卖，外送小哥就是在这种社会氛围下产生的。从地铁站到家中的这一小段路，如果能出现一种随借随用的单车，正好可以满足人们疲于走回家的最后一里路。或愉快出门的第一里路。于是，在互联网科技与金融工具都满足的情况下，共享单车的生意模式就在全中国火热了起来。当一个社会快速发展的同时，分工的情况也会越来越细致，因此，中国的各个城市在逐步提升经济实力的同时，也会让必要的分工程序越来越多元、复杂，而这些增加的新程序正是创业的好机会。

（四）产业与市场结构的调整

随着时代与科技的改变，社会产业与消费市场会产生巨大的结构变迁，这种变迁可能是短短数月就出现的巨大改变，也可能是要数十年才能完成的演化式改变。有时社会结构导致的产业、市场结构的改变是微小的，但是，很可能让拥有高度市场占有率的企业，因为一个微小的决策失误，导致原有市场全面崩盘。笔者认为，这如同虽然倒下一棵大树，但也可能标示着新的大树即将出现，或是很多小树补足了大树的位置。克里斯汀森用颠覆式创新来谈产业及市场调整时，提出：为何很多成熟的既有公司最后走向衰败，取而代之的是原先毫不起眼的非相关企业？笔者认为，这些能出头的新企业、新服务最为关键的部分是因为拥有具有创业家精神的人或团队，在市场移转需求的时机适时补足了缺口，由此多了一个崭新的创业商机。

（五）人口结构的改变

在研发之前或同时，企业对于目标市场的人口结构进行了解，最好能有长期的动态变化观察及趋势预测。人口结构材料向来是重大政策的参考指针数字。例如，出生率、死亡率、特定年龄层分布、成年人结婚比例等，以这些材料内容来看创业的可能发展方向，能从中得到独到的创业灵感。例如，中国人口的高龄化问题，会令照顾、服务老人等相关的创业机会增多，同时，也会影响老人身后问题的延伸行业，这些都是从人口结构中可以观察到的。

中国的一胎化政策执行了三四十年，导致人口结构上有一段快速减少的时间区间，然而，近年的二胎政策出台之后，与国民经济能力逐渐增加的同时，婴幼儿商品、幼儿到大学阶段的才艺培训、课业辅导等，很多商业机会逐渐浮现，另外，孩童用品的市场也越来越精致化。例如，孩童穿的衣服都有可能价钱、质量同步成长，这便是创业者可以有效因应变动的人口趋势，察觉市场走向，发现家长对于小孩的消费投资趋势，发掘有用的创业机会。

在当前这个被称作知识经济年代之中，除了传统人口统计的变项（如其细分的人口年龄结构及增减率）之外，其中性别、教育、各地产业结构劳工数等指针，都是观察产业结构变化的绝佳角度，人力资源与知识可以创造生产力，尤其年轻人口变成一国经济成长与吸引外资的人口红利。例如，当2015年中国政府推出"大众创业、万众创新"口号之后，各地政府都推出相关政策在抢博士、创业家，这些抢人的背景是从人口资料中观察得到的，当前各地缺乏高端研发人才、创业人才等。因此，延伸思考，善加观察人口与社会经济的变化，有个敏锐的市场嗅觉，是创业者创业引擎的重要钥匙。

（六）消费者认知的改变

50年前，能吃成胖嘟嘟的是件幸福的事情；但今天若是吃成胖胖的，为了你的健康着想，很多周边的朋友一定会跳出来要你减肥。消费者对于价值判断、认知建立的过程，并非是一成不变的，反而会随着时代的改变而有所改变，有时是新的认知出现之后，会将旧的认知完全颠覆。以健康为例，传统老一辈说白白胖胖的小娃儿有福气，今天我们则被医师提醒幼童过于肥胖容易诱发老年时期的慢性病，因此，如今大家的认知是过重的体重对健康有威胁，由此衍生出的减重市场、健康饮食市场的需求缺口出现，也造就了无数创业商机。

消费者的认知转变也不是那么容易的。例如，在掏钱消费的最后一个步骤上，当前中国各地都可以看到人们使用支付宝、微信支付等工具，但消费者要转换使用习惯也需要时间转换观念的，当消费者发现在找钱、结账速度、后台管理等都很方便的时候，自然地就会接受这个新的付费方式。近年，新加坡总理李显龙在2017年的国庆演说中直接点名，中国的在线支付如此发达，为何科技那么成熟的新加坡就无法做到，因为民众对政府支付工具的信任程度还不足。而另外一个先进国家德国，也是低度采用在线支付的消费市场，这是因为德国消费者对于传统纸币的信任，在短时间内无法用在线资金流改变认知态度，因此，德国成为欧盟国家中为数不多仍然依赖纸币消费的国家。

（七）新知识的陆续发现

发明新知识也是改变消费者认知的重要依据。600年前，人们还认为地球是宇宙的中心，太阳与月亮绕着地球转，而地球是平面的，航行到了尽头会有个大瀑布，而环球旅行只是那些探险家的工作。但今天我们知道不仅地球的长相全貌，而且应用新的知识创造飞机、船舰，提供消费者环球旅行，这样延伸思考，科学技术不断地进步，未来可能会出现太空旅游、火星移民等新的项目。

这时可以延伸思考，为何今天中国谈论的创新创业政策中，对于高阶研发人力的需求如此之大？因为除了要让知识变成可应用的科技外，还同时需要市场营销的人才，让新的知识能够成为创业的助力。面对基于新知识衍生的这些创业机会，创业者应该在知识产权上做好充分的保护，这样才能在新知识刚推出时，借由新知识带来的专利机会，进而大幅领先同行业竞争者，打造出应有的市场地位。

彼得·德鲁克（2009）提出的创新创业的七个源头，主要可以帮助创业者通过以上七种创业机会的源头，认真研究商业机会出现的可能，能够增加自己创业成功的机会。但也要思考，市场上会有成熟的既有领导企业、有丰富经验的项目经理人及伺机模仿的抄袭者，他们可能也正在寻找同样的创新创业或抄袭的机会，给真正的创业者增加成功的困难度。阅读本书的创业者如何能够成功呢？除了德鲁克（2009）提供的七种创业机会的源头之外，笔者同时推荐阅读"颠覆式创新"（disruptive innovation）理论，面对企业提供的现有商品，创业家应该持有跨越界线的开放看法，试着对商品提出更多的可能性，那么在日常生活中，发掘巨大的创业机会便不是空泛的梦想。

华中创业个案：从小做到大的巨大自行车

立足海峡两岸的自行车大厂"巨大机械"，在台湾地区使用的公司名为"捷安特"（Giant），原先在20世纪70年代是专注于自行车代工的业务，由欧美车厂将设计图、规格要求交给工厂，在中国台湾台中县的大甲镇开始加工。但随着时代的不断进步，董事长刘金标发现自行车已经从交通工具的使用，变成健身工具的消费概念，因此，他将海峡两岸的各工厂进行差异化的分工，对台湾的台中大甲厂房进行功能设计、研发、精密零件模块生产，而对江苏及昆山的工厂进行车架组装制造业务，结合两岸同胞的智慧，从设计、研发、营销、服务与管理等环节出发，创造出与其他自行车制造厂不同市场区隔的创新定位，将自行车推向高端休闲健身产品市场发展。如果当时刘董事长没有意识到自行车的时代功能的转变，继续制造运输形态的工具自行车，今天可还会有"巨大机械"这个名词？

（个案来源：《捷安特传奇——GIANT全球品牌经营学》，由中山大学南方学院政商研究院葛孟尧老师重新编写）

延伸理论介绍：颠覆式创新

具有实务产业经验的哈佛大学克里斯汀森（C. M. Christensen）教授，在1992年后陆续发表和出版了一些颠覆式创新的文章及书籍。克里斯汀森教授认为新进厂商想要在资源缺乏的情况下，挑战并战胜领导行业内的既有企业，可能采用的创新战略分别是新市场破坏和低端破坏模式。

在理论建构的逻辑中，这些行业内既有企业在一开始是忽视、不屑回应那些颠覆式创新的挑战，因为看起来新市场破坏并不会正面侵犯主流市场，而是与非消费者竞争，或是填补一些低端、极端的需求者。但往往就是这种对市场气氛的忽视，导致随着原先低端技术的另类商品逐步成熟及效能提升，而既有产品的性能也逐渐脱离原来的消费价值期待，最终结果是当初的主流企业被消费者淘汰，而消费者全面接受当时不起眼的颠覆式创新者。

克里斯汀森教授讲述的最经典、传神的 3 个 20 世纪的颠覆式创新产业案例分析，分别是：

故事一：挖土机。在早期，挖土机是用钢缆牵动挖土铁抓手，有点类似今天看到的夹娃娃机的设计，但是，20 世纪 40 年代发展出的液压式铲手，一开始功率效能太差，只能应用于清理水沟、挖掘树洞。随着技术的不断进步，液压式铲手的功率越来越好，再加上灵活移动的战车履带设计，到了 20 世纪 60 年代几乎看不到钢缆式的挖土机，原本的既有企业也因为来不及转型而遭到淘汰。

故事二：美国的钢铁厂。20 世纪 70 年代以前流行大型钢铁厂采矿炼钢的方式，因此，大型钢铁厂不愿意投资小型钢铁厂，但随着小型钢铁厂采用的炼钢电炉技术的进步，小型钢厂的炼钢品质及环保优势就产生效果，最终让大型钢铁厂逐一关门大吉，小型钢铁厂成为美国钢铁业的主流。

故事三：美国的硬盘机。20 世纪 70 年代末期，当 IBM 的硬盘机专利权到期后冒出很多硬盘厂商。当时，既有企业产品多以 14 寸硬盘机为主，供大型商业计算机厂商使用，当新进小公司制造 8 寸硬盘机时，其记忆容量、读取速度都不如 14 寸硬盘机。但随着 8 寸硬盘机技术的进步、个人计算机的崛起，这些 14 寸硬盘机的既有厂商都被淘汰了，留下的都是后起的 8 寸硬盘机新厂商。

（理论来源：《创新者的窘境》，由中山大学南方学院政商研究院葛孟尧老师重新编写）

二、增加创业构想的来源

人们在思考问题的时候，会容易出现两种思考模式，分别是扩张式思考（divergent thinking）、收敛式思考（convergent thinking），这两种模式前者是将问题发散、扩张、复杂化，而后者是缩限、收敛、单纯化（Guilford，1950），这两种思考都重要，但不能同时又扩张又收敛，这是思考创业构想时的严重忌讳。

海峡两岸暨香港、澳门，加上新加坡就是五个华人区域，考试升学制度导致学生习惯形成收敛式思考模式，从学生时代开始一直到出社会工作，我们碰到一个问题时，会依据既有的知识去思考可能的答案，导致只能想出极少或单一解决方法。日常生活中，这种思考模式可以帮助人类有条理且系统化地解决问题。相对地，西方教育制度习惯让学生发散式地寻找可能的解答方案。因此，除了一些自然课程有标准答案之外，多数课程不重视标准答案，而是评量每个学生找寻答案的基本态度，由此致使西方创业家多有发散式思考模式的特质。

与收敛式思考模式完全不同，发散式思考是一种开放性问题，允许同时存在多个有差异的可能答案。发散式的思考偏向直觉性的模式，比较适合处理有多个答案的问题，或是没有标准答案的问题。例如，"消费者现在喜欢吃怎样的食物？""新企业的新产品该如何命名？"这一类问题。值得注意的是，想要创业的每个人都可以进行扩张式思考与收敛式思考，只是每个人对这两种思考模式会有不同的偏好，有些人比较习惯于扩张式思考，而有些人则比较习惯于收敛式思考。

也有一些心理学家认为，所谓的发散思考或收敛思考与人们习惯使用左脑还是右脑思考有关，容易收敛思考者惯用左脑思考，而容易发散思考者则惯用右脑思考。扩张式思考与收敛式思考的关系，就像人们是在使用右脑还是左脑思考一样，扩张式思考由右脑负责，收敛式思考则发生于左脑。当我们进行创业时，几乎所有的创意点子均可由上述这两种思考模式衍生而来，最理想的状态就是左右脑并用。本书以这两种思考问题的模式，探讨增加创业构想的方式及工具。

1. 头脑风暴法

头脑风暴（brainstorming）可以说是最常被用来产生创意思考的创造力技巧，它不仅仅是一种思考模式，也是一种群体产生创意的扩张式思考。一般而言，利用群体的截长补短与集思广益的做法，所能产生的创意远比单独的个人来得多。头脑风暴法通常面对的问题很重要，需要有足够充裕的时间与成员的高度参与，才能增加群体对于解决方法的创造力。

最早由 Osborn 教授于 1963 年提出头脑风暴的思考技巧与规则，借由创意激发的程序，鼓励成员发表各种意见，参与者除了提出更好的想法，也可以针对其他人创意的新点子提出改善意见。参加人一般以 5～10 位相关人士为主，最好由一群专业人士，或通过不同领域的相关经验者组成。由这些人员推选一个领导者，主持会议以保障会议顺畅进行，尽量控制会议时间在 3 小时之内，一般而言都是建议于 2 小时内结束会议。首先由领导者抽象地叙述问题的定义，要求小组群体提出解决问题的方案，在讨论互动的过程中，对于任何天马行空的想法不做评论。会议中提出的想法应由专人简要记录或录音，要求确实将与会者的任何想法，翔实完整地记录下来，以便日后分析。并对会议产生的新构想进行归纳，以供下一阶段使用。

头脑风暴法可分为直接法和质疑法，直接式的头脑风暴法是指在群体决策中尽可能激发创意，获得集思广益的联想，不论参与者所提出的想法如何荒谬，所有参与头脑风暴小组的成员都不得做任何判断，因为害怕评论是阻碍创造力的一项重要因素。质疑式的头脑风暴法则是对前者提出的想法与方案逐一质疑，并进一步提出可以说服其他成员的理由，经小组成员不断地质疑与讨论、判断及修正，分析出现实可行性的方法。小组的成员透过跨界交流，彼此产生智慧火花的激荡，这正是所谓"三个臭皮匠，赛过一个诸葛亮"的最佳诠释。

2. 全脑思考法

进行创意性思考时，最重要的就是摆脱旧有的思考模式，并建立新的思考模式。这需要创业家个人去发现自己较为强烈的创业动机，经常练习运用创意性的思考技巧，以获得创业的构想。一般常见的创意性思考的练习技巧，主要有运用全脑思考法与逆向思考法这两种方式。逆向思考法是指帮助大脑脱离惯性的思考模式，借由"把熟悉的事物视为陌生，把陌生的事物当作熟悉"的方式激发创意，做各种角度的可能发想。

而全脑思考法则是指在生理学上，人类的左脑与右脑的思考模式及功能是各司其职的，为了加强创意性思考，创业者应加强右脑思考的训练，以强化创业者全脑的运用与创造力的发想。就脑部的结构与功能而言，左脑掌管的主要活动是演说、语言、逻辑、写作、科学、数学，专门进行分析及理论这类型的理性活动；右脑则是图像式的思考，主要掌管的活动是空间建构、创造思考、想象、音乐鉴赏、艺术鉴赏等感性活动。

由此可见，左脑的思考倾向于理性、分析性和逻辑性；右脑的思考则是直觉、价值导向和非线性。脑部的讯息会有双重处理的现象。所谓双重指的是"语文"和"视觉"，脑部对讯息的处理与记忆不单靠"语文"或"视觉"，而是两者并行，而且"视觉"的记忆往往更为持久。根据研究显示，大多数人进行问题思考时，左脑会较为强势地支配。而为了有效练习创意性思考技巧，必须让右脑思考的视觉记忆保留较为持久，此时宜多运用右脑的思考以分散左脑的思考，让感性的右脑主导理性的左脑，尽量天马行空地进行创意的发想。

以下提供四种有助于右脑思考的技巧，以帮助活络僵化的理性思维，让非线性思考跃动于大脑。

（1）运用色彩。善用色彩有助于正向思考的激发，也有助于跳脱思考的框架。

（2）运用图像。由于右脑掌管空间建构与想象力等，运用图像有助于右脑的开发。

（3）运用比喻。比喻的产生往往需要想象力，因此，多运用比喻可有助于右脑的开发。

（4）诉诸感性。感性是右脑的重要功能，开发内心的直觉感受，有助于右脑思考的激发。

3. 水平思考法

水平思考（lateral thinking）也是一种扩张式的思考方式，一般人经常使用的是垂直思考（vertical thinking），是将问题越谈越深入，而水平思考法则是尝试多挖几个洞以解决问题，强调从不同角度思考同一问题（De Bono，1971）。因此，垂直思考要问的问题是："这是处理事情最好、最正确的方法吗？"其目的是判断什么是对的，然后全心投入。水平思考要问的问题是："有没有其他看待事情的不同方法？能否换个角度思考问题？"其目的是客观分析各种替代方案，最后做出结论。

此外，垂直思考尝试建立连贯性，而水平思考则尝试引进非连贯性；垂直思考必须有逻辑顺序，水平思考则是不合理的跳跃性思考，在做出跳跃性思考之前，不需在乎合理与否，判断则在最后进行。因此，水平思考鼓励人们想出令人惊奇的创意，它可以产生天马行空的想法，不需受限于合理性或逻辑的判断。

根据 De Bono 教授在 1971 年提出的理论，水平思考就是创新与创意的延伸。在进行水平思考时，要注意三项要点：①发展能引起改变的新奇想法；②避免垂直思考的钳制作用；③开发创意思考的工具。以这三项要点为基础，提出进行水平思考法的四种创意启发技巧如下：

（1）认清想法。强调如何辨识会造成思考阻碍的想法，再通过检视支配性的想法与两极化的倾向来达成目的。首先，支配性的想法是一种强而有力的系统性想法，它会影响我们看待问题与处境的方式。在任何一种处境中，都可能会有超过一种以上的支配性想法，我们必须能够辨认自己的支配性想法，才能面对它，进而跳脱支配性想法的思考框架。其次，两极化是指一种"非此即彼"的思考模式，它不像单一固定的想法那么僵硬，而是有弹性的空间存在，但只限于两种极端之间。两极化倾向会比支配性想法的局限更大，因为它会产生考虑替代方案的假象，实际上却是阻断了所有替代方案的选择。因此，能够去辨识这样的假象，是水平思考的重要前提。有效去除两极化倾向的方法之一是，进行"假设"的思考；但在检视相关假设时，先要集中注意力在问题情境的某些假设上，以便有效激发创意想法。

（2）摆脱束缚。避免用现有的想法来看待目前的处境，可尝试从不同的角度思考问题。黑色代表隐忧、问题与缺点，当戴上黑色思考帽时，会专注于思考事物的负面效果，仅思考问题的短期、中期、长期的风险与潜在的危机。黄色代表好处、利益与价值，当戴上黄色思考帽时，会专注于思考事物的正面效果，仅思考问题的短期、中期、长期的好处、利益与优点。例如，问十万个为什么，问"为什么？"的目的在于使想法更开放，不受限于先前的经验，束缚自己的想法；或是透过转移注意力，将注意力从问题中心转移到问题的其他部分，以产生更多不同的创意想法；也可以从寻找各种替代方案中，摆脱固有的看法，而不断产生创新方法。

（3）洗心革面。根据现有的观点，重新组合加以改变，然后再由此重新出发，其目的是松绑僵硬的垂直思考方式。要打破现有的观点，往往必须采用不同于传统的创新与创意方法。例如，扭曲与夸大现状是利用目前问题处境的某一部分，做出不同于以往的改变。当扭曲的程度过大时，就不可能用原有的方法看待处境，也就是要采用创新与创意的思考模式发展。但在使用扭曲与夸大的方法时，要注意的是，一次只使用一种扭曲与夸大的方法。

（4）不连续的方法。所谓不连续性指的是利用"偶然"与"引发刺激"的方法，引进不连续性的方法；新的创意想法不是来自于问题处境的内部，甚至创意构想与目前的问题处境毫无关联。使用不连续方法的目的，是要促成事情一次重新组合，或是改变所有可能的切入点。例如，透过交互影响的互动，有助于激发不同新奇想法的产生，重点是互动的参与成员，必须是来自不同领域的专业人士。另外一个不连续方法的来源是：可以透过移转问题，从外面某个特别的领域引进创意构想。试图创造出一个随机的不相关来源。例如，从字典随机挑出一个字，从这个字发想出与目前问题处境的关联性；如此一来，可以开启一个崭新的切入点，以不同的角度来看待目前所遭遇的问题处境。

4. 组合法

组合法是指结合不同的事物与想法，以获得"不协调中的协调"。一般容易结合的事物与想法，早就被人们结合在一起了；但是对不可能结合的想法做大胆结合，往往会创出前所未有的新奇想法与全新事物。一般创意思考的做法，便是借由重组既有构想的方法来激发出创新的想法。

在组合法中，最重要的是将各种不同事物串联起来的思考能力。创业者可以在各项事物中找出其关联性，并加以分析、比较这些关系，再以经验和常识过滤一些显然不存在的组合或关联，从剩下的组合中，找出最佳创意想法。组合法的微妙之处在于，创业想法不一定全部都是从无到有的概念，只要能从现有不同的观念中，借由排列组合重新发现某种新的关联性，并衍生出与此种关联性对应的新想法，那就是创新的创意想法。

组合法依组合的方式，可细分为强制组合、推理组合及自由组合三种思考模式。强制组合是将表面上看来毫无关联的事物加以组合，组合的事物越不具关联性，越容易激荡出崭新的奇异想法。虽然强制组合的结果会衍生出一些过于奇特或不可行的想法；但是，加以创意大胆结合毫无关联的事物与想法，由于不受一般常识与逻辑所限制，反而能创造出非常独特的创意想法。

推理组合则是将某种事物与想法加以延伸，透过归纳和比较的思考模式，以一个既有的想法发展出更多元化的创新组合。例如，若把开发自行车作为推理组合的主要对象，以登山车、公路车、越野车等相关现有的产品延伸，作为自行车新产品开发排列组合的工具，透过归纳与比较而推出儿童越野车与电动越野车等新的自行车产品用途。这种推理组合产生的想法虽然创新幅度较小，却能更细腻地针对创意构想做完整的检视。

自由组合则是最常见的创造性思考工具，它是介于强制组合与推理组合的折中做法。与推理组合一样，自由组合是需将欲探讨的某种事物与想法完整列出，再对其实施强制组合的一种组合模式。大胆抛弃一般想法的逻辑限制，挑战过去前所未有的组合方式。将任何出现在脑中的点子，连接成可行的实际想法，以产生全新的创意想法。

5. 模拟法

模拟法指的是将不同的事物与想法放在一起，成为创新的事物与想法。其主要做法是让相异的事物变得相像，而让相像的事物变得相异，正是所谓"异中求同，同中求异"的关系。在模拟法创意发想的程序中，"异中求同"属于批判性思考模式，必须先搜集数据、分析数据、分析数据，再综合评估，直到完成目标。"同中求异"则属于模拟性思考模式，强调的是让相似的事物变得大为不同，需要打破旧有的框架，提供创新的思考问题认知架构，再将此新的思考脉络，套用于目前所遭遇的难题之中。

一般创意思考有三种模拟的思考模式，分别是直接模拟、拟人化模拟及象征化模拟。首先，直接模拟是指挑选与主题直接类似者，加以活用，透过日常生活的各种观察结果，帮助那些有创意的想法能更具体地呈现，并针对市场既有的问题缺口加以观察，发现创业商机。其次，拟人化模拟是根据创意想法，假设自己成为主题，借由自己生活中所遭遇的各种情境，找出一连串的提问，以获得看似与自己现在生活情境无关的构思点子，产生出有创意的创业想法。最后，象征化模拟是以象征的方式呈现问题，将问题或主题单纯化、象征化，以联结内在潜意识，产生更多有创意的点子。

上述模拟法是指将问题处境转换到另一种类推法的情境当中，然后根据类推法的逻辑来思考目前所遭遇的问题，产生创新的点子。模拟法的思考模式是透过看似无关联的事物组合连接，以产生更多有创意的点子。因此，创业者可运用在日常生活中，对市场缺口或未获满足需求相关的问题，进行上述模拟思考，将看似无关的不同事物与想法有效联结，导入到解决创业问题的过程中，以获取更多有创意的创业构想，并进一步协助创业者检验创业想法，评估其是否具有商机的方向性。

三、研发创新的商业模式

本书在第二章末段提到商业模式的创新方法，但仅介绍商业模式蓝图的基本架构，本节将深入这个商业模式原型（prototyping）的工具介绍，探讨如何设计有别于现有机制的新商业模式，如何将评选出的点子设计细节重新全方位地检视。所谓商业模式是指企业以系统化的方式运营，使顾客获得最大价值的方法。也就是为顾客价值最大化，使企业经营者将各种资源整合，形成一个商业化的高效率价值提升系统，通过最佳价值交换的方式来满足顾客需求、提升顾客价值感受，同时使企业持续获利的整体解决方案。

每个产业其经营方式不同，获利的商业模式也有很大的差异性。例如，零售业态的商业模式成功的关键是商品或服务本身具有吸引力，比同类型商品更具有特色与优越性。也有从营销流程、生产制造流程与研发设计流程的创新模式获利的行业商业模式。有些时候，很难在短时间内判断一个商业模式是否具有获利的可行性。对许多创业者来说，好的商业模式是可以实践的创新。但是，一个创意想法却并不是一个商业模式，创业者不可以把商业创意想法误认为是商业模式。

在 21 世纪，除了互联网影响整个商业运作之外，当前同时充满着各种新技术、新知识，导致当前商业环境具有高度复杂性、不确定性、颠覆性等可能，因此，持续对商业环境进行探讨，有助于创业团队设计出极具竞争力的商业模式，这是一件需要非常慎重的事情。一个成功的商业模式创新需要依靠深度了解目标客群的现实环境、日常生活关心事项、内心渴望与焦虑，并以顾客为中心考虑事物，进行商业模式设计。可以从下列六项提问思考如何聚焦设计：

（1）消费者必须完成的重要事项为何？
（2）消费者内心真实渴望的是什么东西？
（3）消费者希望与企业建立何种关系？
（4）消费者为什么愿意付钱及愿意付多少？
（5）消费者希望从交易中获得什么？
（6）消费者希望企业解决什么问题？

从上述六项聚焦设计中，思考好的商业模式可以打破现状、忘掉过去、停止聚焦于竞争对手及挑战正统。研发一个新的商业模式可以分为两阶段：①创意构想（idea generation）阶段，先追求新点子的数量。②综合整理（synthesis）阶段，最终整理出三至五个可行且有潜力的点子，将每个点子进行商业模式草图原型设计，而此商业模式应该反映该项业务为企业获取利润的能力及相关的规划设计。

好的商业模式必然是企业策略的核心部分，它的创新也意味着整个企业的变革，也将带来可持续的盈利。再针对原型进行深入反复调查（inquiry），根据调查结果，再评选出最佳的商业模式原型，进行商业模式蓝图的规划作业，如图 8-1 所示。

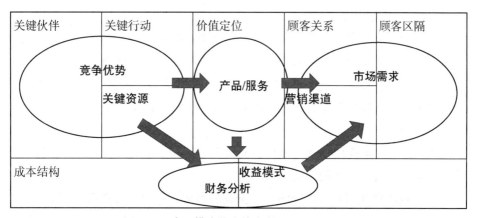

图 8-1　商业模式蓝图的应用思维及构面关系

资料来源：Osterwalder, Pigneur, 2012；本书绘制。

这个商业模式蓝图,也被称为商业模式九宫格,分别由九个构面组成。如何以这九个构面思考及研发商业模式?接下来,本书将对这九个构面进行初步说明,再就四个粗体字圆圈加以讨论。九个构面分别是:

1. 代表产生竞争优势的生产端

(1) 关键伙伴(key partners)。即企业同其他企业之间为有效地提供价值并实现其商业化而形成的合作关系网,这也描述企业的策略联盟(business alliances)的可能范围,毕竟所谓联盟是以人为价值判断核心。

(2) 关键行动(key activities)。公司要让商业模式运作,思考最主要的商业活动可能为何,公司必须尽可能找出别人无法取代、模仿的价值活动。

(3) 关键资源(key resources)。提供价值主张所需的重要资源,关键资源可能是实体方面、财务方面、智财方面或人力资源方面,关键资源可能是自有、向他人租赁或从关键合作伙伴中获得代表产生市场吸引力、刺激消费及满足需求的市场端。

(4) 顾客关系(customer relationships)。即企业与其目标族群之间所建立的联系。

(5) 营销渠道(channels)。公司用接触目标消费者的各种途径,阐述公司如何开拓市场,并涉及企业的市场和营销策略。

(6) 顾客区间(target customer segments)。即企业所瞄准的消费者群体,如何去界定与瞄准这些群体具有的共通性,从而使企业能够针对这些共通性创造价值。定义消费者群体的过程也被称为市场划分(market segmentation)。

2. 商业模式的核心部分

是指新的商业模式在竞争优势的三项资源运作下,为了满足市场需求的三个重要议题,能推出怎样的新商品或服务,为中间的转换机制。

价值定位(value proposition)。公司透过提供产品或服务,所能向消费者提供的价值,要解决消费者什么样的问题或满足消费者什么样的需求。

3. 财务分析

能支持、完成商业模式的建构,能真实地获利才是最关键的内部分析,也就是从成本到收益方式的讨论。

(1) 成本结构(cost structure)。描述所有运作商业模式所需的成本。

(2) 收益模式(revenue streams)。即企业通过各种营收模式(revenue flow)创造财富的方式。

四、将构想变成创业计划

诚如本书一开始所说,各领域的研发包含着太多的专业知识,因此,本书无法就技术类的研发管理进行研究,仅针对商业模式和商业构想接续的管理思维及步骤加以阐述。

新创事业在研究商品、服务的一个重要具体化方式是将构想变成一本创业计划书。创业计划书(business plan)是用来表达创业者的理想与愿景,创业者在撰写的过程中,常透露出创业者的自我肯定与成就感,但也常伴随着过度乐观、焦虑或不切实际。创业的过程多少都带点赌注式的挑战,而一项错误的决策可能使许多人长期陷入困境,因此,事前多一份计划方案对于创业是有好处的。创业者对于这种赌注式过程所产生的不安,有利于创业者预估未来可能面临的各种风险并事先加以防范控制,如此将有助于提升创业者面对未来风险的能力。

另外,多数创业者需要向外界融资,无论是天使投资人、风险投资人或银行机构,创业计划书的内容也决定了资金取得的难易度。一本好的创业计划书可以将产品或服务的内容详实地描述出来。产品或服务内容的概念通常是很抽象和不明确的。透过撰写创业计划书,把有利的和不利的因素都记载下来,然后逐条检视分析,如此创业者才能对未来的创业行动有更清晰的认识和信心。创业计划书首先是把计划中要创立的企业推销给创业者自己。

那么,如何完成一份完善的创业计划书呢?一份完整的创业计划书应包括如下要素:

(一)前言摘要

主要分为封面、目录、执行摘要三个部分,每一个部分都是同样重要的。前言部分的主要目的在于让投资人可在十分钟之内读完全文,并做出是否有兴趣投资的初步决定。笔者强烈建议,在摘要的部分用简单的文字叙述,但产品或服务、团队、现况等用实际清楚的照片呈现,能加深投资人进入新创事业的预想概念之中。

(二) 主体本书

陈述新创企业的经营策略与营运细节。因为企业是一个整体性的复杂系统，所以，在创业计划书的各章节之间，会出现重复说明与相互关联的现象。一份有系统、相互关联、一致性、具有可读性的创业计划书，比较容易引发投资人的兴趣。

(三) 价格分析

这部分应该说是若获得投资人青睐时，投资人会特别重视的部分，因为定价战略（pricing strategy）对新创事业非常重要。若定高了，就要考虑市场上的吸引力与接受度将如何达成；若定低了，投资人又会担心投资的回收时程。因此，不同于其他营销活动，定价战略是唯一直接影响企业收入及利润的活动，而其他营销活动都与企业的成本及花费有关。一个不恰当的价格策略可能将产品或服务销售价格定得太高，超过顾客愿意支付的金额，导致顾客认为不值得而不购买企业的产品或服务而无法产生利润。相反地，企业也有可能将产品或服务销售价格定得太低。若低过平均成本，新创事业容易在初期就产生亏损，不利于长期发展及对投资人报告，持续亏损将导致新创事业无法生存。

定价战略是指制定企业的产品或服务的销售价格。适当的销售价格一方面要考虑是否能吸引顾客有购买意愿，另一方面也要考虑是否能为企业谋取最大的利润。在确定产品策略后，企业要为其制定销售价格。在制定产品销售价格时，则必须了解：

(1) 产品的成本结构（包括变动成本与固定成本）。
(2) 消费者所认可的产品价值（如顾客产品的认知价值）。
(3) 市场上的竞争者所制定同类产品价格。

首先，企业必须了解如何计算产品或服务的成本结构，包括变动成本与固定成本。从产品或服务的成本结构中，估算出产品或服务的平均成本。一般常见的制定销售价格的方法是成本加成法（mark-up pricing），尤其是将平均成本加上企业预订的利润计算而成售价。成本加成法单纯从产品成本的角度思考，并未考虑顾客对产品的认知价值与竞争产品的售价。假设企业的目标顾客对产品有高价值的体认时，当然可以将成本加成法所建议的售价提高，如此企业将会获得比原来预期更多的利润。相反地，如果目标顾客对产品有低价值的认知时，当企业尝试以高价格销售，顾客会认为不值得，而为了让顾客愿意购买就必须降低售价，如此企业将会获得更低的利润。

市场竞争的因素也会影响制定产品或服务的销售价格。倘若市场竞争非常激烈，产品或服务又与竞争对手的产品或服务类似、无差异，企业需要比照竞争对手的售价来制定自己的售价。如若不然，售价制定比竞争对手的售价高时，顾客会购买竞争对手的产品或服务，而不会购买企业的产品或服务。若制定较低的售价时，当顾客购买企业的产品或服务，而竞争对手一定会有反制的动作，可能调降到相同的售价，甚至调降到更低的售价，这样彼此价格相继调降的竞争行为，会让企业与竞争对手都蒙受损失，造成双输的局面。所以，调降售价须谨慎考虑，除非有万全的把握，否则千万不可轻易尝试。

除了考虑顾客的购买意愿及竞争对手的售价之外，为了达到企业特定的目标，可以使用下列两种主要的定价法来制定销售价格：

（1）吸脂定价法。这种方法是运用高销售价格方式，达到为企业获得最大利润的目的。其适合情况为：有足够顾客数量；少量生产的单位成本不至于太高而抵消高价所带来的利润；高销售价格不会吸引太多竞争对手进入市场；高产品价格能在顾客心中产生高品牌形象。

（2）渗透定价法。不同于吸脂定价法，这种定价方法是运用较低销售价格，快速地渗透市场，以追求最大市场占有率为目的。其适合的情况为：顾客具有高度价格敏感度（即顾客偏好低价格的产品或服务），且低售价能获得更大的市场占有率；相关生产与配销的成本会随着产量的增加而急速下降（即成本优势）；低销售价格及所拥有的成本优势能遏阻现有与潜在竞争对手进入市场。

（3）差别定价法。主要是针对不同类型的顾客，制定不同的销售价格。例如，企业可以给予大量购买的顾客一定的价格优惠或折扣，少量购买的顾客则是以原价销售。但是，你要特别注意这种方法可能会招致少量购买顾客的不满，甚至产生不信任的情况，进而对产品的品牌形象造成负面的影响。

（4）尾数定价法。这种方法主要是运用顾客心理价格来调整销售价格，让售价更具有吸引力。例如，将一个产品销售价格制定为98元，而不是100元。虽然只差2元，但顾客心里会感觉便宜许多。这种方法已广为使用，不过在顾客习以为常的情况下，它的效果也就有限。

（5）形象定价法。这种方法主要是利用顾客对于品牌形象与销售价格之间关联的认知；也就是说，顾客认为高销售价格代表着产品的高品牌形象。企业要为产品建构其高品牌形象时，必须维持较高的产品售价。

如同前面所述，建构高品牌形象不但需要产品本身受到顾客认同，也要获得社会大众认同。因此，需要长期投入大量的资源，方可能产生预期的效果；其间亦需要承受极大的亏损压力以及结果不如预期的风险。

企业可能在面临经营环境改变或是企业目标转变的时候，需要调整销售价格。调涨售价可能是因为成本增加（如原物料涨价），也可能是为了以价制量，缓解过度需求的情形。价格调涨的方式可以采用一次调涨或分段调涨；一般而言，顾客较不能接受一次高幅度的调涨。至于调降价格的原因可能是被动地回应竞争对手的降价，也可能是主动地想争取较大的市场占有率。降价的决策存在着某些风险与陷阱。例如，降低售价会让顾客误以为企业的产品或服务质量变差；有可能引发竞争者之间的价格战，最终导致大家无利可图。

（四）未来发展

此部分在于创业计划书的最终说明，标明新公司未来的总体发展方向、为何会成功的理由、独特的资源优势、销售与财务预测、资金需求、释出股权给投资人的比例等。因为是创业计划书的最后总结，所以不要出现新的信息与承诺，尽量依据本书部分的内容，甚至重复说明前述章节的重点。这样将有助于凸显创业计划书的特色，并使整本创业计划书呈现一致性。

创业计划书除了要说明创办企业的目的：为什么要冒风险，花精力、时间、资源、资金去创办风险企业。还要分析说明创立企业所需的资金：为什么要这么多钱，为什么投资人值得为此注入资金。创业计划书可以为企业的发展定下具体的努力方向和工作重点，从而使员工了解企业的经营理念和目标，并激励他们为共同的目标而努力。更重要的是，它可以使企业的出资者以及供货商、销售商等了解企业的经营状况和经营目标，有助于创业者说服原有的或新的投资人为企业发展提供资源及资金。

◎ 本章总结

我国政府鼓励青年学子能够学以致用、创业致富，但是多数大学老师到研究生对于技术过于坚持，认为只要技术够硬，没有攻不破的市场。但创业学大师德鲁克认为商业模式的创新绝对优于技术创新，本章也仅就商业模式的创新及如何研发进行探讨，分别对于如何抓住灵感、激发创业构想、开发商业模式、撰写创业计划书四个项目进行讨论。

笔者个人针对创业者的商业研发、技术研发，综合提供五点个人观点：

（1）无论研发技术或是商业模式，先问自己为什么这个更好。多数创业者一头热地说自己有多好，无论是技术或商业模式，但当笔者问他，旧的不好吗？好在哪里？他们却答不出来了。因此，新旧的差异比较一定要认真做到完美。

（2）既然新旧认真做了比较，市场上还有可能的替代方案吗？头脑风暴就是要每一个成员思考这个问题，当创业者说自己有多好时，除了检视原有的厂商、商品或服务优劣比较，还要考虑有没有存在的替代方案或替代商品，让讨论的成员也加入批判吧，可能有我们不知道的替代者。

（3）认真讨论过后，该让创业者坚持自己的观点了。若没有认真讨论就坚持自己的观点用成语叫"刚愎自用"，但通过认真讨论新旧差异、替代品的问题之后，讨论出来的新创事业优势、特色及成功机会，创业者就应该坚持地执行它，完成它，这也是本章探讨的核心所在。

（4）少用过于艰深的专业名词，让投资人听懂。当创业者把创业概念通过创业计划书跟投资人沟通时，涉及技术、商业核心知识的专业名词，撰写进计划书是当然的，但是也要记得翻译成平常人能懂的语言，卖弄自己的学问，多数时候在投资者眼中不一定讨喜。

（5）理想与现实如何兼顾，从财务规划就能看出端倪。在中国，流行"高大尚"的事情，连投资的创业计划书也不例外，但是，理想与现实之间常很矛盾，因此，从财务规划可以看到该项目是否合理、可行。笔者曾看过创业计划书，有的一年豪语现金流量九亿人民币，但公司员工仅规划二十人，有经验的投资人就知道这不太可行。

以上五点整理，希望能给各位读者一些正向思考。不仅是技术创新可以创业，思维的创新更是创业的好点子，每从商业模式上做出一次改变，人类的文明就可能又一次出现突破。

◎ 重要名词

1. 季芬财（giffen's goods）

2. 认知（cognition）
3. 期望（expect）
4. 市场结构（market structure）
5. 颠覆式创新（disruptive innovation）
6. 扩张式思考（divergent thinking）
7. 收敛式思考（convergent thinking）
8. 头脑风暴（brainstorming）
9. 水平思考（lateral thinking）
10. 垂直思考（vertical thinking）
11. 创业计划书（business plan）
12. 定价战略（pricing strategy）
13. 成本加成法（mark-up pricing）

◎ 问题讨论

1. 行业中的主流企业拒绝采用新技术的原因有哪些？
2. 行业中的主流企业和新创企业相比，谁更可能会去开发新技术？为什么？
3. 当一个企业所开发出的产品或服务超前于当前市场需求时，它的优势和劣势有哪些？
4. 水平思考和垂直思考的优势和劣势分别是什么？联系生活实际，试举出相对应的商业案例或生活实例。

参考文献

[1] 莱恩. 创业头条：16位硅谷科技新贵的成功法则［M］. 孙莹莹，译. 杭州：浙江人民出版社，2015.

[2] 德鲁克. 创新与创业精神：管理大师彼得·杜拉克谈创新实务与策略［M］. 增订版. 萧富峰，李田树，译. 台北：脸谱，2009.

[3] 蔡秋帆，汤念湖，王耀宏. 药理学［M］. 台北：新文京开发有限公司，2014.

[4] 艾姆斯利. 口红、钻石、威而钢——商品背后的科学［M］. 蔡昕皓，

译. 台北：商周出版，2006.

［5］ 曼昆. 经济学原理［M］. 4 版. 王铭正，译. 台北：高立图书，2014.

［6］ 德鲁克. 后资本主义社会［M］. 傅振焜，译. 台北：时报出版，1994.

［7］ 中国网. 中国的电子支付让李显龙感叹新加坡成了"乡巴佬"［EB/OL］. ［2017－08－22］. http：//news. china. com/shendu/13000808/20170822/31150542. html.

［8］ 林静宜. 捷安特传奇——GIANT 全球品牌经营学［M］. 台北：天下文化，2008.

［9］ 克里斯坦森. 创新者的窘境［M］. 修订版. 胡建桥，译. 北京：中信出版社，2014.

［10］ OSBORN M J. Studies on the gram-negative cell wall，I. Evidence for the role of 2-keto-3-deoxyoctonate in the lipopolysaccharide of Salmonella typhimurium ［J］. Proceedings of the national academy of sciences 50.3，1963：499－506.

［11］ DE BONO，EDWARD. Lateral thinking for management［M］. London：Penguin Books，1971.

［12］ 奥斯特瓦德，皮尼厄. 获利世代：自己动手，画出你的商业模式［M］. 尤传莉，译. 台北：早安财经，2012.

［13］ 奥斯特扬，丹斯洛. 商业计划书写作指南［M］. 吕晓娣，潘景华，译. 北京：清华大学出版社，2003.

［14］ 科特勒. 营销管理［M］.14版. 楼尊,译. 北京：中国人民大学,2015.

第九章　创业期财务管理

硅谷个案：Twitter

杰克·多西（Jack Dorsey）在2006年建立Twitter公司，这是一间通过发送推文的方式传播各种信息，获得巨大成就的互联网公司。之后，他又创建Square，让消费者通过Square就可以完成移动支付。

多西在少年时期就对调度服务有浓厚的兴趣，他在16岁时试图成立自行车公司，当然最后是不了了之。高中时期的多西还是一位沉迷网络系统的程序员，因为他发现一家网络公司的程序漏洞而被该公司的老板基德聘用，之后很长一段时间内他都与基德一起创业。多西与基德曾经尝试创建提供网上购物当日快递服务的dNet公司，但或许时机过早，这家跟当今Amazon物流极为类似的新创模式，由于太早推出市面而未能获得成功。

随后，多西获得在初创播客Odeo公司的工作机会，但是Odeo最终以失败收场，这却给了多西创业的灵感，萌生创建一个微博平台的想法。多西通过从Odeo收拢来那些离职的员工，加上两周时间的程序代码研发，最终成立了一家独立的公司——Twitter（中译：推特）。

在2007年的音乐节中，Twitter的发展取得了巨大的突破，公司募集超过10亿美元的风险投资资金，投资者包括凯鹏华盈、广和投资、DST Global以及其他知名公司的投资者，并且在2013年Twitter首次公开募股，随后Twitter的股票暴涨，公司预估市值上升到250亿美元。2008年，杰西辞去Twitter的CEO一职。这时一位玻璃艺术家麦凯维尔设计的水龙头，由于无法进行刷卡交易导致交易终止，因此，多西产生了新事业的灵感，进而创建了Square新支付系统。

Square的目的是让金钱发挥更大作用，多西致力于Square并非只是转账交易，而是通过提供跟踪的数据进而拉近企业与顾客的联系，帮助零售商更有效率地进行交易。Square的竞争对手包括苹果公司在内等势力雄厚的大型企业，对多西而言，这是一个巨大的挑战。为此，多西创建了一套非比寻常的组织架构，在时间管理上面做出高度结构化的调整方案。根据日程表，杰西在

Twitter 与 Square 两边兼顾，大部分时间都在办公桌前工作，公开自由地采纳公司员工的意见，让每一位为他工作的员工都知道公司的目标和任务。

多西甚至制定了只要超过两个人以上开会就要做会议记录的规则，基本每天都要逐一筛选。每天晚上回家杰西都要查看几十份会议记录。这么庞大的会议记录以及人数众多的员工，在 Square 成立之前，都不曾泄密，这显现了多西强大的管理能力。2014 年，星巴克向 Square 投资 2500 万美元，此时美国所有的星巴克门市都可以使用 Square 设备处理银行卡和信用卡交易了。

（个案来源：《创业头条：16 位硅谷科技新贵的成功法则》，第十四篇，由中山大学南方学院政商研究院 2014 级林思敏重新编写）

创业需要钱吗？这是当然的。但是，太多的钱容易让创业者挥霍，太少的钱又不足以成为有力的创业支持。创业初期的资金如何拿捏，这与事前的规划及自身经验有关，也是本章要说明的地方。

一、新创期资金的需求与规划

在想要创业的一开始，年轻的创业者常常是毫无金钱预算的概念，或是惧怕资金不足而裹足不前。根据笔者的访谈观察及自身经验，多数创业者在初期资金管理上是缺乏经验的。例如，创业初期仍需要准备三至六个月的周转金，以避免因为周转不灵而倒闭，这类事项常被青年创业者忽略。而身边需要保留一些日常营业所需的资金，包括营运资金与平日的经费支出，其中，除了存货、应收账款等营业所需的资产投资，还有日常性的水电费、薪资、房租等必要支出费用。

针对创业初期的资金规划，本书建议创业者有下列规划。

（一）思考与制定目标

多数创业者准备创业之前，对于创业的目标、自身使命、企业责任是不够明确的，容易缺乏一个长远的财务规划，没有做好资金周转准备，等到初期成长的资金压力出现时，常因此周转不灵而倒闭。因此，创业者必须先选择要从事的行业、独资或加盟方式、公司规模，再根据这些预想的条件去计划资金需求水平。创业前认真思考企业设立、创业模式及创业形态，对于制定目标是有相当明显的帮助的。

1. 企业设立

企业设立形态包括独资、合伙、有限公司及股份有限公司等,这可以参考本书第四章的公司法规部分。一般企业设立登记时,需要足够的资金与企业组织形态及企业资本额对等,大公司小资金或小公司大资金皆不是恰当的。同时,另一个与资金较无相关的是企业命名部分,企业设立时,需选定企业名称,并向政府相关单位查名以避免与其他企业组织的名称重复,因此,此时必须确定企业的组织形态、资本额及营业项目或主要产品。

2. 选择产业与资金需求

创业者对产业的选择是相当重要的,审慎的规划选择可以降低失败的概率。这部分也是大学生及社会新鲜人的创业罩门,他们常因为缺乏社会阅历和实际经验,选择错误的产业作为创业目标导致创业失败。因此,笔者建议年轻的创业者,通过打工、做科研增加产业经验。在选择经营与创业的产业类别上,必须考虑下列因素:

(1) 创业资金多寡。有些产业虽然很有未来的成长性,但也伴随着较高的不确定性,而相对稳定的产业也可能伴随竞争激烈、资金需求较大等问题。因此,创业者应该清楚知道自身能掌握的资金应该要有多少,在创业初期可能需要较多的时间来掌握资金运作,并且要思考引进风险投资、天使融资或银行贷款融资等方式。此时须留意以举债方式来筹措资金,财务风险可能会提高,但若引进外部股东的资金,则可能会稀释经营权及决策权,所以,创业者应该谨慎选择本身资金能力所及的产业。

(2) 考虑资金回收。有些产业的资金流动率特别快,因此,回收期较短,但有些产业可能须长期投入后,盈余才能慢慢出现,所以,资金较缺乏的创业者,绝对不能因为个人理想或信念贸然投入到资金必要要长时间才能回收的产业,否则将导致资金周转不灵而造成创业失败。

(3) 产业特性差异。每一种产业都有起伏高低的改变,当前中国什么创业都谈互联网、共享经济,但这些新兴产业真的适合每一位创业者吗?不一定。因此,创业者是选择一个红火但可能快速消失的产业,还是选择一个冷门但有希望的行业,要配合自己的兴趣及对未来的看法。若投入新兴产业,产品未来的期望性很高,却也必须经历一段时间才能为市场所接纳,所以,需要大量的资金作支撑,而且回收期间较长,创业者选择这类型产业,失败的风险也会相对提高。

(4) 产品基本毛利。毛利率(gross margin)较高的产业类别面对如汇率的变动、工资的调涨或是有竞争者介入等问题时，比较有缓冲的余地，所以，企业可获利的机会仍然相对较高。在创业前，创业者应该对于自身商品的毛利率、其他成本进行估算，确保营利的机会。

（5）创新商品特性。创业者对于商品在消费市场的特性以及当前的市场竞争情况应该有充分的认识。例如，消耗品或民生电器必需品，因为会产生固定的更新、替换，消费市场一直会有稳定的消费需求，而部分文创商品可能会跟着流行趋势大起或大落。这些商品在市场展现的特性，可以协助创业者对于资金需求、营收的估算，有正面的帮助。

前者提到五个跟产业内容相关的议题，事实上，笔者认为创业者自身的专长与兴趣，才是影响创业选择的最重要因素，创业者对所投入的行业必须有所专长，不能为了赶流行而在不具备相关的专业知识及能力的情况下，就一窝蜂地投入，如此创业，失败的风险相当高。"顾兴趣也得先顾肚子"，创业者若对一行持有高度的兴趣、热情投入，也必须务实地评估获利机会、商机扩展，这才是真的长久经营之良策。若只是倚靠热情与兴趣，缺乏专业能力与经营知识，多数冲动创业都是以失败收场的。

（二）区分创业形态与资金需求

创业形态关系着资金的需求与承担风险，其中风险较低的是代理及加盟，个人独资型的公司风险居中，若是通过互联网创业或自创品牌，所承担的风险都是高于前三者的。以下分别针对不同的形式展开讨论。

1. 代理

对于在国外或其他地方已经成功的品牌或产品，引进到国内或本地市场，可以降低产品开发风险，同时产品的营销成本也比较低。创业者只要了解当地消费者的特性，选择知名品牌及适合消费者特性的产品，成功的概率就很高。

2. 加盟

过去的调查显示，创业成功的概率低于20%，大学生的创业成功率更是不到10%。然而，通过加盟已有品牌，能让创业成功的概率提高至50%以上，所以，当创业者无法找到新的想法时，其实可以考虑借由加盟的方式引进成功的经营方式，以确保企业的获利，同时可以大幅降低企业经营风险。伴随的缺点是，加盟是必须支付加盟权利金的，同时又有相关的契约合同内容必须遵守，如此方能获得知名企业的经营授权与经营辅导。

3. 个人微型创业

很多创业者通常从所谓的 SOHO 族（small office home office）开始，以接受小型的订单、委托案、代工等业务内容，逐步扩充到具有规模的公司。当然，个人工作室的上班时间有弹性、地点可调整及收入凭借自己努力，这也是时下很多大学生创业的模式，尤其相关成本非常低，可以选择在家工作，或租赁小型办公室，就算创业失败了，重新回社会找工作也是容易的事情。

4. 互联网创业

互联网创业是一种比较新的创业模式，通过当前已有的一些互联网平台，开设虚拟的营销商店，只要有新颖的想法、有特色的商品或具竞争力的价格，是比较容易成功的模式。

5. 自创品牌

虽然成功的品牌得以享有优厚的利润，但是，自创品牌是风险等级较高的创业类型，一切都从零开始，成功的品牌可以获得消费者的忠诚度，但是，真正成为大品牌的企业着实不多，建立品牌所需的营销成本相当高，是否能得到市场的青睐，都是一些不确定的因素，必须要去克服。

（三）创业资金规划

在本书前面几个章节中，也提到创业资金的可能来源，除了创业者自己存足第一创业金之外，资金不足时，可以向亲朋好友筹措、邀请出资参与，有些则是用自己名下的不动产抵押贷款，这是另一种凸显创业决心的方式。此外，天使投资、风险投资、政府补助或银行创业贷款等，都是不错的资金来源。

创业者在规划不同形态的公司、企业、群体之时，不同形态的企业会影响资金需求程度，创业前要认真考虑企业营运时所需的设备成本及相关费用，在各阶段需要多少员工，此时配合规划薪资、社会保险、法定福利等相关成本，加上员工越多就必须有越大的办公空间，营业场所是购买或租赁会影响不同的资金需求。政府单位在注册企业时的开办费、规费亦不可忽略，虽然相对金额不是很高。总体上，资金需求考虑得越详细，创业成功的概率就越高，几个重点项目整理如下：

1. 营业形态

制造业与买卖业是目前一般创业最常见的两种形态。制造业因较为复杂，因此事前需规划的项目相对较多。制造业有制造部门及销售管理部门，所以需要考虑各部门人员的招募训练及各部门人事费用的支出，同时还须考虑办公室、厂房及设备的资本需求。有关制造业所需的原物料采购资金，也必须加以考虑。不同于制造业，买卖业的规划相对较单纯，它没有原物料采购资金的需求，但是必须考虑商品进货与存货的资金需求。

无论是制造业或买卖业，公司的设立都必须支付相关费用。例如，公司设立的费用、申办贷款的费用、厂房设备、装潢支出、办公设备等资本支出的费用，以及初次采购原物料及商品的进货金额等。

2. 营运资金

营运资金（working capital）又被称为周转金，基本上可以分成两方面讨论，包括企业在刚开始营业时所需要的原物料、商品及进货所需的资金需求；以及在尚未销售商品、收到货款前，必须先支付的营运相关费用，包括人员薪资、场地租金、水电费用、电话费、利息费用、文具费用等相关费用。因为在企业还未销售商品及收到货款前就必须先支出每月的薪资、租金及水电等费用，由于每个企业的销货模式与收款模式皆不同，所以，需要准备的营运资金也不尽相同。通常在创业初期，最少须准备三到六个月，比较安全。

相对于贸易相关的买卖业，制造业又比较复杂，若投入产出的时间越长，所需准备的资金就越多。相反地，投入产出的时间越短，所需准备的资金也就越少。

3. 营销模式

新创事业的营销模式，传统的区分方式分为现销与赊销两种。采用现销的公司于销货时立即收到现金，所以营运资金需求较少。但是，采用赊销方式的公司，在销售时，并无法立即取得现金，在收到货款之前，公司仍要支付相关费用，因而有较高的营运资金需求。现销与赊销的选择各有优缺点，现销无须积压应收账款的资金需求，而且也不会吃呆账；但是，由于现销是比较保守的经营方式，对于无法立刻付现的客户，无疑就失去了交易的机会。相对于现销，赊销交易的方式则可以增加营业收入，但是必须积压资金，而且有可能吃呆账。

4. 原料及商品存货

就贸易买卖行业而言，商品的供货商是在国内还是国外会产生不同的资金需求。如果供货商是在国内，商品采购的时间会较短，因此，仅需较少的存货，所以资金需求较低；如果商品的供货商是在国外，由于需考虑进口的时间较长，必须拥有较多的存货才比较安全，因而所需的资金需求较高。

公司支付货款的方式也会影响资金需求的多寡,如果采用赊购的方式,公司就无须立刻准备货款金额支付给厂商;反之,如果采用现购的方式,公司则必须立即支付货款给厂商,所以,营运的资金需求会比较高。公司产品线的宽或窄也会影响营运资金需求的多寡。比较宽的产品线必须拥有更多存货,所以,所需的资金需求也比较高;比较窄的产品线,则无须准备那么多的存货,所以,需要的资金需求相对较低。

二、资金管理图表化

本节讲授如何将可能需要规划的资金项目制作整理为简易图表,告诉读者在预估创业资金需求时,先通过两方面来进行估计。第一种是创业时必须一次性支付的资金需求。例如,设立的开办费、房租押金、办公室装潢及生产器具,通常这些一次性的支付都是资本支出;第二种是每个月必须支出的固定费用。例如,薪资、租金及水电等费用,通常最少须准备可支撑三到六个月的金额才比较安全。

(一)预估公司设立资金需求

通常指一次性支付的资金需求,包括存出保证金、租金、办公设备及水电等项目,同时,必须要准备开业时正常营业所需存货的进货金额,如表9-1所示。

表9-1 预估新创企业的设立资金需求　　　　　　　　　　单位:元

项　　目	金　　额	项　　目	金　　额
1. 存出保证金	50000	6. 租赁场所改善	10000
2. 办公室设备	10000	7. 进货	50000
3. 制造设备	150000	8. 零用周转	10000
4. 交通工具	30000	9. 工商登记规费	3000
5. 广告营销	5000	合　　计	318000

（二）预估每月营运资金需求

计算营运资金时，可分为固定成本与变动成本两部分。固定成本即每月固定支出项目与金额；换言之，即指那些不随生产与销售数量增加而增加的公司支出项目。例如，管理人员薪资、水电费及保险费等。变动成本即随生产销售增加而递增的项目。例如，在生产线上的兼职工资及原物料等，如表9-2所示。

表9-2 预估新创企业月营运资金需求　　　　　　　　　　单位：元

项　　目	金　　额	项　　目	金　　额
固定成本			
1. 专职薪资	13000	5. 杂支	700
2. 房租	4000	6. 税金	1500
3. 法定福利	2000	7. 商业保险	800
4. 水电费	1000	8. 贷款利息	2000
		固定成本合计	25000
变动成本			
1. 兼职薪资	20000	4. 物流费	6000
2. 原料费	10000	5. 其他支出	1000
3. 加工费	8000		
		变动成本合计	45000

（三）预估现金流量

前章提到了定价战略，设计商品或服务的价格与企业的获利有关，本节不再赘述。常用的定价方法有成本加成法和市价法两种方式。所谓成本加成法即估算产品的单位成本，包括固定成本及变动成本，加上公司欲赚取利润的成数，即作为产品的定价。所谓市价法即考虑市场竞争对手的定价，以及目标客户的接受程度，制定产品的价格。

当商品或服务的价格出来后，就能预估每个月的销售量，制作每月现金流量表，新公司才能事先了解每月资金需求变化。当公司发现当月现金不足时，就能透过相关融资管道，解决资金问题。首先，预估当月份销售量；其次，预估现金收入；最后，预估相关费用的现金支付部分，预估方式如表9-3所示。

在预估销售量与现金流量的基础之上，要先探讨所谓单位边际贡献，即销售单价减去单位变动成本，也就是每增加一单位产品的销售所能增加利润的金额。计算的公式为：

$$单位边际贡献 = 单位售价 - 单位变动成本$$

表9-3 预估新创企业的销售与现金流量预估 单位：元

项 目	月 份						损 益 点
	1	2	3	4	5	6	
销售量	500	600	700	850	1000	1200	834
现金收入	60000	72000	84000	102000	120000	144000	100080
现金支出	70000	79000	88000	101500	115000	133000	100060
盈亏	-10000	-7000	-4000	500	5000	11000	

假设商品每单位售价为120元，则单位边际贡献为120元减去90元等于30元。进一步就是推算损益平衡点，这是指当公司总收入等于总成本时，公司的销售数量；换言之，即固定成本除以单位边际贡献。计算公式为：

$$损益两平点 = 固定成本 / 单位边际贡献$$

本例中公司每月损益平衡为：25000元/30元=833.33单位

当每月销售超过834个单位时，新创企业公司就有利润产生；如果销售低于834单位时，新创企业就会产生损失。

（四）预估现金缺口与资金需求

新创企业在初期可能无法快速获益，必须经历一段现金快速消耗的时期，因此，预估现金流量缺口即达到损益两平点前所需要的资金，由上表本书示范的案例可知，新创公司于第四个月开始获利，但前一季的亏损金额分别为10000元、7000元及4000元，所以，当前可能发生的现金流量缺口为21000元。

公司创业资金需求包括公司设立资金需求、预估现金流量缺口及营运资金需求准备金，以上所述是一个完整的创设公司估算。以三个月固定成本作为营运资金需求准备金，则本例公司资金需求计算如下：

$$创业安全资金需求 = 318000 + 21000 + 25000 \times 3$$
$$= 414000（元）$$

另一种方法较上述估算更为简单，不用估计现金流量表及现金流量缺口，而是以六个月的固定成本作为营运资金需求准备金，如此一来公司的创业资金需求为：

$$公司创业资金需求 = 318000 + 25000 \times 6$$
$$= 468000（元）$$

我们由上面的例子就知道，详细的计算可能不用准备那么多创业资金，如果只是粗略的估算，则准备较多的创业资金会比较安全。

三、资金与资产的盘点

创业如同作战，除了要准备充足的粮草及善战的士兵外，创业者对于资金与资源的调度也要相当灵活，但所谓灵活，第一件最重要的工作就是盘点清楚资金与资源的现况。成功的创业者非常清楚资金灵活调度的重要性，假如创业者做好现金流量管理，不仅可以减少创业成本支出，也可降低创业资金的准备额度，还可以将更多精力投入在订单的争取及公司的管理上，而不用为了资金烦恼发愁，到处向朋友及投资人筹措资金。

创业者初期最容易忽略的就是财务规划及会计图表制作。事实上，通过会计报表编制，可以让利益关系人清楚地了解公司的财务状况和经营成果，达到盘点资金与资产的目的。主要的会计报表有四种，包括资产负债表、综合损益表、现金流量表及股东权益变动表。资产负债表是反映公司在会计年度结算时，公司资产、负债及股东权益之财务状况。综合损益表是反映公司当年度的经营成果。现金流量表的主要目的在于呈现公司当年度现金流入与现金流出的情形。股东权益变动表则反映股东权益项目金额变动的情形。

（一）资产负债表

资产负债表（balance sheet）的功能主要用于说明公司某一特定时点的财务状况，资产负债表可以了解公司的资产，包括各项经济资源是如何配置以及筹措这些资产的筹资方式等，由此表还可反映负债与股东权益情况。资产负债表的组成，包括报表左边呈现的资产部分和右边呈现的负债与股东权益部分。若以会计方程式表示，可写成：

$$资产 = 负债 + 股东权益$$

资产科目呈现的方式将依照资产变现速度分别由上至下表示。因此，资产可分为流动资产及非流动资产。流动资产是指预期在一年内可以变现的资产，包括现金及约当现金、应收票据、应收账款、其他应收款及存货等科目。非流动资产主要是指不预期在一年内变现的资产。例如土地、房屋、机器设备、办公设备及运输设备等科目。见表9-4。

表9-4 新创企业资产负债表的范例

葛老师美食股份有限公司资产负债表（2017.12.31） 单位：万元

资产	金额	负债与权益	金额
流动资产		流动负债	
现金	113	应付账款	8.3
短期投资	4	应付票据	18.1
应收账款	28		
存货	14.2	负债总计	36.4
流动资产合计	159.2		
固定资产		股东权益	
建筑物	300	普通股股本	468.8
工厂器械	46		
固定资产净额	346	股东权益总计	468.8
资产总计	505.2	负债与权益总计	505.2

资产负债表右边可分两部分，上半部分显示公司相关负债科目，下半部分显示股东权益。其中，负债可分为流动负债与非流动负债两大类。流动负债通常指于一年内必须偿还的负债。例如，短期借款、应付票据、应付账款、其他应付款及预收收入等科目。非流动负债指偿还期间超过一年的负债。例如，公司长期借款或公司发行的公司债券等科目。最后，表右下方的股东权益等于资产减去负债后的净额，所以，又称为净值，通常是指股东投入资金的金额及保留在公司内的盈余，包括普通股股本、资本公积、保留盈余等科目。

资产负债表的最大价值，就是能够将资产、负债进行一个平衡，尤其很多资产与负债会被时间改变价值,假设上表中有一间价值300万元的建筑物,如果把未来增值的空间算进去,它可能值上四五百万元,但是,工厂设备价值46万元就要留意他的折旧与维修费用编列。

(二) 综合损益表

综合损益表(composite income statement)的目的是反映在一段期间的经营绩效和营运结果。综合损益表可评估企业的经营绩效,也可协助预估企业在未来的现金流量。综合损益表包括几个重要的部分,即营业收入、营业毛利、营业净利、营业外收支、税前盈余及税后净利。也可以用两大项目来包含之,也就是收入减去费损等于本期净利。综合损益表编制呈现方式,如表9-5所示。

表9-5 新创企业综合损益表的范例

葛老师美食股份有限公司综合损益表

(2017.07.01—2017.12.31) 单位:元

销售收入	300
销售成本	170
销售毛利	130
营业费用	65
营业净利	65
营业外收支净额	17.5
本期净利	82.5

报表上方,必须显示公司名称、报表名称及报表的时间。报表内容上方以表达公司营业利益为主,报表内容下方以表达非营业利益为主。

1. 收益类科目

收益指增加资产或减少负债的方式。会计期间,收益将增加经济效益,使得股东权益增加。收益包括收入及利益两项。由营业活动所产生的收入称为营业收入,通常销售商品所得到的收入称销货收入,提供劳务所赚得的收入称为劳务收入,非营业收入是非主要营业活动所产生的收入。例如,利息收入。利益指收入以外的收益项目,通常是以净额的方式显示。例如,处分资产利益等。

收入指当公司从事生产活动过程中所产生的经济效益，包括营业收入与非营业收入。营业收入指公司营业过程中所产生的收入。例如，制造业的销货收入或服务业的服务收入等；非营业收入指非因公司营业而获得的收入。

2. 费损类科目

费损指资产耗用或负债增加的方式。会计期间中，费损将减少经济效益，使得股东权益减少。费损包括费用及损失两部分。例如，由营业活动所产生的费用，包括销货成本及营业费用两大项目，销货成本是销售商品的成本，营业费用是指为了增加营业收入所产生的费用。例如，薪资费用、租金费用、文具用品费用与保险费等。

四、理解财务报告的信息

企业开设的目的在营利，如无获利能力，便失去其存在的意义，亦无法继续生存，通常最需要了解的便是企业的获利能力如何，而盈余则是企业最基本最重要的目的，因此，企业的获利能力也是最值得了解与分析的对象。总之，作为获利能力指标的盈余是企业某一期间经营的成绩，必须要加以分析。

（一）损益项目分析

纯益与销货净额之比率，当然是越大越佳，至于费用与销货净额之比率，则越低越理想，但是这两种单纯观念，实不足以分析企业之经营状况，尚需要更进一步做一番更深入的分析。

略有财务常识者会知道纯益是越大越佳，但是，纯益中又包括有销货毛利、营业纯益、营业外纯益、税前纯益、本期税后纯益等，所以须深入了解每一项目所含的意义，探索该利益产生的来龙去脉。在解析综合损益表时，应将注意力置于营业损益部分，当然许多"非经常性的损益"足以影响本期纯益，但非经常性的营业外损益部分，毕竟是异常状况的产物，不足以代表全体，故须除去，以掌握企业的经营状况。

本书以中国台湾地区上市的 F 企业为例，该企业是从事食品及餐饮加盟连锁的上市公司，从台北股市 2013 年及 2014 年的简明综合损益表，由表 9-6 可知，该公司的营业收入由 2013 年的 13479 百万元新台币成长到 2014 年的

15114百万元新台币,成长率为12.1%;营业毛利由2013年的7446百万元新台币成长到2014年的8395百万元新台币,成长率为12.7%,成长幅度和营业收入的成长幅度差不多。然而,从简明综合损益表的对比中,也可以看到这两年有一项重要衰退的信息,就是营业利益却从2013年的1301百万元新台币不增反减,降到2014年的941百万元新台币,衰退率为27.7%,营业费用增加很多,这表示该公司已经远离他的最适规模,必须对企业组织规模及效能进行重新调整。

表9-6 F企业简明综合损益表比较分析　　　　单位:百万元新台币

期　别	2014年	2013年	成长幅度/%
营业收入	15114	13479	12.1
营业成本	6719	6034	11.4
营业毛利	8395	7446	12.7
营业费用	7454	6145	21.3
营业利益	941	1301	-27.7
营业外收支	-18	121	-114.9
税前净利	924	1422	-35.0
所得税费用	319	416	-23.3
税后净利	604	1006	-40.0

营业费用的增加,是拖累公司获利的主因,该公司的营业费用由2013年的6145百万元新台币大幅增加到2014年的7454百万元新台币,增长的幅度高达21.3%,远超过营业收入12.1%的增加率,此两者数字是有因果相关性的。除了营业利益减少27.7%外,该公司的税前净利由2013年的1422百万元新台币降到2014年的924百万元新台币,减少了35%,这个是营业利益减少了27.7%的主要原因,然后营业外收支也减少了114.9%,营业外收支由2013年的121百万元新台币,大幅减少到2014年的-18百万元新台币,在本业的营业利益大幅减少的同时,业外的营业外收支也大幅减少变成负数,导致税前净利大幅衰退。

总的来说,虽然F企业这两年依然是有盈余,但已经呈现获利能力衰退的态势,由于税前净利大幅衰退,所以,税后净利也大幅衰退,由2013年的1006百万元新台币降低到2014年的604百万元新台币,大幅衰退了40%。

（二）获利能力的比较分析

中国有句俗谚"杀头的生意有人做，赔钱的生意无人碰"，解释的说法是，犯法但有利润的行业还是有人愿意涉险，但合法却不赚钱的生意是没人经营的。创业，无论是企业或是民间公益性质的服务，获利的方式还是主事者第一思考的问题。因此，创业者最少要学会如何从财务报表中，分析解读及比较企业的获利能力。尤其要将自己新创企业的获利与同行业作比较之后，找出可以进步、改善的地方，这是迈向成功的关键。

计算特定的财务比率如毛利率、营业纯益率、税前纯益率及税后纯益率，可更加了解盈余的成分及各阶段变化的轨迹，对于鉴定盈余的质量及预测盈余的未来趋势都很有帮助。

1. 毛利率

毛利率是毛利对销货收入或营业收入的比率，亦即毛利除以销货收入或营业收入所得的商数，公式如下：

$$毛利率 = 营业毛利 / 营业收入$$

表9-7　F企业重要获利能力比较分析

期　　别	2014年	2013年
毛利率	55.5%	55.2%
营业纯益率	6.2%	9.7%
税前纯益率	6.1%	10.5%
税后纯益率	4.0%	7.5%

资料来源：F企业公开财务年报。

整理相关资料得到表9-7，可以让经营者看到F企业的毛利率由2013年的55.2%小幅提升到2014年的55.5%。毛利率并没有一个标准，但是，在同一行业比较来说，应该是不会有太大差异的。例如，F企业是食品餐饮这一行业的，因此，普遍的毛利率在40%～60%之间。毛利率随行业不同而不同。例如，货品周转较快的超级市场通常较低，汽车制造业则较高。

同业之间的毛利率差异的出现，很可能是因为商品生产成本过高，或售价因质量不良或推销方法拙劣而偏低。但如果所销商品不止一种，其组合不同亦将使毛利率发生差异。再将之与本企业过去比较，可能显示出进步或退步的情形，以 F 企业为个案分析毛利率维持基本不变，表示公司的营业成本控制得还好。

2. 营业纯益率

营业纯益是毛利减去推销及管理等营业费用的余额，营业纯益率则是营业纯益对销货收入或营业收入的比率，亦即营业纯益除以销货收入或营业收入的商数，公式如下：

$$营业纯利润 = 营业纯益 / 营业收入$$

F 企业的综合损益表中，营业纯益率由 2013 年的 9.7% 降到 2014 年的 6.2%。影响营业纯益率的因素除毛利外还有销售费用和管理费用两项，销售费用是销售部门所发生的费用，主要为销售人员薪金佣金及旅费、广告费用、运费、办公场所及设备租金或折旧、税捐及发票等印刷文具费用。管理费用是会计财务人事及总务等部门所发生的费用，内容除广告费用及运费外，大体上和推销费用相同。通常这两项费用多属固定性质，不随营业收入的增减而变化，如果与过去相较增加幅度接近或大于营业收入，则有浪费的可能。

3. 税前纯益率

税前纯益是营业纯益加营业外收入并减去营业外支出的净额，税前纯益率则为税前纯益对销货收入或营业收入的比率，亦即税前纯益除以销货收入或营业收入的商数，公式如下：

$$税前纯益率 = 税前纯益 / 营业收入$$

F 企业的综合损益表中，所列税前纯益率由 2013 年的 10.5% 降到 2014 年的 6.1%。税前纯益率除随营业纯益而增减外，也受营业外收支的影响，营业外收入通常有投资收益、利息收入、处分固定资产收益及兑换利益等。营业外支出主要是指利息费用、投资、处分固定资产的亏损及兑换损失等。常见中小企业因营运资金短缺及资本结构欠佳，多苦于利息费用过重。因此，从财务分析的立场看，当然应该着重经常性的营业纯益，而非借偶然的没有规律的营业外收入转亏为盈。

4. 税后纯益率

税后纯益与税前纯益的差别在于是否扣减营利事业所得税，税后纯益率则为税后纯益对销货收入或营业收入的比率，亦即税后纯益除以销货收入的商数，公式如下：

$$税后纯益率 = 税后纯益 / 营业收入$$

F企业的综合损益表中，所列税后纯益率由2013年的7.5%降到2014年的4.0%。这是因为税前纯益率已经由2013年的10.5%降到2014年的6.1%，税后纯益率当然呈现同方向的变动，其主要原因与解决方案也是相同的。

五、以现金为基础编列预算

新创的企业形态多是以小企业为主，很少新创公司的资金是以上亿元作为单位的。因此，在资金布局少的情况下，中小企业对于现金的使用与管理就更为重要。要知道，大部分公司经营倒闭都不是因为资产用尽，而是因为现金耗尽，因此，以企业内部掌握的现金为基础编列预算、管理，是创业者必须学习的财务课题。

众所周知，中小企业常用兼任或亲属作为会计人员，来处理原先需要专业人员专门负责的会计事宜，同时，中小企业的财务也很少真正通过计算机系统处理，导致账务处理杂乱无章，因此，中小企业反而比大型企业更需要做现金收支预算。因为中小企业不像大型企业那样拥有较佳的财务弹性。所谓财务弹性，是指当你需要资金的时候，你所拥有的筹措资金能力。当企业缺钱的时候很快就可以调度到所需的资金，这就表示该企业的财务弹性很好。

中小企业不比大型企业，无法迅速调度所需的资金，大型企业可通过以向银行借款、处置不动产、股票融资或通过关系企业调度资金。然而，中小企业无法向银行取得借款，筹资范围亦有限，更无法一直向家人或亲朋好友借调，也有可能最后是向非正常渠道融资借款，这种状况是最糟糕的。所以，中小企业的财务弹性不像大型企业的财务弹性大，因而更需要做好现金收支的预算。但是，绝大多数的中小企业也可以预测其未来三个月的订单，如此则可掌握未来三个月的收支情形，对于资金调度能力较弱、财务弹性较差的中小企业，则可达到预防资金周转不灵的目的，因为中小企业本身也有应收账款和应收票据。

（一）应收账款、应付账款

应收账款（accounts receivable，AR）是指可依据合约或收款的习惯收取的账款。例如，月底请款，在三个月后付款的销货条件下，如果5月12日销货，则在5月31日请款，在8月31日则可预期收回货款，所以3个月等于92

天，再加上 19 天等于 111 天，亦即可预估可收回货款的天数是 111 天。而应收票据可依据支票上的到期日推算何时可收到现金。

同样，应付账款（accounts payable，AP）亦相同，所签发出的应付票据到期日为几月几日，应付的金额为多少，票据上都是详尽记载的，企业自可掌控。至于应付账款何时付现，在交易发生时即可知道。例如，买入东西与厂商签订合约时，条件是两个月后付款，所以该笔交易未来应付现的日期就是从交易日起到请款日止的天数，加上两个月的总天数。

小企业也可以掌握应收账款及应付账款的日期，这对现金收支预算有很大的帮助。此外，小企业也可以知道未来现金的流入与流出，若是有专人将每日的现金流入加以记录，每月统计现金销货的流入情形，即可明了何时是旺季、何时是淡季，透过历史记录可以知晓在各淡、旺季时资金流入的多寡。现金流出则是指每月几日发薪资、发多少、几日给房租、固定在几日缴交水电费等固定的支出，所以，小企业也可以掌握未来营运现金资金的流入及流出，做好现金收支的控管。

（二）现金需求的预算

一般企业在做现金需求的预算时大多是规划未来的十二个月，实际上因为订单的掌握和订单状况预测不易，若是可以掌握未来三个月的订单销货状况已算不错了。有了现金预算就可以知道资金缺口，可以防患于未然。上述提及中小企业的资金调度不易，临时要去借款相当困难，所以为避免资金周转不灵，编制现金预算即是最有效的方法。

当中小企业知道未来某两个月或三个月有资金缺口时，就必须及早去调度资金了，除了向银行借款或向亲朋好友借钱之外，还可以在管理方面有一些作为，以缓解资金的短缺。例如，存货的安全库存数可以少一些，进货可以少一点，或是产品线可以窄一点，堆积的存货就可以少一些。在这种状况下，可能会因为产品线减少、存货减少而导致营业销售量变少，但是这种方式对资金的调度是很有帮助的。应收账款也是一样，也许因存货减少，就必须谨慎地挑选客户。例如，本来应收账款是三个月，现在必须变成两个月，让收款期变快一点，或者是通过给予付现客户一些现金上的折扣，改变现金收款的模式，创造厂商的优势。同样，应付账款可以向供货商争取拉长付款期间，降低自身付现期的压力。

这些变通的政策，的确有助于改善现金的流入与流出。当然，较宽松的付款政策会让人质疑你的信用是否变差，但较严谨的收款政策及存货政策则会影响营业收入的成长，但是，它们都比由于周转不灵而倒闭来得好。如果在做现金预测时，知道自己有一些盈余，可以预先寻找投资的目标。例如，未来三个月或六个月会有60万元的现金盈余，可以考虑买个短期票券或货币型基金，让资金做更有效的应用。现金需求的预算程序如下：

1. 销货收入预测

销货收入预测是现金收支预算的基础，很多人觉得销货收入预测很辛苦，甚至有时候预测并不准，但是预测是对未来有所规划，而不是抱着"船过桥头自然直"的心态。小企业的销货收入预测可能在创业时就已经有规划了。例如，每天卖几杯咖啡，促销时可以多卖几杯之类的规划，只要依照实际的数字稍加修改就可以了。也可以依据过去店面或门市的销售数据，了解淡季及旺季的差异，作为销售预算的基础，亦可依据手上的销货订单，来进行对营销货收入的预测。如表9-8所示。

表9-8　某企业销货收入预测　　　　　　　　　单位：万元

月　　份	现　　销	赊　　销	合　　计
7	180	120	300
8	180	120	300
9	200	150	350
合　　计	560	390	950

表9-8是本书设计的某企业在7月预测未来三个月的销货收入，包括淡季7月及8月的300万元，以及旺季9月的350万元。其中，依照过去经验，赊销各占40%，以7月的300万元销售为例，现销及赊销分别为180万元以及120万元。

2. 应收账款及现金收入预测

销货收入预测完成后，就是要进行现金收入的预测，其中，现金销售预测是预测日常现金收入的主要部分。赊销所产生的应收账款部分要预测其货款的现金收回，要经过一些程序的处理，才有办法预测应收账款的现金流入。有关应收账款与现金流入预测的流程如下：

（1）日常现金收入预测。日常的现金收入主要是来自现销的部分，我们可以将表 9-8 预测的 7 月、8 月、9 月得到的现销金额 180 万元、180 万元、200 万元，填入表 9-18 现金收支预算表的现销收入栏中，就是完成日常现金收入预测的作业。

（2）目前应收账款的收款预测。除非是未开始经营的企业，否则每个企业或多或少都有目前账上挂着的应收账款或应收票据，如果你没有这方面的记录，那就很危险了。一定要找顾问或专责人员来补足此一缺失，否则就是白做工。如果你有应收账款及应收票据的记录，就可以编制目前的应收账款及应收票据的收现预计表。如表 9-9 所示。

表 9-9　某企业目前应收账款余额现收预计　　　　　　　　　　单位：万元

应收账款余额	7 月	8 月	9 月
130	40	50	40

目前，某企业的应收账款余额为 130 万元，依照应收账款的预计回收期天数，估计 7 月份可回收现金 40 万元，8 月份可回收现金 50 万元，9 月份可回收现金 40 万元。这个部分要填在表 9-11 预计应收账款收现预测第一行（上期）上面。

（3）应收账款收款模式预测。企业依据过去的收款模式，可以估计当月的赊销占当月收款项的百分比，又有多少百分比会在次月收款，有多少百分比会在第三个月收款……虽然这是平均数据，但是以这些平均数据作为收款模式估计还是有一定程度的可信度。

表 9-10 显示某企业有现销及赊销两种销售类型，其中现销是当月百分之百收现。赊销的部分当月收款的百分比为 0，次月收回 20%，第三个月收回 40%，第四个月则预计将最后的 40% 完全收回。

表 9-10　某企业应收账款收款模式预测

销 售 类 型	现　　销	赊　　销
当月收款	100%	0
次月收款	0	20%
第三个月收款	0	40%
第四个月收款	0	40%
合　　计	100%	100%

（4）应收账款收现预测。有了表9-9预计销货收入表的赊销资料，又有表9-10的应收账款收款模式后，就可以预计赊销的应收账款可在何时收回现金。应收账款收现预测如表9-11所示：

表9-11　某企业应收账款收款模式预测　　　　　　　　　　单位：万元

月　　份		赊销应收账款收现					
		7	8	9	10	11	12
上期	130	40	50	40			
7月	120		24	48	48		
8月	120			24	48	48	
9月	150				30	60	60
合　　计	520	40	74	112	126	108	60

本书设计的某企业数据中，从表9-8预计销货收入的赊销资料来看，找到预计7月赊销金额为120万元，又从表9-10可知是按次月回收20%，第三个月回收40%，第四个月回收40%的应收账款收款模式，就可以估计这120万元中，有20%也就是24万元会在8月回收，有40%也就是48万元会在9月回收，另外的40%也就是48万元会在10月回收。同样的8月的120万元赊销中，也可以估计有24万元会在9月回收，48万元会在10月回收，48万元会在11月收回。而9月旺季的150万元赊销，依序有30万元、60万元、60万元会在10月、11月及12月收回。

统计应收账款收现预测表后发现，7月会收回40万元，8月会收回50万元，9月会收回40万元，依序填入表9-18现金收支预算表的应收账款兑现栏中。

3. 应付账款及现金支出预测

预测经常性现金支出的部分，由进货的预测开始，再来是应付账款付现及日常现金支出的预测，有关应付账款及现金支出预测内容如下：

（1）进货的预测。当已经确定销货的金额后，进货的金额就比较好预测了，通常是以销货成本率乘以销货金额作为进货的金额，A公司的例子显示销货成本率约为50%，所以，当表9-8预测7月的销货收入为300万元时，表9-12进货预计表的进货金额为150万元。

表 9–12　某企业进货费用预估　　　　　　　　　　　　单位：万元

月　份	现　购	赊　购	合　计
7 月	30	120	150
8 月	30	120	150
9 月	35	130	175
合　计	95	370	475

与销货收入的预测相同，进货也有现购与赊购，现购必须支付现金，赊购则以应付账款的方式存在，于未来某一段时间内支付现金清偿货款。表 9–12 是某企业的进货成本预测，该公司在 6 月预测未来三个月的进货成本，包括淡季 7 月及 8 月的 150 万元，以及旺季 9 月的 175 万元，其中，依照过去经验，现购及赊购各占 20% 及 80%，以 7 月的 150 万元进货为例，占 20% 的现购金额为 30 万元，而占 80% 的赊购为 120 万元。

（2）现金购货预测。直接将表 9–12 预测的 7 月、8 月、9 月的现购金额 30 万元、30 万元、35 万元，誊抄到表 9–18 现金收支预算表的现购支出栏中。

（3）目前应付账款余额付现预测。除非是未开始经营的企业，否则每个企业或多或少都有目前账上挂着的应付账款或应付票据，而且忘记应付账款的付款期间很危险，因为如果没有在预期内达到的供货商付款要求，很容易导致资金周转不灵。

如果企业有应付账款及应付票据的记录，就可以编制目前的应付账款及应付票据的付现预计表。通常可依据合约或付款的习惯进行估测。例如，按月底请款，两个月后付款的付款条件，如果是 6 月 12 日进货，则 6 月 30 日请款，在 8 月 31 日前企业必须支付货款，所以两个月 61 天加上 19 天等于 80 天，即预估付款的天数是 80 天。而应付票据则可依据支票上的到期日推算何时必须支付货款。

表 9–13　某企业目前应付账款余额付现预计　　　　　　单位：万元

应付账款余额	7 月	8 月	9 月
50	25	25	0

表 9 – 13 是某企业目前的应付账款（含票据）的余额为 50 万元，依照应付账款的预计付款天数，估计 7 月需支付货款为 25 万元，8 月支付 25 万元。这个部分要填在表 9 – 15 预计应付账款付现表第一行（上期）上面。

（4）应付账款付款模式预测。企业可以依据过去的付款模式，估计当月的赊购中有多少金额需在当月付款，有多少需在次月付款，有多少需在第三个月付款，以此类推。虽然这是平均的数据，然而以这些平均的数据作为付款模式的估计样本，还是有一定可信度的。

表 9 – 14　某企业应付账款预计付款模式

付 款 模 式	现　　购	赊　　购
当月付款	100%	0
次月付款	0	50%
第三个月付款	0	50%
第四个月付款	0	0
合　　计	100%	100%

表 9 – 14 显示某企业存在现购及赊购两种付款类型，其中，现购是当月百分之百付现。赊购的部分当月付款的百分比为 0，次月付款 50%，第三个月付款 50%。有了表 9 – 12 预计进货成本表的赊购资料，又有表 9 – 14 的应付账款付款模式后，企业就可以预计赊购的应付账款需在何时支付款项。

（5）预计应付账款付现。我们从表 9 – 12 预计进货成本表的赊购资料找到预计 7 月赊购金额为 120 万元，又从表 9 – 14 应付账款的付款模式知道次月需支付赊购金额的 50%，第三个月支付剩下的 50%，由此可以估计这 120 万元中，有 50% 也就是 60 万元会在 8 月支付，剩下 50% 也就是 60 万元会在 9 月支付。同样，8 月的 120 万元赊购款中，也可以估计有 60 万元会在 9 月支付，60 万元会在 10 月支付。而 9 月旺季的 130 万元赊购款，依序有 65 万元、65 万元会在 10 月及 11 月支付。

统计应付账款付现表后发现，7 月需支付 25 万元，8 月需支付 85 万元，9 月需支付 120 万元，依序誊入表 9 – 18 现金收支预算的应付账款兑现栏中。如表 9 – 15 所示。

表 9-15　某企业应付账款模式预付　　　　　　　　　单位：万元

月　份	赊购应付账款付现月份						
		7	8	9	10	11	12
上期	50	25	25				
7月	120		60	60			
8月	120			60	60		
9月	130				65	65	
合　计	520	25	85	120	125	65	0

（6）日常现金支出预测。日常现金支出指企业每月发生的主要费用。例如，薪资、租金、水电费、电话费等费用。这些其实都可以合理预估，通常都是采用过去的数据预测。例如，以去年同期或上个月的资料来作为预测的根据。表 9-16 是整理某企业各项重要费用付现的预计时间与预计金额。此一资料是由上年度金额及参考本年度实际发生数估计而得。在完成各项费用付现预计后，我们可以将表 9-16 预测的 7 月、8 月、9 月的各项费用付现金额 97.4 万元、97.4 万元、105.6 万元填入表 9-18 现金收支预算的各项费用支出栏中。

表 9-16　某企业日常现金支出预估　　　　　　　　　　单位：万元

项　目	7月	8月	9月
薪资	42	42	42
广宣费	1.5	1.5	1.5
租赁支出	6	6	6
文具	0.6	0.6	0.6
旅运费	5	5	7.5
邮电费	2.3	2.3	2.3
修缮费	4	4	6
水电费	15	15	15
加班费	3	3	4
伙食、福利	9	9	9
补贴油资	1	1	1.2

续上表

项　　目	7月	8月	9月
税捐支出	7	7	9.5
其他杂支	1	1	1
合　　计	97.4	97.4	105.6

（四）资本支出预测

有时候企业会依计划购入设备、固定资产等资产，此活动即为资本支出。企业必须对于较不常发生的资本支出付现做预测。通常企业在做资本支出前，必须要做投资可行性分析，一般是要估计这项资本支出需要多少时间才能回收，由此作为是否购置此项资本支出的依据。

表9-17显示，某企业将于7月、8月会对厂房扩充，预计支出现金50万元，共分30万元及20万元两次支出。而后采购设备放置扩建的厂房之中，于8月、9月设备付现共50万元，分为20万元、30万元支出。编完此表后，可以把这个金额填入表9-18的资本支出栏中。

表9-17　某企业资本性支出预估　　　　单位：万元

项　　目	付现金额	7月	8月	9月
厂房扩建	50	30	20	-
机器设备	50	-	20	30
合　　计	100	30	40	30

（五）完成现金收支预算与调度作业

由前述各预测表可以完成大部分现金收支预算表的内容，据以编制现金收支预算表，如表9-18所示。为了帮助读者进入编排财务表格的思考中，表9-18会加入一些辅助说明，但真实的财务报表上并不会有这些。辅助说明如下所示：

（1）7月期初现金余额20万元是6月底的余额。

（2）7月的现金流入总额为220万元，是由预计当月现销收入180万元加上预计当月应收账款收现40万元而得。

（3）7月预计现金流出182.4万元，是由预计7月现购支出30万元、应付账款付现25万元、各项费用付现97.4万元加总而得。

（4）期初金额20万元加上现金流入220万元减去现金流出182.4万元，预计7月底现金余额为57.6万元，超过安全存量10万元，有47.6万元的超额现金可供投资。

（5）8月、9月重复上述（1）至（4）方式操作，调度前现金余额为59.2万元及80.6万元，皆超过安全存量10万元。

这章节内容看似琐碎，但跟着某企业的财务报表编排过程走一遍，可以破除一种迷思，创业者常认为财务表格艰深难懂而忽略它。现金收支预算对创业者来说不是很容易编制，但是为了避免周转不灵，了解企业的现金收支情形，现金收支预算表的编制是很重要的。因此，不能只看综合损益表是获利就安心了，必须确定未来三个月的现金流入大于现金流出，不足之数必须事先有所准备，才能使企业拥有资金充足的前提，继而壮大规模。

表9-18　某企业现金收支预算　　　　　　　　　　　　　单位：万元

项　目	7月	8月	9月
A. 初期现金余额	20	57.6	59.2
B. 现金收入总额（下列四栏相加）	220	254	312
1. 现销收入（见表9-8）	180	180	200
2. 营业外收入	—	—	—
3. 应收账款兑现（见表9-11）	40	74	112
4. 其他现金流入	—	—	—
C. 现金流出总额（下列七栏相加）	182.4	252.4	290.6
5. 现购支出（见表9-12）	30	30	35
6. 应付账款兑现（见表9-15）	25	85	120
7. 各项费用支出（见表9-16）	97.4	97.4	105.6
8. 资本支出（见表9-17）	30	40	30
9. 借款还本金	—	—	—
10. 营业外支出	—	—	—

续上表

项　　目	7月	8月	9月
11. 其他支出	-	-	-
D. 调度前的现金余额（A+B-C）	57.6	59.2	80.6
E. 现金安全存量	10	10	10
现金结余（D-E）	47.6	49.2	70.6
F. 现金调度	0	0	0
投资	-	-	-
借款	-	-	-
调度后期末余额	57.6	59.2	80.6

◎ 本章总结

在本章的论述中，笔者强调当前想创业者众多，各类型的政府补助、天使投资人、风险投资人等令创业资金倍增，因此，之前提到的创业计划书是募集创业资金的关键之一。在计划书中，财务的预估及分析是需要认真撰写的部分，本章简要总结如下：

1. 要创怎样的事业，就要做好适切的资金准备

不同的产业类型、创业形态、市场大小等因素都会影响资金需求，因此，本章一开始就探讨了这个议题。

2. 创业时采用的商业模式与目标是否合理

这时就会运用到一些基本财务图表，包括本章第二段、第三段提到的几个会计基本表格，如现金流量预估表、资产负债表、损益表，这些表格在计划书中可能是虚编的，但一定要编得合理，要与自己创业的能力、目标及商业模式相符。

3. 如何编列一个合理、连续的财务报表

这是本章第五节的重点，如果真的落实进入到创业的实践阶段，每日围绕在创业者身边的就是"要准备多少资金""每个月基本开销要多少""钱怎么收进来""钱多久能够进入公司""还有没有遗漏预估的费用""每月的应缴税金、营运开销、水电预估、人事预估、办公室费用以及额外支出有哪些"，这些都是创业初期在做财务规划时，就要先列进去的。

4. 如何从成堆的财务报表中判断及预测

本章第四节的核心即为通过财务报表的解读，思考在"损益两平点"的基本原则之下，如何保持获利效率提升、随时调整组织、迎合市场需求或发展科技等。

本书第五章谈论了创业者的制造、营销、团队及研发，而本章谈论的财务可以是从制造到研发的财务结果，也可以是创业者准备从制造、营销产生获利的准备。创业者花点时间加强创业财务的相关知识学习，是回到创业家精神的最初理想，即愿意认真解决问题。创业者要真正地解决问题就先得"活下来"，这是个很直接且很现实的好问题。

◎ 重要名词

1. 代理（agents）
2. 加盟（franchisee）
3. SOHO 族（small office home office）
4. 自创品牌（own brand）
5. 营运资金（working capital）
6. 现金流量表（cash flow statement）
7. 资产负债表（balance sheet）
8. 综合损益表（composite income statement）
9. 毛利率（gross margin）
10. 营业纯益率（operating profit margin）
11. 税前纯益率（pre-tax income margin）
12. 税后纯益率（net income margin）
13. 应收账款（accounts receivable，AR）
14. 应付账款（accounts payable，AP）

◎ 问题讨论

1. 在创立企业的初期，如何进行外部和内部的资源需求表？如何将需求转化成为预算需求？
2. 一般而言，创业者多数不熟习会计制度与财务规划，除了研读本章的内容外，还有什么其他方式可以强化财务上的能力？

3. 本章之中提到哪些创业的形态？对一个创业者而言，如何选择适合自己的创业模式？与财务规划有关系吗？

4. 与前面四章相互结合，创业者在财务管理上，如何联结制造、营销、团队及研发各项议题？

参考文献

[1] 莱恩. 创业头条：16位硅谷科技新贵的成功法则［M］. 孙莹莹，译. 杭州：浙江人民出版社，2015.
[2] 薛兆亨. 财务报表分析：实务的运用. 2版. 台北：双叶书廊，2012.

第三部分　　创业身份

第十章　创业者职能转换

硅谷个案：Tumblr

　　大卫·卡普（David Karp）在2007年创建博客平台Tumblr，作为Tumblr的CEO，他总是简约内敛。大卫强调极简主义不仅是一种审美需要，还是保持自由的关键要素。因此，简易和直观化的Tumblr诞生，Tumblr以发帖为主要内容，但更加注重感官化与情绪化，使用者可以在Tumblr页面上分享图片、歌曲、视频和心灵鸡汤等。2012年，Tumblr已经超过了微软的Bing，成功跻身为互联网十大最热门网站之一。2013年，公司通过与雅虎的收购案，大卫被聘请继续工作。

　　大卫从小喜爱互联网科技，曾为了长期留在费雷德（Fred）的公司研究数据，申请在家自学。他们还合作开发了一个能帮助玩"二十一点"赢钱的扑克牌软件。大卫在Urbanbaby担任经理之后，开始创业，自主研发产品。他聪明的头脑发现多用户平台博客存在很大的问题，它的使用方法过于复杂。于是，在求助风投公司萨贝特之后，他开发了一款可以令创建和分享各种数据信息变得简便的应用程序。Tumblr成立为公司还需要经过大卫的一个门槛，那就是，大卫不把Tumblr当作盈利工具。

　　在费雷德的劝说下，2007年，星火投资以及光合投资共同融资，仅有两名员工的Tumblr公司成立。随着Tumblr用户基数增加，网站的稳定性弊端凸显，小规模团队已经难以负荷，大卫意识到问题的严重性并花了几个月的时间修正。这是大卫作为管理层存在的主要问题，创业之初的组织结构与发展期的公司规模变动对作为简易主义的创业者来说，是一个很大的挑战。

　　期初，Tumblr的首任总裁并不是大卫，而是大卫在Urbanbaby的上司约翰，但是约翰在2012年辞职，大卫不得不接替工作。2014年之前，Tumblr的销售额并不理想，这与大卫坚持的营销原则有一定的关系。因为大卫不支持在网站内放置广告，甚至公开批判这影响网页的美观。直到大卫取消了广告禁令，推广自然流行的热门内容，每则广告可以为公司带来4~7美元不等的收益，使Tumblr在广告领域渐渐取代Facebook的地位，成为年轻人群使用的主流产品。

大卫是一个好的创业者,但并不是一个好的领导者,他内敛寡言,不会训斥下属也不会鼓舞士气,甚至需要后援团队时刻提醒他。如今,虽然 Tumblr 已经成为人人每天上网必登的平台,大卫仍旧在不断地学习如何成为一名 CEO。

(个案来源:《创业头条:16 位硅谷科技新贵的成功法则》,第十一篇,由中山大学南方学院政商研究院 2014 级林思敏重新编写)

一、创业者与企业家

创业者与企业家在英文的翻译中,常通用"entrepreneur"一词,并没有特别区分两者用字上的不同。换到日文语境之中,创业家的汉字为"起业家",而企业家的汉字则为"实业家",笔者所理解的两者不同之处,是前者的重点在于建立、站起,而后者的精神在于企业必须实在地存在、运作。那更不用说到中文了,创业与企业是两个不同阶段的事情,创业者、企业家是不同时期的企业领导者。

彼得·泰尔(Peter A. Thiel)在《从 0 到 1》(*Zero to One*)书中阐释得很清楚,创业者是让一个概念、构想能够成为一间公司,实现由零到一的神奇魔法。然而,这间公司是能永远独立经营、扩大营运还是连锁、跨国的……它有无限的可能,或是又从一到零?这就看企业家的经营手段,这本书也被评论为近代对创业最具有影响力的著作。两者的差别有如男朋友与先生,前者要看起来帅,后者需要有经济实力,诸如这种比较与思考都告诉我们一个问题:好的创业家会成为好的企业家吗?

中国在改革开放许久之后,才陆续出现"创业"这一经济活动,更早的国企、央企都是国家政策下的经济组织,而非民间的自发性经济活动。因此,在中国观察创业家与企业家的衔接问题,笔者认为还不是特别全面。从很多国外的文献、参考著作中,笔者归纳出创业者和企业家间存在的七大衡量差异,分述如下:

(一)关键责任

"永续经营"这四个字是讲给企业家听的,因为企业家思考的是如何能够持续存活下去。对于新技术、新竞争者的出现，要思考如何创造优势、获利空间（米勒，2006）。而跟创业家谈永续经营可能会笑，因为他都不知道下一餐能吃什么吧。创业者的关键责任是在有限资源下，找到市场的需求缺口。创业者更关键的责任是创业成功，对于重大失败的承受能力非常强，相对企业家能有更多资源及项目来承担风险，两者在风险的处理责任上相差甚远。

（二）角色定位

虽然创业者是新公司的负责人，但团队中的每一个角色都有一定存在的必要，而创业者要扮演的角色是整合、权变及领头者，好比刘备创业中，少了关羽、张飞怎么可以呢？多数文献说创业者在组织中至关重要，笔者的看法却完全相反，笔者认为创业者的角色定位在于在创业过程中能否扮演正确的领导角色，而绝非新创公司中的唯一角色。企业家就有所不同，企业家是已经能够代表企业、具有识别度的人物了，反而高阶主管是否具有唯一的重要性这一点，倒值得商榷讨论。然而，当企业是成熟的运作组织时，企业家应该思考接班问题，而创业者则暂时不会去花心思于此，角色扮演上两者差异显著。

（三）经营理念

俗语有云"英雄不怕出身低"，创业家纵使有高尚的经营理念，碍于现实也得接受能先赚钱的业务，等攒足资本与经验后，才能坚持自己的经营理念。因此，很多成功的创业家案例中，都有一段不太愿意认真介绍的部分，这也就是笔者所说的灰暗历程。相反，企业家就可以很大方地阐述自己的经营理念，有时候甚至出现天马行空的想法。好比美国电商龙头亚马逊的创办人贝佐兹（Jeff Bezos），在创业初期并不会到处宣传他对太空的愿景，但当亚马逊成为一间成熟的企业之后，贝佐兹可以大胆发展云计算、太空计划。企业家对于自身理念的实践空间绝对大于创业者。

（四）价值单位

这部分在教学过程中，笔者常让学生思考跟他们生活相近的议题：男朋友与丈夫、女朋友与妻子是否有相同的衡量标准。课堂间，学生的回答常有令人出乎意料的思考方向，但有个共通方向，就是两者的衡量指标不同。创业者创造的价值并非金钱，而是如何让新公司能存活下来，营运的绩效虽然也是指标之一，但是更重视如何竞争、创造市场需求等，而新创企业若有投资人，这些投资者也不会重视赚了多少钱，而是关注这家新创公司何时能成为大公司、上市公司。但企业家在一家成熟企业中被关注的焦点是绩效，最容易观测的价值单位就是每股盈余（earnings per share，EPS），这同时也是会被多数投资人关注的。

（五）领导风格

领导风格是企业组织领导者的自我表现之一，包括强势指令型、勾勒愿景型、亲和家人型、民主决策型、亲力亲为型、辅导成长型（Goleman，Boyatzis & McKee，2013），而在新创事业的过程中，创业者采用勾勒愿景型与亲力亲为型的风格极为重要，这可以令创业团队有凝聚力，有组织向心力。而到了企业成熟阶段，优秀的企业家则应该更倾向使用强势指令型、民主决策型和辅导成长型的风格，这种企业家通常擅用家长式管理风格，下指令，恨铁不成钢，亲力亲为。他们关注目标和任务达成胜过关注人的培养和成长，并将大部分时间花在讨论业务和开展业务上。

（六）个人能力

创业者与企业家的相关个人能力相似度很高，但有几项重点是两个阶段所不同的。创业者要有更多心胸去尝试、去整合创业团队，优秀的创业者会有冒险犯难的创业家精神，去解决一些他观察到的问题，他愿意接受任何可能的犯错，同时将这些犯错归因于自己的错误决策；不过，对于犯错，创业者必须要有更快速的应变能力，同时不让错误成为关闭公司的理由。而企业家需要有显著的个人能力作为包装，让他面对公司每位员工均能展现领导高度。企业家面对错误决策时较没有接受力，因为错误的决策容易动摇自己在大组织中的威信，企业领导者会建立多层决策分工机制，若有错误决策发生时，能够分层负责，减少对自己统治威严的影响。

（七）社会动机

本书在第一章曾用马斯洛（Maslow）的需求层级理论说明为何创业时，讲到创业者是基于金钱、理想或是同侪影响。但其实这三者并不相互排斥，应该是一种多元的驱动创业因素组合。当今会驱动创业的因素中，金钱应该还是最为明显的因素，因为全球都出现经济增长速度渐缓、就业率减退、员工薪资不前等现象，因此，人人都希望透过创业的自我挑战，能赚入更多的金钱，当然这不能全面抹杀创业者对于实现自我理想及同侪因素的创业初衷。而企业家则是注重名声、威望，因此，对于建立企业形象、个人形象的事物都积极参与。例如，发生天灾意外时的企业捐助行动，就是企业家买回声望的最佳时机。这就是从社会动机的角度讨论两者不同之处。

二、为何转换职能失败

正因为创业者与企业家的组织任务不太相同，多数创业者都被外人认为："企业家，不过就是过上好日子。"但事实上不然，创业者与企业家因为不同组织任务，扮演的角色也不一样，在创业者努力将新创企业变成大型企业的过程中，为何容易转换身份失败，其实有一些共通的失败理由，可以归纳整理提供借鉴。

（一）从起步就注定的失败

本书刚开始就提到一个基本的概率，创业成功概率多数在10%以下，尤其大学生创业的成功率更不到5%。综合来说，创业书籍畅销作家康·彼得（Peter Cohan）在2012年的《饥饿创业战略》（*Hungry Start-Up Strategy*）一书中，列出七个初创公司常失败的原因，笔者认为这七个理由均属于创业自身个性的问题，因此，基本标题定为注定失败的原因。

1. 未能找到客户真正需要

很多创业者当初的想法很新奇，也能获得一定的市场消费群众肯定，但随着时间递延，这些新奇的想法及服务，是否还能持续被市场喜欢及追捧，这是值得商榷的一个问题。创业者有这个通病也是正常的，笔者常形容这像是种发烧的行为，就是一头的创业热情、创业梦想，每个创业者都认为自己有着前无古人的主意，认为只要推出产品，将其公之于世就会有收入，就会成功，不过这都是一厢情愿的想法，更是初创失败的致命伤。

初期因为大众客户的好奇心，或是善意主动尝试新创商品，能暂时获得创业初期的资金回收，但并无法真实地填足创业者所需的投资金额与机会成本。如果此时的创业内容并未能满足客户的真正需要，这些消费者很容易再换下一家商店或其他商品，除非这些消费群众能实质地解决客户最头痛的，同时，又是尚未解决的消费问题。创业者除了热情、使命感在创业初期有点用处外，其他一无所用。所以，一旦正式创业之后，赶紧恢复理智地思考客户真实的需求，除非找到了客户会争相使用那种产品或概念，否则很容易在这市场中"昙花一现"。

2. 不愿意回应市场的主流意见

很多创业者常在初期端出所谓的原型（prototype）商品，然而，这些产品只是初阶、具有极强的可塑性，对于市场的主流意见不一定要采纳，但必须有一定程度的响应，以免形成一种忽视消费意见的负面评价。创业者很容易犯下这种错误，他们不愿意让别人评论自己刚创造的产品或概念，第一种理由是担心接受批评就是承认自己的弱点，因此，被其他竞争者称为缺点，第二种理由是无法区分何种评论才是真的主流意见，担心自己落入"父子骑驴"的困境，怎么改都不对。

笔者认为，与前项问题的根本所在相同，就是创业者本身没有找到创业的"真正行业"，乔布斯当时推出的苹果手机根本不是通讯商品，而是想设计成为一种时尚品、奢侈品。创业者若只是自己埋头苦干，不去让潜在客户提供对产品的意见，这将令初创公司得不到成功。大家可先用低成本来制作产品的原型，利用它来吸纳意见，再制作新的或进一级的产品，这个过程要重复地去做到潜在客户有"希望得到这产品"的渴求。

3. 快速失去创业初期的热诚

在本书第一章提到创业的理由中，有的为金钱、为面子或为理想，又可能是这三者的一种组合。但很多创业者当时对创业之后的日子改变，并不是很清楚，这种简单的想法不足以支持创业者撑过创业期的艰苦。因此，若创业者简单认为创业可以赚到很多钱，该书作者康·彼得（Peter Cohan）与本书笔者都建议别开初创公司。原因非常简单，初创公司的老板得每天工作十多个小时，又要负担员工薪资、法定福利等，算起来，很多创业者初期的薪资都没有上班族高。

若创业者没有明确的志向坚持，也没有自律的生活习惯，根本不会努力创业、认真创业，处事也不会有效率，潜在客户也不会走到你身边。所以，必须先要找到你初创的目的和公司的发展方向，那个方向更是要你自己所信任的。

4. 缺少长期胜利的技能——整合力

一般创业初期获得小成功的创业者，还是有一定的专业技能的，或是厨艺或是编程能力。但是当创业之后，随着公司业务的扩充、成长，一个大厨的厨艺可能是其次，控制成本、协调团队出餐速度才更重要。同样，一位编程工程师除了要有编程实力之外，还需要有与客户沟通、除错或优化系统的能力。因此，笔者认为初期成功可以依靠个人技能、魅力，但长期胜利的重要关键在于整合力，看看楚汉相争的历史故事，就能知道善于整合资源的刘邦最终可以胜过孔武神力的项羽。

康·彼得（Peter Cohan）在书中认为创业者的专业能力很重要，他说创业失败的原因太多是创办人根本没有令公司拥有起步所需的技能，如一间科技初创公司，若创办人根本不懂写程序，又怎能说服客户对产品有信心？笔者认为，这一段的观察在中国不一定适用，但有可借鉴之处。笔者补充解读此种能力为整合能力，是谓对创业有热情、对技术有认识，剩下的就是能充分整合团队能力的领导人，拥有世界级的传销技巧、对市场的敏锐触觉和有能力的员工，能够找出市场真实的需求并提供服务。

5. 对于创业初期的资金收支态度轻忽

根据经验，创业者只有少数是具有财经专长的，也就是只有少数人是会计专业或金融专业出身，最大多数的是技术工程背景的，其次是一些文艺创作类的专业。那也就是说，很大比例的创业者是没有财务常识的，在初期的创业财务运作上就可能"听天由命"，若是运气好，如同本书第七章所说的阿里巴巴创业者马云，在初期遇到财经专家蔡崇信的帮助，补上创业团队中最弱的一环。因此，如果创业初期对资金的收支态度轻忽，基本注定是失败的。

本身个性对于金钱概念不清楚，或是不爱计较金钱的人，最好是能有理财的伙伴在团队中，若没有那就别开公司了。很多自命不凡的创业者其实内心都认为自己是专业创新、营销专家，但没有自命为财经专家的，想着其他人如何在短时间内轻易筹到几百万，就以为自己也能做得到，又以为投资者会不断"开水喉"还无止境地"使用投资"。而真正的企业家是看着钱包做人的，他们视扩充人脉、会见投资者和筹集资金为全职工作，为的是要在公司资金清空前的六个月内找到更多资金的投放。

6. 缺少筹资与拉拢投资人的能力

承接第五点，缺乏理财能力的创业者已经很令人担忧了，如果同时欠缺筹措资金与跟投资人沟通的能力，那真的前途堪忧。本书很多地方提到创业如同作战，敌人则是看不见的市场需求及看得见的同业竞争者，资本即是作战的武器之一，如果没有可靠的资本，很可能就是什么也做不了。因此，创业者应该要尝试募集资金、跟投资人讨论，积极募集更有意义的投资者加入资金行列。有时候创业者即使有"资金即将用完"的概念，他们也因为筹集资本这个动作开始得太迟而到最后找到错的投资者、给予错误的投资方向。其实大家只要集中在公司发展阶段配合投资方向就能解决很多问题。

7. 最终还是决定成败在团队与领导者身上

除了前六项注定失败的因素之外，人这个因素才是能推翻前六项的理由，抑或是加速前述发展的关键因素。一位不能带动团队、鼓励团队，不能聘请到有才华的员工的创业者，不需要前六项自然会失败。反过来说，如果一位创业者能稳妥地经营团队，又怎么会出现忽视市场、忽视金钱流动等负面因素呢？因此，平心而论，一个差劲的领袖无论怎样都是差劲的领袖。

一间只有十个人的初创公司需要的是初阶的领导者，随着组织越来越大，成为百人、千人甚至上万人的公司，可以是一样的初阶领导形态，但就是要分权了。稳定发展制度又或是走扁平化的组织都是可能的发展路径。新创的企业除了有卓越的领导者，或是防止丢失重要保护设备是一个成功关键外，同时也要有配合的优质团队成员，从而令外界看得到公司的发展视野和眼光，这样才能吸引有才之士加入团队。

（二）无法有效地扩大自己

除了前者是康·彼得在著作中提到的注定创业失败的因素，还有一种失败的原因就是无法有效扩大，如同要从单细胞生物进化到多细胞、高等生物一样，如果缺乏分化成为各类器官、组织，那充其量只是一大团细胞而已，不能称为高等生物。同样，也就无法有效地扩大新创企业，非营利组织"全球全力"（Endeavor Global）执行长琳达·罗腾博格（Linda Rottenberg）在 2015 年发表于哈佛管理评论的文中说明，新创企业无法有效扩大，甚至于因为扩大而导致失败收场的原因可以归因于不够谨慎及使命僵化。笔者阅读后，将该文内容整理为四项基本见解：

1. 缺乏谨慎扩张脚步

创业者在稳定地经营初期的业务之后，无论是传统店铺的贩卖或是网络商店的营销，扩大经营是为了什么？只是为了赚更多的钱吗？不是，当创业进入稳定时期，要谨慎地考虑如何扩张版图，并非为了赚钱、成就自己，而是要以扩张作为活下去的必要步骤。2016年到2017年的新闻中，人工智能围棋对抗人类棋王是一个受到瞩目的焦点。创业的单点如同棋盘上的一颗棋子，如果不设法扩张自己的版图，纵使对方不消灭你，久而久之，你也会被另一颜色全面包围，扩张是保护自己存在的一种重要手段。

但如果把扩张局限在财务、赚钱的方式扩张，其实反而容易掉入另一种失败的陷阱：癌症型扩张。因此，了解扩大经营的真实目的、扩大步骤，是创业者逐步转换到企业家的必经之路。在琳达（Linda）的文章中，她根据自身经验提供了几个扩张时的自我评估问题：

（1）本地的创业生态系统是否发展成熟，让新企业能够有机会发挥？

（2）在外地能否找到一样优质的人才，还是要将现有人才分出去？

（3）新扩充的据点是否有正面帮助，无论资源或未来的正面价值在哪里。

2. 忽视评估风险和效益

在琳达这篇文章中，她根据自身经验分享曾经意图在全美各地广设据点，当时她一心想要增加全球全力在美国的品牌知名度，提升声望，为合作的创业家提供更多指导者和合伙人。但后来她发现这有很高的风险，原因在于从来没有非营利组织是这样扩充的，而且相关人才与效益都是没有办法被证实有用的，因此，她与合伙人只能修正看法，又用了一年的时间重新布局，全美国仅在迈阿密、底特律和刘易斯维尔三个城市设置据点，这样的扩充除了要权衡自身能力之外，还要评估该地的科技、资金及人才条件，适当的成长速度才能兼顾效益与风险。

事实上也是如此，究竟多快的扩充叫作风险，多慢的扩充又叫作保守，这个无法用数据作为量化指针显示，但是有实务经验的创业师、投资人大概会有个综合判断。在不同产业、市场及自身条件的组合下，如何稳定地扩充成长兼顾风险控制以及哪些市场必须切割，哪些市场又是重点必须加强投资，这当然直接考验创业者的判断力与经验。扩充是新创企业必经的过程，当前中国的各民营大企业都是从小型公司做起，相信他们都经历过这个控制扩充的瓶颈时期，而分析当时的情境，大致上就是平衡风险与投资效益的结果，这一点很有趣,值得每一位创业者自己细细品味。

3. 使命受限于固定疆界

这里说的使命也可能就只是主要服务商品,或是一个基本精神。然而,企业的使命有时会有基本的限制。例如,新东方是以服务学生学好英语为主,这样的企业到了英语国家还能生存吗?当然,如果新东方愿意用相同的方法,教导母语为英语的学生学习中文或其他语言,那他的企业口号就需要修正一下了。同样,中国驰名商标金华火腿也无法进入伊斯兰国家,因为其主要商品是猪肉制品,这无法符合这些国家的基本饮食规范。企业的使命,不可能包山包海、什么都能满足,但有时就是这些基本限制也直接影响企业的扩充。

在琳达的文章中,她也提到自身的非营利组织是否有使命的疆界问题,虽然她在文章中认为不该受到国家疆界的限制,但她也承认有些国家的社会经济条件、一些美国国内的小区不适合为创业者服务。笔者认为,企业使命就是标示清楚自己要做什么,什么价值观是创业者所追求的。全球知名影视大亨华特迪士尼(Walter E. Disney)一生追求给孩童建城堡的美梦,以此推动迪士尼的主题乐园。他在美洲及亚洲皆获得巨大的成功,唯独在欧洲的迪士尼乐园亏损连连,原因是欧洲民众早有城堡的自我认知。

4. 迷失当初的创业精神

该文章的另一位作者古鲁拉吉·戴须庞迪(Gururaj D. Deshpande)认为有时新创企业的扩充就像一个复制一个,但这样的复制还是有所不同的,创业者创立第一间店面的时候是无中生有,但是,第二间店面则可能是复制了相似的硬件,而创业初衷却没有得以复制。因此,该创业者服务的非营利组织,在印度、美国鼓励任何拥有构想的人,从汽车清洁服务业者到瑜伽老师都可以,他们要鼓舞一种透过创业精神来解决问题的文化,以及运用当地资金来支持当地人才的文化,不能失去的是创业精神。

随着时间的递延,创业者或继承者已经远离创业时的情境,各项企业战略也的确需要因地制宜、与时俱进,但创业者当时最原始的创业精神、理想或自许价值是不会改变的,因此,需要时时刻刻思考这个问题。尤其在遇到重要的战略决策时机时,最原始的创业理念往往能提供最正确的决定。

{ 华中创业个案:周黑鸭的偶然与必然 }

今天在中国常见的连锁卤味食品周黑鸭,公司全名为湖北周黑鸭食品有限公司，创办人周富裕从 1995 年开始在湖北武汉的菜市场卖卤味，专营一款深黑色的卤鸭料理，取名叫"怪味鸭"，因为口味独特、名字新颖，不出几年"怪味鸭"成为湖北武汉的特色小吃。但出名后伴随而来的问题也不少。例如，附近很多店家开始仿冒这种深色酱汁或是类似的店名。例如，怪怪鸭、美味鸭、正怪味鸭等，这种路边摊档的仿冒除了影响原创业者，更带来民众检举商品安全的问题。其次，出名的小摊铺无法满足所有慕名而来的消费者，很多游客听说这里的地方特色卤味后前来购买，但排了队也买不到怪味鸭，这种抱怨也慢慢增多。

而后，周富裕遇到不少创业成功的前辈，从这些前辈的身上学习到不少实用的商业知识。例如，注册商标、装修一间明亮干净的店铺、做宣传等。从 2002 年开设店铺开始，2005 年改名为周黑鸭，2007 年建立符合卫生规范的加工厂，2009 年走入湖南市场并采用真空包装技术，之后每年逐步扩充中国各地市场，于 2016 年在香港股票联交所挂牌上市。目前，周黑鸭的商标已被中国国家工商总局认定为"中国驰名商标"。当初只是为了挣一点钱娶老婆的农村小伙子，如今已经是身家数十亿元的富商，他的成功看似偶然，但也是掌握中国经济规律发展下的必然个案。

（个案来源：多篇互联网新闻及网路评论，由中山大学南方学院政商研究院葛孟尧老师收集编写）

三、猎人头脑与农夫仓库

近年来的创业风潮在中国境内逐渐成形，但无论是创业风气或创业研究都比国外晚很多，笔者认为这也不奇怪，因为在我们的教育圈、儒家文化氛围之下，本来就不流行去当商人。如今的"士农工商"虽不分阶级高低，但排序的位置一时之间还没有调换，看看每年六月的高考、十二月的公务员考试就能看出端倪。笔者认为，主要原因是中华民族在这几千年中，早已习惯于农耕社会的思维模式，而不曾去思考如何当个时代的狩猎者。

本段用一本书作为启发及探讨，书名为《狩猎式创新：如何让你的创新思想源源不断》（*Better and Faster*: *The Proven Path to Unstoppable Ideas*），在作者杰里米·古奇（Jeremy Gutsche）的分析观点中，创新者必须具备猎人的三大本能：永不满足、充满好奇、勇于突破。笔者认为，这正好是我们华人创业圈所缺少的，因此，借用该书讨论本段内容。这本书的作者认为创新者如猎人,而经营企业者则有如农夫,以此论点开始他后续的讨论。本书此段内容借用基本架构,但讨论的观点会有一些不同,并非将该书书摘作为内容讨论。

(一) 猎人的思维本性

该书认为,创新者如同猎人一般,拥有强烈追求成就的野性。笔者认为那是因为猎人思维本质上就是以小博大、短期制胜的思维,应用在创业者的基本心态上也是正常的。因此,借用该书的猎人思维本性,本段来讨论创业者应该出现的心理机制。

1. 猎人思维:永不满足

合格的猎人一定会抑制自己的自满情绪,永远不会满足于当前的成绩,因为每一次的狩猎过程,不是成功地战胜猎物,就可能被猎物反咬身亡。但正是因为这种生死交迫的压力,迫使猎人要表现出不能松懈、不能轻忽周边变化,只有在顺利将猎物拖回家中,安稳地将猎物变成食物,与家中成员分享的时刻,才能享受一阵子的清闲,但没多久,又得踏上狩猎的征途。或许现在的创新不用以生死作为赌注,但是以生死攸关的态度面对市场、面对客户,以这种永不满足的态度来不断创新,一定会有更高的成功率。

以此为例,将前段文章的"创新"二字改成"创业"来阅读,相信会更加通顺流畅。创业者也确实要有这种思维,容易满足于现况的人,找份稳定的工作、领份固定薪水即满足。但是,创业者在创业的过程中,永不满足于现状及安逸的工薪生活,用野心、狼性来追求狩猎的成就感、刺激感,同时又要面对市场的挑战,这些表现都与猎人的思维相同。简单地说,创业者就得像个猎人,不是成功有肉吃,就是失败被吃掉,这样的冒险思维、不满足思维是一种重要的创业个性。

2. 猎人思维:充满好奇

要想要冲破重复不前的陷阱,就是要唤起猎人心中的好奇心,因为基于好奇心的作用,猎人愿意尝试各类新方法、新工具,同时,对于猎物的种类也愿意有更多不同的尝试,猎捕猛兽、飞禽或河中鱼虾,这种不断搜寻新资源、新猎场的基本个性,也可能来自于不容易满足的关系,然而,进一步的好奇心也是非常重要的,愿意不断试验新的想法、验证新的技术效果。

创新者与创业者亦相同,个性上就是要充满好奇心,能用 A 配方调理,就更愿意用 B 到 Z 配方重新试验一次,或许过程中会发现一些新的体验。这种好奇心用于创业，自然是愿意为了成功不断地尝试，尝试新的技术、新的商业模式及新的市场，如同爱迪生所说"成功是 99 分的努力和 1 分的天才"，这成功就是说他自己的创业成功，而天才自然是重要的因素，笔者认为他所说的 99 分努力正是指好奇心之下的不间断尝试。

3. 猎人思维：勇于突破

本书第一章所言的创业家精神，最关键的就在于能解决问题，有意愿、认真，才满足了创业家精神的一半，更重要的一半在于能解决当前社会上的问题、市场内的需求。这点与该书猎人思维第三点也是相同的，猎人的生活受到高度不确定性的压力，以及其他竞争者的挑战，自然要面对各种困难勇于接受挑战，突破当前的困境，获得新的生机。

创业者，所要突破的门槛非常多，或许是要突破创业初期的低收益生活水平，又或许要突破朋友、同学对自己的异样眼光，在华人圈，更多是要突破家人对创业这条路的反对。因此，创业者与创新者都要勇于突破眼前的困难，除了上述困难之外，还有固定会出现的"市场困难""成长困难""组织困难"等。

（二）农夫的思维本性

农夫思维就不对吗？在该书的比较之下，当然认为以创新这件事情来谈农夫性格不利于创新。本书借用该段落，认为农夫性格正是企业经营者身上常见的，与猎人性格并不是冲突的，而应该是相辅相成的，本段以此讨论企业经营者的农夫性格。

1. 农夫意识：小富即安

《狩猎式创新》一书中，笔者对于这三类农夫意识抱有轻蔑之意。然而，笔者认为这也是正常的理性反应，连同至圣先师孔子都说过"吾少也贱"，表示自己不是出身富裕家庭，什么事情都得自己亲力亲为，若孔子"吾少颇富"，那他还需要周游天下，寻找施展政治抱负的机会吗？因此，厂商从新创期到稳定期之后的小富即安，不仅是理性的行为，更是在中国古代时被推崇的"小康大同社会"。

难道这样的农夫思维就应该被扬弃吗？笔者认为大可不必，在这段文字的解读上，笔者则认为背后关键在于"保本"。创业成功者除了积极扩充市场之外，对于已有的成绩如何能做到保持稳定，这也是一种时代内的进步。回到猎人与农夫的生意模式，原本的猎人都杀死猎物，后来有一天他思考抓一对活的猎物回来，圈养起来，后来他都不用去冒险打猎了，畜牧业也就这样产生了。因此，从创业期到企业期，学习理性管理、保守稳健、风险分散等都是必要的。

2. 农夫意识：重复不前

由于农夫是进行重复的工作，如同种稻栽树，重复同样流程及等待收获，因此，一旦遇到环境变化，很容易措手不及，而《狩猎式创新》的作者米古奇对这种重复性的思维持批判态度，认为这是阻止创新进步的最大因素。但是，笔者认为，以便利店为例，全中国、全世界的便利店都在做同样的事情，每日周而复始地为我们都市生活创造了便利。而农业产业化这些重复的运作基本上能够养活全球多数人口。然而，综合来说，多数人进行重复性的工作，一小部分人来突破、创新、尝试改变，也是非常圆满的组合。

农夫愿意不断重复地工作，是因为这样的工作会有一定的报酬率，或许报酬率只有10%，甚至于更低，但是，基于对未来的稳定生活有所期望，有农夫意识者愿意忍耐这种无聊的重复。相反，企业经营者也过着周而复始的日子，因此，有些创业者会选择持续创业、卖掉新公司，有些创业者则尝试变成一个企业家，当然也有一些创业者因为身份转换不佳，将步入企业期的新创企业依然当成创业模式，最后注定变成失败的创业个案。农夫的重复本身没有错，因为重复与创新两者本质上并没有冲突。

3. 农夫意识：坚持己见

中国有句谚语"种瓜得瓜，种豆得豆"，农夫基本的意识就是如此，与猎人的一个鱼饵能钓什么鱼、一张弓箭能猎什么野兽的思维当然不一样，因此，猎人是一种成本很小但风险很高的交换职业。而农夫的成本在于时间与坚持，对于种植耕作的坚持与固执必须到位，才能够顺利获得成果，成语中的"揠苗助长"正是告诫我们坚持的重要性。

当今，"速成"是不是农夫与猎人都需要的？这值得每一位立志创业者认真思考。笔者认为，坚持己见本质上没有错，猎人常常也是坚持己见的，如同笔者最喜爱的钓鱼活动，坚持与等待正是钓鱼和狩猎必需的活动素质。而无论创业者或企业家，今天需要的是种"择善固执"，所谓如何择善才是本质上的关键。

创业者与企业家的思维差异，在于前者是猎人后者是农夫。其实，今天的信息化社会可以让两者不冲突，同时又种田、又打猎，但关键在于扮演猎人时的思考模式要永不满足、充满好奇、勇于突破，而成为稳定生产的农夫时，思考模式要切换为小富即安、忍耐重复及择善固执。以当前来看，同时当猎人与农夫并不会特别困难，因为现在的信息技术、环境信息量及各项科技都是优于以往，因此，只要多用一些心思，笔者认为游走于猎人与农夫之间，并非是件不可能的事情。

四、当个连续型的创业家

在上一段，笔者把《狩猎式创新》一书中对农夫的批评加以修正，认为只要用企业经营的角度思考农夫意识，基本上是说得通、站得住脚的。那么，有没有一些创业家不愿意成为稳定的农夫型企业家，又或者他已经习惯成为一个以狩猎为生的好猎人，本段为各位读者介绍几位近期成功的连续型创业者。

（一）在线支付的创始者：彼得·泰尔

目前，中国民众习惯使用支付宝、微信支付等在线支付工具，的确方便了我们的生活。但是，当初为了电子商务交易而产生的第一家第三方支付公司是位于美国加州的 PayPal，彼得·泰尔（Peter A. Thiel）便是重要的创始人之一。彼得出生于 1967 年的德国（西德），后来全家移民美国加州福斯特市（Foster City），大学就读于斯坦福大学，主修哲学，1989 年取得学士学位，继而进入斯坦福法学院，于 1992 年取得法学博士。

彼得·泰尔最重要的事迹是 1998 年参与创建 PayPal 的合伙团队之中，当时电子商务刚刚兴起数年，而在线信用卡也不具备安全的传输机制，因此，这群平均年纪不到 30 岁的年轻人，着手建立一个第三方支付工具。PayPal 最初创设的目的是为摆脱政府对货币的垄断，而自创一个网络货币，只要有网络就可以取得，是一个更方便且更安全的货币，这个目的跟我们今天的支付宝、微信支付一样。当 PayPal 陆续克服技术、法规、市场瓶颈后，外界认为这个创业团队可以将其上市并获得巨大的成功，这些年轻创业家做了另一个惊人之举，2002 年 Paypal 成功上市之后，他们将 Paypal 以 15 亿美元的价格出售给 eBay，这些原始创业者都获得了不错的分红。

在出售 Paypal 后，彼得·泰尔进入创业投资人的行列，而且眼光相当独特且精准。突出的投资案可以列举两项，第一个是将原先 PayPal 团队中负责防止经济犯罪的团队带出来独立创业，成为2002年设立的Palantir公司，这也是彼得·泰尔独立创业的第一家企业，不过他并没有担任该公司CEO，反而将他的好友亚历山大·卡普请来挑大梁，也就是本书第四章的硅谷个案中的主人翁。这家网络侦防公司虽然还是一间神秘的硅谷公司，但已经有很多财经新闻信息共同指出：它很赚钱。另一个彼得·泰尔的投资个案是2004年成立的互联网公司，当时是由几个大学毕业生、中途辍学的学生共同成立了几年，团队还不太明白自身的产品特性，但是对未来充满信心。彼得·泰尔直接投资50万美元，以议价的方式取得10.2%的公司股权，后来大家都知道这家公司的名字叫"脸书"（Facebook）。

彼得·泰尔除了上述创业经验之外，目前还有成立Clarium Capital、Founders Fund及Valar Ventures等投资基金，以投资年轻人创业作为自身己业。2014年，彼得·泰尔和布雷克·马斯特（Blake Masters）将自己近年在斯坦福大学的创业课笔记，整理成新书《从0到1：打开世界运作的未知秘密，在意想不到之处发现价值》，这本书中也提到他自己，享受从0变成1的魔术乐趣，而非承受从1到10或100的数字压力，这正是他享受创业乐趣的美好时光。

（二）硅谷钢铁侠：伊隆·马斯克

与前述连续型创业者彼得·泰尔有些关系，伊隆·马斯克（Elon Musk）出生于1971年的南非共和国，后来跟随父母移民美国后，又移居到了母亲的出生地——加拿大萨斯喀彻温省。1992年，他在加拿大皇后大学学习两年后，转到美国宾夕法尼亚大学学习商业和物理，从宾夕法尼亚大学的沃顿商学院毕业，获得经济学学士学位后，留校一年，又获得物理学学士学位。而他大学毕业后接获斯坦福大学应用物理与材料科学博士学位入学通知，在开学后念了两天博士班就辍学。对于这个选择，他个人在自传中说还是到社会上赚钱比较能实现理想。当时，马斯克考虑三个最想涉足的领域，分别是因特网、再生能源、太空，认为这三个领域是深刻影响人类未来发展的领域（艾胥黎·范思，2015）。

就在从博士班中途辍学的1995年伊隆与弟弟金巴尔·马斯克（Kimbal Musk）共同创立了Zip2软件公司，并且将业务进行得颇有特色，于1999年年初以3.07亿美元的价格将Zip2出售给康柏计算机，成为当年互联网公司收购中收购价最高的一笔收购案。而马斯克兄弟两大原始股东分别获得了2200万美元、1500万美元利润。1998年，伊隆·马斯克与人合伙创办了PayPal公司，这一经历让他与前段主角彼得·泰尔有所交集，故事一致地来到了 2002 年，他也从出售 PayPal 给 eBay 的过程中获得第二笔丰厚的财富。此时的马斯克可以用自己的资金完成理想的行业。

拥有前两家公司的创立与营运经验，2002 年 6 月，马斯克成立了第三家公司 SpaceX（space exploration technologies），他个人兼任首席执行官（CEO）和技术长（CTO），这是一家私人太空发射公司，目标包括月球和火星，公司的设计理念为简单，以保证安全性和节约成本。目前，SpaceX 获得 NASA 投资 16 亿美元的合约，为 NASA 承担 12 次太空发射任务。2004 年，马斯克以现金投资的方式，入股一家成立不到一年，员工不足百人的汽车公司——特斯拉汽车（Tesla Inc.），这也是实践他对电动汽车的兴趣，在入主 Tesla 之前，他在斯坦福大学攻读应用物理和材料科学博士学位时，目标就是研发出超级电容器，能够给电动汽车提供足够的能量。

目前，伊隆·马斯克还在创立的事业有 2008 年的 Solar City，Solar City 是一家专门发展家用光伏发电项目的公司，位于加州福斯特城。主要业务为太阳能板租赁、系统设计、安装以及融资、施工监督等全面的太阳能服务。公司在加州、亚利桑那州和俄勒冈州为 500 个小区提供服务。Solar City 已经被并入特斯拉汽车中，成为特斯拉的子公司，但这也让市场间怀疑该公司获利模式是否如同公司说的那样顺利。最近的新公司是 2013 年成立的"Hyperloop"，中文译名是超回路列车，是全新亚音速的高铁系统，最高时速介于 900～1200 千米/小时，但由于金额庞大、技术不确定性高，马斯克声称这套浮空列车系统的总成本估计为 60 亿美元，但是这个估计目前还存在争议。

（三）新东方的操盘手：徐小平

目前，在中国谈创业，除了几个超级大企业的成功创业者之外，还有一群有着独特创业经验的投资导师。其中一位便是有着独特的沙哑嗓音、讲话语调快速、思路敏捷的创业名人，他正是徐小平。

徐小平，1956 年出生于江苏，1983 年毕业于中央音乐学院，1983 年至 1987 年先后任北京大学艺术教研室教师、北京大学团委文化部部长、北京大学艺术团艺术指导。之后，他分别在美国、加拿大留学，获加拿大萨斯卡彻温大学音乐学硕士学位，1996 年年初回国定居，与俞敏洪、王强三人合作成立新东方咨询处，从事新东方出国咨询和人生规划咨询事业。有外国旅行经验的徐小平、教学能力强的王强以及俞敏洪三个人被誉为新东方的"三驾马车"。当时，俞敏洪的新东方刚成立不久，在教学师资上并没有太大的问题，问题在管理与营销团队体系过于松散，因此，有一段时间，徐小平出任新东方教育科技集团董事、新东方文化发展研究院院长。其间，他发展出新东方留学、签证、出国咨询事业群。但也因为扩大后的理念等问题，徐小平于2010年离开新东方，不再踏足英文教育与辅导教育领域，而后他创立真格天使投资基金，成功投资世纪佳缘（俞敏洪、徐小平、王强，2017）。

目前，出现在荧屏前的徐小平，常以北京知名投资人的身份以及2015年获选的未来论坛创始理事的身份出现。对于他从老师转换为创业者，又转换为投资人，可以从下面这一段看出他的缜密思路：

"我渴望从未来论坛的理论、假想、预言和试验中，找到适合真格基金投资的项目。虽然我说对未来论坛有商业期待，但也不会考虑具体投资。我的投资哲学是投资人，投拥有世界级尖端技术的人，至于是什么技术，是机器人还是长生不老的人，不重要。"（徐小平，2015）

总结上述这些连续型创业者，也包括很多在中国不间断地内部创业的大型企业，这些创业者基本上有着一些共同特质。本书摘录《创业者期刊》中对连续型创业家的共通特征的描述，提供给各位参考（Constantino，2015）：

（1）掌握好时间，做好时间管理。每个人最重要的资源就是时间，因为它无法再生，每个想要成功创业的连续创业家，都应该做好时间管理。

（2）迅速将事业规模化的能力。每个创业家都应该要有能够迅速地将事业做到可规模化的程度，不能总是把时间花在开发产品，也不能总是在想新的主意，如果你不能迅速地将你的产品、事业规模化，那就代表你可能需要跳往下一个主意。

（3）策略性的合作伙伴关系。创业要成功，需要一只实力强盛的团队，顾问、合伙人、员工等都很重要，连续创业家需要的其中一个能力，就是能够拓展合作伙伴关系。

（4）永不满足的好奇心。连续创业家的另外一个特征，就是永不满足的好奇心，他们永远在吸收新知，对于学习永不满足。同时，他们善于问问题，借由问问题来获取更多知识。

（5）知道何时该往新的方向前进。这里的关键是能够迅速分辨眼前的路是不是死胡同，然后勇于承认失败，再往新的方向前进。

华人圈之中，连续型创业家很少。主要原因在于中西方人的心态不同。在我们的文化中，长时间的磨炼、尊师重道看起来都是理所当然的。但是，在西方文化中，多练几个门派、多学一些学科都是好的，并不会背上欺师灭祖的骂名。亚里士多德曾说："吾爱吾师，更爱真理。"我们华人文化圈不太能理解一直换工作，一直冒险创业的人，因为华人社会本来就不青睐创业这件事情，更何况一直在创业的人。

五、其他创业者的路

在本书最后，我们将探讨一个其他创业教材、创业传记中少谈的话题，如果创业者乐于创业、不善管理怎么办。笔者提供几项浅见，这个问题要看新创公司究竟是成功还是不成功，成功的新创企业可以出售、委托管理或认真转换身份。若是一个本质上就不成功的企业，硬撑只会越赔越多，那么，壮士断腕的决心又如何产生，怎么结束最为妥当？这是本书最后一段所谈论的。

（一）基本上成功的新创企业

怎么才算是一个基本上成功的新创企业？根据世界经济论坛的指标定义，它是指成立一年且有盈余的公司。这是官方的基本定义，有利于各国政府统计数据之用，要知道中国电商龙头阿里巴巴也曾经长期没有任何盈余产生，所以，这个定义姑且用来思考。笔者认为，一个成功的新创公司是经营者愿意持续经营的，利润固然只是指标之一，但使命不灭、热情不减，能有更多投资人投入资金都是成功的，但这些不好反映在官方材料中。因此，本段让创业者自我反思，创业的使命、热情、创业家精神都还存在吗？创业的财务是否能够平衡？如果有，笔者提供几个可以思考的方向：

1. 试图当个成功的企业家

这符合华人圈的文化，华人圈有很多有趣的传统思维。例如，会念书的就是好孩子，考试成绩好的自然能当官等。同样，华人圈也认为好的创业者就会是好的企业家。本章讲述了很多，创业者与企业家本质上的性格就不相同，如果要符合华人圈的期待，那就得学着改变自己的一些性格，从追求刺激到习惯稳定、从猎人变成农夫，让一个猎人脑袋想着其实畜牧业也是不错的。

当创业者转换成企业家时，依然可以保留一些创业家的性格，调适自己基本的心态，但依然可以去尝试看看未知的市场，且同时要在消费市场中稳定地存活下去。企业家要承担的社会责任更为明显，每一位员工要领到薪酬，能带动社会经济发展，同时要让公司保留盈余、持续发展。企业的存在，能否稳定长久，有赖于领导的企业家是否时时刻刻兢兢业业。一方面，要避免别人复制业务模式、仿冒自家商品，同时又得扩大业务范畴；另一方面，创业者也要维护企业及自身在社会中的形象。

2. 不要惋惜丢下"老板"这个名号

"老板"这个名号应该这样解读：所有权与指挥权。一般而言，所有权与指挥权并不会分离，因此，当创业者又得指挥组织发展，随着公司从草创时期进入稳定企业时期，有些创业者的性格缺点就会浮现，这时若无法如前段所言转换身份，那不如就让专业经理人来吧。此处笔者喜欢引用《三国演义》的故事来说，刘备请出诸葛亮担任军师就有点是把指挥权切割的意思，因此，第一仗火烧博望坡的故事中，诸葛亮就请出军法要关张二将签署军令状，制约他们随兴出兵的性格。

今天来看，只要处理好所有权的问题，指挥权让给专业人员是现在很多大型公司的选择。今天的阿里巴巴首席执行官是张勇，而非马云本人，但是阿里巴巴最大的个人股东是马云，而最大法人股东是日本软银集团。相反，2016年的万科集团虽然指挥权在创办人王石，但由于过度分散的股权，结果从2015年年底开始的股权大战让创办人王石伤透脑筋，也导致后续的退休宣言（见《北京日报》，2017）。创业者请思考清楚自己要的是什么，将股权结构调整稳定之后，让专业经理人来吧，腾出时间休息或再创业都好。

3. 卖掉公司换成现金

不少知名的创业家都有出售公司的经验，包括本章提到的彼得·泰尔、伊隆·马斯克及徐小平。如果业绩能够稳定成长，也建立一定的知名度及品牌，被相关企业并购的可能性很高。

在本书选取的硅谷个案《创业头条》一书中，十五个创业个案就有四个被大公司并购，在被并购的这一步之中，要注意的内容如何定价，出售公司后你有什么角色，是转变成专业经理人、"路人甲"还是保留部分股份，这些都是需要考虑的。

(二) 基本不算成功的新创企业

如果在创业阶段就不顺，不会当个好创业家怎么办呢？根据斯坦福大学与密歇根大学的研究，全美创业人口不足 10%，而在这些创业人口之中，又有 70% 的人因为第一次创业失败，从此不再创业。换句话说，就是大多数创业者失败之后，就自然放弃创业这一条路（Lafontaine & Shaw，2014）。那么，今天我们为何还要鼓励年轻人创业呢？有什么方法提高年轻人的创业成功率呢？笔者有以下两个基本观念：

1. 通过就业学习创业

没有人天生就是个将军，从基层学起的大将军才能了解基层需求，带兵带心，因此，没有社会工作经验的年轻人创业，失败率自然特别高。很多人都会举例说硅谷的创业家很多都大学辍学，首先要修正一点基本观念，在美国，很多学生从中学开始半工半读，中国孩子的中学都在做什么，能互相对比吗？在社会的工作经验弥足珍贵，这一点也是在中国的大学生创业环节最欠缺的，大家都太乐观地看待当前大学生创业，这才是笔者最为忧心的地方。

根据研究统计材料显示，以美国为例，所谓创业成功者采用的指标是公司注册三年以上且有营利者，然后统计这些创业者的创业年纪，得到表 10-1。由表 10-1 可以看到，多数创业成功者集中在 30～39 岁这个阶段，占比为 33.2%。虽然 29 岁以下的合计有 27.7%，但再分段切割来看，25～29 岁可以占有 16.7% 的比重，这样来说，工作 3～8 年对于创业有正面的帮助。这也符合笔者所观察总结的结果，通过工作来学习创业是个好方法。如果第一次创业不怎么成功，不如去找一份相似、相关的工作，认真学习别人的成功，积累经验，顺便存一点资本也是不错的。

表 10-1 美国成功创业者的年龄

创业者年龄	百分比/%
24 岁以下	11.0
25～29 岁	16.7
30～39 岁	33.2
40～49 岁	25.1
50～59 岁	9.8
60 岁以上	4.0

数据源：考夫曼（Kauffman）基金会（2015）。

2. 还缺乏当创业者的本质

第二项建议，不是要创业者去求神问卜、转运、看风水、改名之类的，这太迷信封建了。笔者在这里建议不是很成功的创业者，认真思考为什么自己的创业会那么不顺利，其实，多数失败的原因都是相同的，有些人周边的朋友都是狐朋狗友，无益于创业就罢了，有时还会祸害到创业者；又有些是性格上过于胆怯，什么投资及尝试都不敢碰，这又如何能接受大胆的创业旅程呢？

因此，创业者最好能从一些创业案例先思考起，也可以常向一些有创业经验的朋友请教，增加自身对创业的各项准备。当学生的优势，是可以参加校内外各种创业竞赛的，通过这些模拟的创业活动，可以增强自己各项创业本质的建立。当然，离开大学之后，在社会上也是可以学得到，但是，就要付出更大代价，毕竟社会上犯错的成本远高于在学校内。

◎ 本章总结

创业是为了什么？本书第一章即提出这个根本性的关键问题，是为了金钱、理想还是受到同侪影响，无论是哪一个，笔者认为追求"满足与快乐"应该是创业者和就业者共同的理想。如同本书的撰写，笔者不仅把此书当作教科书，更希望对有心创业的大学生、刚毕业者有帮助，这不仅是教学上的理想，更是实践自己多年教学心得的汇总。

本章主要希望探讨一个课题，创业者、企业家、高阶经理人及大学生，如何在身份转换的过程中看清楚自己的性格和能力，同时又能实现最初的理想。本章亦用多本创业者的书籍作为章节架构，最末总结亦引用了一本笔者非常喜爱的书籍《你要如何衡量你的人生》（How Will You Measure Your Life?）一书作为架构，这本书是当前创新管理大师克里斯坦森（C. M. Christenson）的非管理类畅销书，以一位哈佛教授的视角来看他的朋友、同学、领导及学生们，他发现他们不快乐、不满足现有生活，创业者羡慕受薪者的稳定，受薪者则一直羡创业者的自由。但这位教授又有超级聪明的同班同学，他在一瞬间成为全球唾弃的经济犯罪者，这一切又代表着什么？克里斯坦森教授提出三个基本问题：

（1）如何使工作生涯成功、快乐？
（2）如何让自己与配偶、儿女、朋友的关系成为快乐的泉源？
（3）如何坚守原则以免除牢狱之灾？

在末段总结之中，笔者跳脱另外一个层级思考，在座各位大学生、大学毕业生，在接收到国家政策的时代任务之时，大众创业、万众创新只是单纯追求金钱的发展吗？还是，我们要透过这千载难逢的大好机会，为自己、群众到国家，追求更健康永续的发展，这才是本书撰写与抛出议题的衷心理想。

◎ 重要名词

1. 创业者（entrepreneur）
2. 每股盈余（earnings per share，EPS）
3. 马斯洛（maslow）
4. 原型（prototype）

◎ 问题讨论

1. 创业家和企业家的角色不同，如何让创业家也能学习到企业家应有的能力？
2. 如果要当连续型创业家需要有哪些条件？在中国，是否鼓励连续创业的人？
3. 猎人思维和农夫思维的利弊分别是什么？本书作者改变标题为猎人思维与农夫仓库，其中，农夫仓库的含义是什么？
4. 尝试在现实生活中找出创业者转换身份失败的商业实例，并分析他们失败的原因。

参考文献

[1] 莱恩. 创业头条：16位硅谷科技新贵的成功法则[M]. 孙莹莹，译. 杭州：浙江人民出版社，2015.

[2] 泰尔，布莱克马斯特斯. 从0到1：开启商业与未来的秘密[M]. 高玉芳，译. 北京：中信出版社，2015.

[3] 米勒 D，米勒 I L. 永续经营：杰出家族企业的生存法则[M]. 李维安，周建，译. 上海：商务印书馆，2006.

[4] 古奇. 狩猎式创新：如何让你的创新思想源源不断[M]. 胡晓姣，陈瑞英，译. 北京：中信出版社，2016.

[5] 范思. 钢铁人马斯克：从特斯拉到太空探索，大梦想家如何创造惊奇的

未来［M］．陈丽玉，译．台北：天下文化，2015．

［6］俞敏洪，徐小平，王强．成长比成功更重要［M］．北京：新星出版社，2017．

［7］搜狐新闻．"未来论坛"成立 争论人工智能［EB/OL］．［2015-01-21］．http：//it.sohu.com/20150121/n407946536.shtml．

［8］LAFONTAINE, F & KATHRYN SHAW. Serial entrepreneurship：learning by doing?［J］. No. w20312. National bureau of economic research, 2014.

［9］克里斯坦森，奥沃斯，迪伦．你要如何衡量你的人生［M］．丁晓辉，译．北京：吉林出版集团，2013．